国家社科基金青年项目"土地立体化利用中的权利冲突及其法律规制研究"（19CFX060）成果

# 土地立体化利用中的权利冲突及其法律规制研究

RESEARCH ON THE CONFLICT OF RIGHTS AND
LEGAL REGULATION IN THREE-DIMENSIONAL LAND USE

于凤瑞　著

人民出版社

# 序　言

改革开放以来,中国经济社会快速发展的同时,土地供需矛盾日益凸显。以轨道交通、综合管廊、地下物业等为主导的土地立体化利用,改变了过往平面蔓延式土地开发模式,极大缓解了城市用地压力。2019 年中共中央办公厅、国务院办公厅印发《关于统筹推进自然资源资产产权制度改革的指导意见》,提出"加快推进建设用地地上、地表和地下分别设立使用权,促进空间合理开发利用",进一步要求提升节约集约用地水平和产权保障力度。

2007 年颁布的《物权法》第 136 条以建设用地使用权分层设立的方式,首次在私法层面对空间利用的权利配置作出规定。2020 年颁布的《民法典》第 345 条承继《物权法》第 136 条规定,但仍欠缺权利构造、权利行使等细则。土地立体化利用中各层空间具有相互关联性,尤其是地下空间开发具有不可逆性、不可视性、高成本性,使得分层建设用地使用权的法律构造具有不同于普通建设用地使用权的特殊性。本人近年曾带领研究团队在全国几个省、区、市就地上、地下空间权利配置及其登记状况开展调研,发现由于缺少立法的顶层设计和统筹谋划,土地空间资源浪费较为普遍,所访地区普遍反映现下建设用地使用权以及海域使用权的分层设立缺乏技术指引与规则依据,难免发生与地表土地物权相互交错、并存的现象,从而形成权利冲突。

土地立体化利用拓展了传统物权理论,必须直面同一土地上并存权利之间的冲突与协调。虽然域外立法例可供参考,但其自身亦面临法律适用上的疑惑,我国土地公有制条件则增加了权利冲突协调方式的特殊性。《土地立体化利用中的权利冲突及其法律规制研究》一书即是在此背景下开展的积极探索。本书立足中国生产资料公有制现实,开展理论与实证相结合、本土与域外趋势相印证、私法与公法相交融的学术研究,构建与新时代节约集约用地需求相适应的法规则体系,其意义自不待言。

法律制度是事实、逻辑与价值的结合体。通读全书,对这一论断的感受愈为强烈,愿与读者分享。

土地立体化利用对土地产权法律界定、管理方式提出要求,但其并非建立一种独特的产权表达技术,而是以现代民法思维方式为基础,实现法律与现实的对接。正如作者在书中所言,土地公有制背景下,土地立体化利用权利冲突所涉利益多元,应当采用多种方法,尽可能准确阐释其法律关系及其深层矛盾。本书遵循解释论进路,揭示我国土地立体化利用法律法规的发展脉络、规范现状与争议问题,通过实地访谈、整理司法裁判文书等实证调研了解规范的运行状态与社会基础,最终在立法论层面提出回应我国土地立体化利用现实需求的法制方案。这种从观察"问题和事实是什么"到回答"为什么和应当如何"的研究思路,能够促进研究材料的更新与新结论的形成,有助于推动理论研究对纾困中国本土问题的贡献。

本书上篇与下篇分别采取体系思维与论题思维,首先全整检视土地立体化利用法律制度的现实逻辑体系,以物权效力冲突为核心,探求新思想、新洞见,为土地立体化利用权利冲突规制模式确立妥适的法律价值目标,提供厚实的理论支撑;进而逐一细化土地分层利用中各类权利冲突的问题与应然目标,力求在凝练具有普遍解释力的土地立体化利用权利冲突规制模式的同时,兼顾各类权利冲突的特点。这种由面及点的体系化研究思路,通过统合剖析权利冲突诸类型,在各类权利冲突之间建立理性关联,使得其共通的生成机理变得通透,有助于应和形态多样的土地立体化利用实践,从而形成符合时代发展规律的解释论或立法论方案。

物权构造仅界定了权利的静态边界,其行使边界仍需根据具体权利冲突的发生原理予以动态界定。庞德根据实在法的目标将之区分为等同法(co-ordinating law)和排序法(the subordinationing law),前者指为实现交换正义,用补偿及类似的方式保障利益的法律,而后者指为实现分配正义依价值的权衡而优先保障某些利益的法律。① 尽管民法以实现交换正义为主要目标，但在权利社会化背景下，仍需考量分配正义。实质上，土地立体化利用实践表明，地上、地下空间利用除涉及私人权益之外，相当多情形下，乃直接服务于公共利益、公共安全。对其中权利冲突的协调，应自民法与相关行政法律法规相互对接、配合。本书根据土地立体化利用中权利冲突所涉利益的属性，识别用以调整权利冲突的基本维度，围绕它们确立调整不同利益冲突形态的规制模式，达到实现土地立体化利用中权利冲突规制方案的公私法体系效应。

　　本书作者于凤瑞博士自 2016 年于清华大学博士后出站即加入我刚创立的广东外语外贸大学土地法制研究院团队，她的博士后出站报告，即第一部专著《城中村改造中财产权法律制度研究》对旧村改造中各类主体的财产权转换机制就有系统研究，她发表的一系列关于地役权、业主决议的论文，都给我留下深刻印象。她自博士阶段即以物权为研究方向，集常年积淀与见解于此书，体现了她一以贯之严谨细腻的研究风格。近年来，她在持续扎根民法基础理论研究的同时，积极拓展学术视野，深入关注中国城乡土地法治实践，展现了方法论的自觉与强烈的时代意识。当下中国正处于向城镇化、工业化过渡的关键时期，土地作为这一过渡或发展的基础要素，如何妥善处理与之有关的法律关系和精准定位法制方案至关重要。希望于凤瑞博士始终保持赤子之心，直面中国问题，开展更深入的基础理论研究与实证调查研究，凝练更具普遍解释力的理论框架，为中国式现代化建设贡献独具特色的真知灼见。

　　是为序。

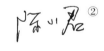②

2023 年 5 月于广州

---

　　①　参见［美］庞德:《法理学》第 1 卷，邓正来译，中国政法大学出版社 2004 年版，第 267—268 页。

　　②　陈小君，广东外语外贸大学"云山（法学）工作室"首席专家、博士生导师，中国法学会民法学研究会副会长。

# 目　　录

## 上篇　理论基础

## 下篇　实践类型

# 绪论　问题意识与研究进路

## 一、土地立体化利用权利冲突为何值得关注

土地立体化利用,是随着科学技术进步与经济社会发展,为达物尽其用之目的,人们对土地的开发向纵深方向发展,从而将土地各层空间进行区分,形成相互分离的权利客体。从罗马法始,客体在私权法律关系中的作用至关重要。"物本是民事权利的客体,但是民事权利的实现,反过来有赖于对民事权利客体的确定性。"①土地利用方式从平面走向立体,虽然仅增加几何意义的一个维度,但却对土地权利配置、地籍管理提出系统挑战。

土地立体化利用中的权利冲突,是指在对国家及集体所有土地进行分层利用时,同一客体或相邻客体上并存数个不动产物权,由于权利边界的模糊性与交叉性,各物权人对客体的支配发生矛盾,导致权利不能得到有效实现的现象。虽然《民法典》规定了建设用地使用权分层设立,但却未明确"如何"分层设立,难免导致权利冲突。尤其是土地立体化利用实践通常以公益性用途为主,调整空间分配及损失补偿关系的规范规定在公法性规范中,但作为其权利设立基础的规范则规定在《民法典》中,前者体现了国家公权力之行使,后者则以私法自治为核心,两个体系在适用中,是否会发生目的上的冲突或解释上的疑问? 对此类问题的处理不仅会影响民法中土地物权规范结构、形态等,亦会影响土地管理法中土地利用规划、开发许可、征收等制度结构。由此,土地

---

① 孙宪忠:《中国物权法总论》,法律出版社 2014 年版,第 228 页。

立体化利用中的权利冲突及其法律规制就成为当代中国法学亟待研究的重要议题之一。

### （一）土地利用立体化拓展传统物权理论

土地立体化利用，突破了平面蔓延式土地利用，表现为对地表、地上、地下空间的分层开发与综合利用。具体表现为以下方面：

第一，从平面蔓延式开发到立体集约式开发。随着科技的发展，人们对土地的开发能力不断增强。伴随而生的是土地资源紧缺、交通拥堵等问题。在此背景下，紧凑城市、精明增长、立体城市等发展理论被逐渐提出，城市土地利用实践逐渐呈现出立体化的利用趋势。① 地上空间的利用，诸如在两栋大楼之间建设空中连廊、架设横跨公路的过街天桥、在楼顶平台设置建筑物或构筑物等；地下空间的利用，诸如铺设地下铁路、综合管廊、地下停车场等等。

第二，从单用途开发到复合多用途开发。土地平面利用关系中，地上建筑物大多基于同一用途目的而使用，土地立体化利用关系中，各层用途目的则有所不同。空间利用科学技术水平的不断提升与城市发展理念的不断更新，使得土地立体化利用逐渐呈现出空间开发利用规模化、复合化、深层化的趋势。尤其是不断完善的轨道交通网络将持续引导城市空间资源进行进一步大规模、复合化、网络化的开发利用。②

第三，从独立单元开发到互联互通开发。土地立体化利用不再局限在某项特定用途，而是注重与相邻建筑物的衔接，实现土地各层空间之间的互联互通与统筹协调。

由于土地及其地上、地下空间具有纵向延续关系，对空间的开发利用以一定的土地权利为前提，且受制于土地所有权与使用权，形成了土地上多种权利并存的复杂关系。这不仅进一步丰富了物权的类型，也对法律调整土地立体化利用中并存的各项权利冲突提出了新的挑战。"政治、经济与社会的种种

---

① 1991 年东京召开的地下空间国际学术会议上通过《东京宣言》，提出"21 世纪是人类地下空间开发利用的世纪，城市地下空间的开发利用是世界城市发展的必然趋势"。

② 参见赵景伟、张晓玮：《现代城市地下空间开发：需求、控制、规划与设计》，清华大学出版社 2016 年版，第 19 页。

因素从各方面带来了财产法'在民法典之外'的发展,虽然这种情况并不必然引起对财产法基础与原则的质疑,但却迫使我们不得不重建财产法的基础并且可能重新构建其体系。"①土地利用立体化进一步拓展了传统物权理论。

第一,物权保障价值化。传统物权理论对物权之占有、使用、收益、处分权能进行全面保障,土地立体化利用强调节约集约、公益优先,往往构成对物权的限制,物权的义务理性凸显,对物权的保护,表现为对物权人支付损失补偿以实现物权的价值保障。土地立体化利用需要土地上的权利人之间协调配合,在分层设立建设用地使用权时,不仅涉及土地所有权人与建设用地使用权人之间关系的调整,还需特别考量对利害关系第三人利益的影响与补偿。

第二,相邻关系复杂化。土地立体化利用强调对土地进行高效利用,各层空间具有互联互通性,并存权利的效力容易出现竞合关系而复杂化,如何妥善协调纵向相邻物权人之间权利义务的分配,从而形成稳定的物权秩序,成为重要的实践课题。近年来作为减轻气候变化影响手段之一的碳捕获和碳储存日渐发展,进一步引发新的法律问题,其中之一即为用于储存捕获的二氧化碳的地下空间的所有权与使用权配置问题。

第三,征收标的多元化。因公益事业对土地上、下空间进行利用,不必征收完整的土地,而仅需征收土地之上、下空间部分的使用权,如此有助于节约征收成本。但古典征收理论以土地所有权为征收标的,建设用地使用权能否征收取得,需要立足现行法进行正当性阐释。

### (二) 土地立体化利用权利冲突拷问法律规范效用

作为土地的共同构成部分,地上空间、地表空间、地下空间是一个整体;空间单元开发利用的相对独立性,又使各自之间表现为相互影响、相互制约的有机个体。各层空间具有相互的支撑与被支撑关系,形成了土地上多种权利并存的复杂关系。正如拉德布鲁赫所言:"界限愈多,则难以定界的情况愈多;争论的问题愈多,则法的不安定性愈多。"②对一块宗地之地表、地上、地下的

①　[法]弗朗索瓦·泰雷、菲利普·森勒尔:《法国财产法》(上),罗结珍译,中国法制出版社 2008 年版,第 2 页。
②　[德]拉德布鲁赫:《法律智慧警句集》,舒国滢译,中国法制出版社 2016 年版,第 21 页。

同时利用,难免因权利重叠而形成权利冲突。

尤其是在我国公有制条件下,地表土地使用权人并不当然享有土地上下全部空间的利用权,土地立体化利用中的权利冲突,一方面表现为私权之间的效力冲突,如土地空间利用中物权"客体空间"与"行权空间"的区分困境。例如,利用集体土地上(下)空间是否需经集体土地所有权人同意;结建式空间项目的空间建设用地使用权与地表建设用地使用权用途不一致时其年限如何计算;多个地块上(下)空间可否整体开发;当空间开发涉及连通工程时如何保证先建单位与后建单位履行工程连通义务等。另一方面,由于土地立体化利用中并存权利之间的关系具有规划许可塑造私权效力的特点,权利冲突的深层规制难题在于土地空间利用秩序中规划行政权与物权效力的协调困境。例如,经规划许可的空间利用对既有土地权利人造成限制时,既有土地权利人能否行使妨害排除请求权。

土地立体化利用中权利冲突的后果不仅导致物权效力的平衡状态被打破,也妨碍土地价值效益的最大化实现。尤其是地下空间是土地立体化利用的主要形式,而地下空间开发建设具有长期性、复杂性与不可逆性,且地下空间开发造价较高,为了避免权利冲突导致地下空间资源重大浪费与低效开发,实现土地利用效益的最大化,在地下空间开发的规划、建设和运营的整个过程中,都应当注重空间利用的整体性与和谐性,以保障空间资源的可持续利用。因此,亟待对各类权利冲突的类型、深层矛盾、规制方案进行总结,通过法律途径为土地立体化利用中的权利冲突提供事前预防与事后解决措施,引导空间资源有序开发。

目前我国调整土地立体化利用的法律法规仍较为欠缺,综合性立法表现为《民法典》《城乡规划法》《人民防空法》。其中,直接针对地上、地下开发法律关系的法律规范,目前仅有 1997 年原建设部颁布的《城市地下空间开发利用管理规定》①以及 2020 年颁布的《民法典》第 345 条建设用地使用权分层设立规则,前者囿于其颁布的时代背景与效力级别,规定不够具体、完备,已无法

---

① 《城市地下空间开发利用管理规定》于 1997 年 10 月 27 日由建设部令第 58 号发布,于 2001 年 11 月、2011 年 1 月 26 日进行过两次修订。

满足当代中国土地立体化利用的实践需求;后者系传承《物权法》第 136 条之规定,为土地分层利用提供了民事基本法依据,明确建设用地使用权可以在地上、地表、地下分别设立,但规范本身仍过于原则,"仅仅是一个物权的概念,并没有实质性的内容"①,对于分层设立之权利的类型、权利主体、客体范围、取得方式、与地表物权的协调等规则仍不明确,地上、地下空间出让合同文本、出让方式等如何与现行土地出让制度衔接缺乏依据,无法为政府主管部门以及当事人提供行为指引。同时,作为调整规划行政权之基本法的《土地管理法》仍然贯彻的是平面思维,无论是土地利用总体规划还是国土空间规划,仍主要基于面积指标与地表用途管制,未与《民法典》建设用地使用权分层设立规则之间形成有效的公私法呼应,难以有效回应土地立体化利用中涉及的容积率、互联互通等蕴含三维特征的土地分层规划的实践需求。《城乡规划法》第 33 条尽管对城市地下空间开发利用的原则作出规定,②但是实践中,我国各地关于土地空间开发利用的规划编制仍存在规划组织编制主体不明确、规划体系不清晰、缺乏统一的标准、地上地下空间规划缺乏整体性等问题。《人民防空法》主要是从平战结合的角度,规定人民防空设施的建设与管理,③但未明确空间的权属关系。

总体而言,当前我国关于土地立体化利用法制表现出综合性法律已经初步具备,但仍欠缺细则、单项法律较为滞后的特征。土地立体化利用引发土地管理理念、制度与技术的三维重构和创新,亟须明确土地上并存权利之间的协调规则,妥善处理公共利益与相关权利人的利益,从立法层面梳理空间建设用地使用权管理制度、细化并存权利行使规范,从而系统地保障权利人的合法权益,提升城市整体防护和综合承载能力。2019 年 4 月,中共中央办公厅、国务院办公厅印发《关于统筹推进自然资源资产产权制度改革的指

---

① 杨立新、王竹:《不动产支撑利益及其法律规则》,《法学研究》2008 年第 3 期。

② 《城乡规划法》第 33 条规定:"城市地下空间的开发和利用,应当与经济和技术发展水平相适应,遵循统筹安排、综合开发、合理利用的原则,充分考虑防灾减灾、人民防空和通信等需要,并符合城市规划,履行规划审批手续。"

③ 《人民防空法》第 14 条规定:"城市的地下交通干线以及其他地下工程的建设,应当兼顾人民防空需要。"第 22 条规定:"城市新建民用建筑,按照国家有关规定修建战时可用于防空的地下室。"

导意见》，指出"加快推进建设用地地上、地表和地下分别设立使用权，促进空间合理开发利用"，此为健全自然资源资产产权体系的重要内容。探索土地立体化利用中权利冲突的法律规制路径，建立与新时代节约集约用地需求相适应的法律规则体系，已成为当今中国土地法律制度研究必须予以回应的时代命题。

### （三）土地立体化利用本土实践经验与公私法协同规则有待凝练

现有针对土地立体化利用中权利冲突的理论研究，主要从以下方面展开：

第一，土地立体化利用中权利冲突的类型。所有权的社会化是空间权产生的理论前提，国外研究关注土地所有权与空间权之间的冲突，聚焦于如何确定土地所有权的行使范围。① 在我国公有制背景下，空间所有权为土地所有权所吸收。多数学者主张区分空间所有权意义不大。但也有观点认为从纯粹理论上而言，在对土地空间权进行体系化分类时，确定空间所有权，强调土地空间独立的经济价值和排他性具有意义，但不具有立法论上的意义。② 国内研究将土地立体化利用中的权利冲突分为两类，一是权利相互之间的冲突，表现为空间建设用地使用权与土地所有权、地表其他用益物权之间的冲突，空间建设用地使用权之间的冲突③；二是权利主体性质的冲突，发生在私主体之间、公益性用益物权人与私主体之间及公益性用益物权人之间④。

第二，土地立体化利用中权利冲突的原因。土地立体利用关系中，空间、地表之间具有支撑与被支撑的对抗性。⑤ 地权群内部存在着结构问题，其结果必然发生效力冲突。⑥《物权法》仅在国有建设用地使用权部分对分层设立

---

① See Tara Righetti, "The Private Pore Space: Condemnation for Subsurface Ways of Necessity", *Wyoming Law Review*, Vol.16, No.1, 2016, pp.77-98; Troy A.Rule, "Airspace in a Green Economy", *UCLA Law Review*, Vol.59, No.2, 2011, pp.270-321.

② 参见付坚强：《土地空间权制度研究》，东南大学出版社 2014 年版，第 57、120 页。

③ 参见陈祥健：《空间地上权研究》，法律出版社 2009 年版，第 212 页。

④ 参见朱岩、王亦白：《分层建设用地使用权的权利冲突及其解决》，《中国土地科学》2017 年第 10 期。

⑤ 参见杨立新、王竹：《不动产支撑利益及其法律规则》，《法学研究》2008 年第 3 期；[美]约翰·G.斯普兰克林：《美国财产法精解》，钟书峰译，北京大学出版社 2009 年版，第 500 页。

⑥ 参见崔建远：《土地上的权利群研究》，法律出版社 2004 年版，第 1 页。

作出原则性规定,缺乏明确标准,集体土地立体利用更面临无法可依境地;且空间管理以部门规章或地方规范为主,效力位阶低,缺乏统一标准,导致空间建设用地权与地表土地使用权容易发生冲突。①

第三,土地立体化利用中权利冲突的法律规制。土地立体化利用推动着土地法向空间法的深刻转换。② 国外关于土地立体利用的法律规制主要有民法用益物权和专门立法两种模式;并已形成分层明显的空中权和地中权理论,为厘清所有权与空间权的行使边界,存在必要合理范围、自然利用方式、利益存在限度等标准。③ 国内学界在《物权法》颁布前聚焦于空间权的法律性质与立法体例,主要有"独立用益物权说"④与"从属说"⑤,前者主张在用益物权一编对"空间利用权"设专章,规定空间利用权的设定、期限、转让、抵押等问题;后者主张将空间权分为空间基地使用权、空间农地使用权、空间邻地使用权等,并把这些权利分别放入物权法相应的章节予以规定。《物权法》最终未引入空间利用权概念,而是将空间利用问题规定在建设用地使用权部分,认为"建设用地使用权概念完全可以解决对不同空间土地的利用问题"⑥。《物权法》颁布后学界注重从法解释学层面理解土地分层利用中所涉权利的协调,认为《物权法》第136条中的"不得损害"应当从"客体范围不得冲突"和"权利行使范围不得冲突"分别理解。⑦ 具体而言,空间建设用地使用权与地表建设用地使用权的关系方面,可通过登记、相邻关系、地役权、侵权

---

① 参见王权典:《城市土地立体化开发利用法律调控规制:结合深圳前海综合交通枢纽建设之探索》,法律出版社2017年版,第44—45页。

② 参见[日]筱塚昭次:《空中权、地中权的法理:围绕土地的新利用形态》,《法学家·临时增刊·土地问题——实态·理论·政策》第476号,(日本)有斐阁1971年4月10日,第122—123页。

③ See Troy A.Rule, "Airspace in a Green Economy", *UCLA Law Review*, Vol.59, No.2, 2011, pp.270-321.

④ 王利明:《空间权:一种新型的财产权利》,《法律科学》2007年第2期。

⑤ 梁慧星主编:《中国物权法草案建议稿:条文、说明、理由与参考立法例》,社会科学文献出版社2000年版,第454页。

⑥ 胡康生主编:《中华人民共和国物权法释义》,法律出版社2007年版,第310页。

⑦ 陈耀东、罗瑞芳:《我国空间权制度法治化历程与问题研究》,《南开学报(哲学社会科学版)》2009年第6期。

规则予以解决。① 设定地上或地下建设用地使用权是否需经在先用益物权人同意,存在肯定说、否定说以及折中说。肯定说认为,设定地上或地下建设用地使用权时,需要征得在先普通建设用地使用权人同意,在于"不经普通建设用地使用权人同意而直接在其上下空间设定空间建设用地使用权欠缺法律依据,而且将土地空间未利用部分的利益归于普通建设用地使用权人更能发挥土地的利用效率。"② 否定说认为,基于我国现行立法本意,分层设定建设用地使用权的主体为土地所有权人,土地所有权人有权根据不同的空间和权利范围设立建设用地使用权,而无须征得在先用益物权人同意。③ 折中说认为,原则上两个地上权客体之间完全不重叠时,无须既存地上权人之同意;但既存地上权有土地使用限制之特约时,其特约的范围与新设区分地上权有抵触时,或与此相反时,即有必要征得既存地上权人之同意。④ 此外,关于建设用地使用权人能否将其权利范围内剩余空间出让给他人,亦有分歧。⑤

由于地上、地下空间利用与公益事业、经济发展、生态环境等密切相关,纯粹的私法无法保障空间资源的高效利用。在私法视角外,基于公法建筑规范的专业性,学者提出空间秩序冲突应通过公法上的建筑计划法、建筑规划来解决。包括统一权利的概念、完善地下利用权的公示制度、改革地下空间利用损失赔偿的构造、制定隧道建造基准等。⑥ 我国应在借鉴国外经验的基础上,在宏观层面,通过《城乡规划法》《建筑标准法》建构城市规划、容积率、空中空间

---

① 参见朱岩、王亦白:《分层建设用地使用权的权利冲突及其解决》,《中国土地科学》2017年第10期;梅夏英:《土地分层地上权的解析:关于〈物权法〉第136条的理解与适用》,《政治与法律》2008年第10期。

② 洪波:《空间建设用地使用权的理论解析:以普通建设用地使用权人的同意权为中心》,《烟台大学学报(哲学社会科学版)》2006年第3期。

③ 参见施建辉:《建设用地分层使用权的实践考察及立法完善:以南京地铁建设为例》,《法商研究》2016年第3期。

④ 参见赵秀梅:《土地空间权与其他权利的冲突及协调:以〈物权法〉第136条的适用为中心》,《法律适用》2012年第3期。

⑤ 参见史浩明、张鹏:《海峡两岸空间权利设计思路之比较:以"区分地上权"和"空间建设用地使用权"为中心》,《苏州大学学报(哲学社会科学版)》2010年第1期。

⑥ 参见[日]松平弘光:《日本地下深层空间利用的法律问题》,陆庆盛译,《政治与法律》2003年第2期。

利用制度;在微观层面,明确土地开发权归属、容积率转移的价值取向。①

关于空间开发利用,同样也在其他学科具有重要研究价值。例如,自然资源管理、国土空间规划等学科,其关注土地立体化利用模式、立体空间利用评价规划、三维地籍等。这些学科的研究为土地立体化利用中权利冲突的解决提供了技术支撑与客观指标,但囿于学科特征,对顶层设计与规范分析的探讨较少。

随着我国人地矛盾越来越突出,土地分层开发利用技术的不断进步,如何充分发掘土地价值、节约集约利用土地,并为其提供法制支撑,成为我国法学界面临的重要课题。上述研究对土地立体化利用中权利冲突的解决具有重要启迪价值,但仍存可突破之处:

第一,本土实践经验有待总结。学界主要运用比较分析、规范分析方法对空间权的概念与性质进行研究,且研究客体主要针对地下空间,关于土地立体化利用的实证研究,尤其是我国公有制条件下土地立体化利用特殊经验的总结未得到应有的重视。

第二,法律规制模式有待提炼。现有研究已经意识到土地立体化利用中的权利冲突是法律上面临的重要问题,但对于如何规制,仍处于从制度内部阐述空间权规则的阶段,对空间利用中权利冲突的发生规律以及具有引领性的规制模式有待总结升华。

第三,公私法协同研究有待深入。当代财产法上最主要的问题是公私法的相互交错,在实行土地公有制的中国,该问题更加凸显。现有研究主要集中在民法领域,虽然有学者强调从城乡规划法方面完善空间利用制度,但在制度设计上偏重规划管理,对如何保障财产权及建立公私法体系融合的法治化实施机制的研究较少,值得进一步深化。


# 二、本研究的核心论题、分析框架与研究方法


## (一) 核心论题

土地立体化利用所涉权利多元,包括物权、债权,甚至公权力、非权利形态

---

① 参见肖军:《论城市规划法上的空中空间利用制度》,《法学家》2015 年第 5 期。

的占有,实践中主要表现为物权。权利具有涉他性,各种权利因性质、内容的不同,其权利主体意思发挥作用的效果有别,亦即各权利的效力不同。土地立体化利用中的权利冲突,核心问题是权利效力问题,尤其为物权的效力问题。即从物权实现的角度,"物权人按照自己的意思行使权利时,能够对其他权利人发生的效果"①。详言之,是在对一块宗地进行立体开发时,土地上的并存权利发生支配冲突时,确定物权是否具有优先顺位,以及如何具有优先性的问题。② 土地立体化利用中权利冲突的法律规制,所欲实现的目标,就是依据一定的原则与规则,运用法学方法论,确定同一宗土地上存在的多个权利之间的秩序。

在此过程中,必须立足我国土地公有制的特殊性。大陆法系传统中无论是通过区分地上权立法模式,还是设定次地上权模式来调整土地立体化利用中的空间权利配置,共同之处在于空间权利的配置是基于意思自治,是土地所有权人与需用空间人之间通过合意设定权利。然而,我国采用土地公有制,实务中,国家既是土地所有权人,又是公权力主体,对于公共建设用地需要通过集体土地的地上地下空间,或者已为他人设定普通建设用地使用权之土地的地上地下空间时,其通常是通过划拨设立分层建设用地使用权,或者直接对空间进行利用。由此带来民事权利与公法制度之间的衔接问题:建设用地使用权的分层设立是《民法典》用益物权编的重要内容,但在实践中,涉及建设用地使用权分层设立的往往为了公益用途,例如地铁、地下综合管廊、人防工程等,这些工程的建设基本上是由公法发动、调整,如此,前者以私法自治为核心,后者则基于国家公权力行使,由于二者的规范目的存在根本不同,在衔接适用时,难免产生解释上的冲突。这需要对所涉利益进行衡量。

这里还需要对本研究中所使用的"法律规制"的内涵进行说明。与"权利冲突"相似,"规制"一词也频繁出现在法学各领域的研究文献中。"它不是一个专业用语,相反,它是一个含义广泛的词汇。"③多数学者在塞尔兹尼克关于

---

① 孙宪忠:《中国物权法总论》,法律出版社 2014 年版,第 94 页。
② 关于"权利冲突""土地立体化利用权利冲突"的内涵,将在下文第一章中详细阐述。
③ 〔英〕安东尼·奥格斯:《规制:法律形式与经济学理论》,骆梅英译,中国人民大学出版社 2008 年版,第 1 页。

规制的经典论述的意义上使用"规制",即"公共机构对那些社会群体重视的活动所进行的持续集中的控制"①。奥格斯认为,私法不属于规制法律,私法为市场体系提供支撑,它的主要功能在于服务功能,即提供一套制度化的安排,私主体可以以此为他们所从事的追求利益的活动及因此形成的关系附上一系列正式安排的外表。② 规制适用于社群体系,即国家寻求指导或鼓励那些如果没有国家干预就不会发生的经济活动。③ 虽然学界关于"规制"的内涵与边界尚未形成精确定义,但整体的理念倾向于对市场主体行为的干预与控制。

本书根据研究主题和论证目标,基于合目的性考虑,从中性意义上使用"规制",即"依据一定的规则对构成特定社会的个人和构成经济的经济主体的活动进行限制的行为"④。尽管"私的规制"位于规制体系的边缘地位,⑤但"清楚的是,立法者以及某种程度上的司法者能够通过修改私法来实现公共利益的目标,例如经济效率或分配正义"⑥。例如,民法中违反法律强制性规

---

① ［英］科林·斯科特:《规制、治理与法律:前沿问题研究》,安永康译,清华大学出版社2018年版,第3页。

② 奥格斯认为,私法在两个基本方面区别于规制:一是它由私人而非国家来实施权利;二是义务的履行通常都是自愿的,因为其本身就是双方合意的结果。因此,基于同样的理由,该法律体系是"分散化"(decentralized)的。参见［英］安东尼·奥格斯:《规制:法律形式与经济学理论》,骆梅英译,中国人民大学出版社2008年版,第3页。

③ 奥格斯总结道,规制的特征在于以下:第一,规制包含了一个更高主体的控制这一理念,它具有指导的功能。为了达到预想的结果。私人受制于一个更高的主体——国家,并被要求按照特定的方式行为,如果违反规则,则以惩罚为后盾。第二,国家及其代理机构运用的主要工具是公法,实施已不能通过私主体间的私合同达到。第三,因为国家在法律的形成及实施中扮演了最基本的角色,因此该法律体系是"集中化"(centralized)的。参见［英］安东尼·奥格斯:《规制:法律形式与经济学理论》,骆梅英译,中国人民大学出版社2008年版,第2页。

④ ［日］植草益:《微观规制经济学》,朱绍文、胡欣欣等译校,中国发展出版社1992年版,第1页。

⑤ 这是因为私的规制不具备狭义规制的基本特征,即在确保与特定目标的一致上,国家并没有扮演主动的或积极的角色。交易双方可以自由行事,甚至是签署协议,即使该行为或协议与立法或司法相冲突,也就是在这层意义上,没有公共机构能够在事先阻止他们。参见［英］安东尼·奥格斯:《规制:法律形式与经济学理论》,骆梅英译,中国人民大学出版社2008年版,第261页。

⑥ ［英］安东尼·奥格斯:《规制:法律形式与经济学理论》,骆梅英译,中国人民大学出版社2008年版,第260页。

定或损害公共利益的合同无效、格式合同起草者免除自身责任的条款无效、对特殊损害用严格责任代替过错责任等。相较于公法规制，私法规制更具有灵活性。例如，在对违反强制性规定的合同进行效力评价时，法院仍需根据规范意旨对所涉利益进行衡量。灵活性的特点，使得私的规制可以具体情形具体分析，但与此同时也带来了权利救济的不确定性。土地立体化利用权利冲突的法律规制，需要适用多种法律规则，包括物权相邻妨害、侵权责任、禁止权利滥用等私法以及规划法、建筑法等公法，其融私法与公法之规制方式为一体。

由于权利冲突产生的重要原因之一在于法律制度的构造问题，我国与土地立体化利用直接相关的法律少，且位阶较低，因此，从务实化解权利冲突的角度，本研究对"法律"的内涵采广义解释，既包括立法，也包括司法。其中，立法的内涵，除了法律、行政法规、部门规章、地方法规，国务院规范性文件、部门规范性文件以及地方规范性文件也包括在内。


### （二）分析框架

本研究的核心论题是探求土地立体化利用中权利与权利、权利与权力之间的冲突关系以及如何对其进行有效规制。本研究的结构安排试图实现以下目标：

第一，提高公有制条件下土地立体化利用法学研究的现实针对性。将实证研究与规范研究结合，系统考察我国土地立体化利用中的权利并存关系及冲突形态。

第二，凝练具有普遍解释力的土地立体化利用权利冲突规制模式。将类型化与抽象思维的思考方式相结合，提炼调整土地立体化利用中权利冲突的基本维度与法律规制模式。

第三，构建公私法协同的土地立体化利用权利冲突协调规则，形成复合性的土地立体化利用中权利冲突的制度供给方案。将物权法与土地管理法等公法结合，提出协调权利冲突的体系化法治路径，从立法、行政、司法方面构建复合的利益平衡机制。

为实现上述目标，本研究整体上分为：绪论、上篇"理论基础"、下篇"实践类型"、代结语。

　　绪论部分,旨在提出问题,划定研究论题,整理既有研究,阐明研究意义,建立论述框架。

　　上篇"理论基础"包括第一章至第六章,是土地立体化利用权利冲突法律规制的基本原理,为下篇"实践类型"奠定理论基础。本部分研究的思路是:其一,梳理土地立体化利用的发展历程与主要形态,进而对我国以及两大法系主要国家和地区的空间权利配置模式进行梳理。其二,结合权利冲突理论,界定土地立体化利用中权利冲突的内涵、构成要素与具体类型。其三,从我国法治实践着手,分别分析我国中央立法、地方立法以及司法审查在化解土地立体化利用权利冲突中,存在的局限与困境。其四,从法理层面检视权利冲突的本质,指出权利冲突的规制需要利益衡量,进而分别从立法与司法层面分析利益衡量的方法。其五,利益衡量的准则在于价值,本部分从宏观法秩序层面上的价值性原则,具体层面的物权结构性原则与权利行使界限原则,提出权利冲突的规制原则。其六,在具体规则层面,构建回应我国国土空间开发实践、兼顾各类利益的土地立体化利用权利冲突规制规则。

　　下篇"实践类型"包括第七章至第十一章,是对具体问题的研究,在基本理论的基础上,针对土地立体化利用实践中最突出的权利冲突及其化解机制,分别展开研究,实现以点带面、点面结合。其一,建设用地使用权分层设立中的权利冲突及其规制,侧重于空间建设用地使用权与既有普通建设用地使用权之间的冲突。其二,集体土地分层利用中的权利冲突及其规制,关注集体土地所有权与国家所有权、国家土地行政管理权之间的冲突。其三,辅助性的空间利用与既有用益物权之间的权利冲突,侧重于研究法定地役权在化解公用事业管线用地关系之权利冲突的功能。其四,商业空间立体布局中的权利冲突及其规制,关注以意思表示为基础的营业地役权的权利构造与法律规制。其五,既有住宅增设电梯中多数业主与少数业主之间的权利冲突,重点研究业主共同事务管理中表决规则的适用与规划许可作出过程中对相邻权利人私益的衡量。

　　代结语部分,以土地立体化利用法制完善方案作为代结语。无论是上篇"理论基础"还是下篇"实践类型",整体上遵循的主要思路都是解释论。鉴于土地利用的立体化趋势以及我国相关立法缺失的现状,仍有必要通过立法构

"理论基础—实践类型"这一研究进路,体现了体系思维与论题思维的结合。通过实践类型对具体问题作出妥当回答,隐含的体系会渐渐浮现。在上述论述框架的基础上,本研究试图达到以下可能的创新:

第一,从权利冲突的视角剖析土地立体化利用权利配置。权利冲突虽然是需要解决的问题,但也会加深人们对权利的认识,转换思维方式,推动社会生活的进步。权利冲突的法律规制,是利益衡量的结果。权利冲突的视角体现了当事人之间的平等关系,双方均为权利主体,不再像在侵权关系中那样,假设一方享有合法权益,另一方存在侵权行为,而是把单向性思维转换为双向思维,通过利益衡量,实现对当事人的全面保护。

第二,构建土地立体化利用权利冲突的法律规制模式。结合实证法律经验,识别调整权利冲突的基本维度,即管制维度与时间维度。在管制维度确立管制优于自治的规制模式、依管制强度排序的规制模式。在管制维度起作用之外的领域,围绕时间维度确立以登记为基础的顺位规制模式、以合意为基础的顺位规制模式。

第三,提出有实证方法支撑的公私法体系融合规制方案。基于对司法裁判与土地立体化利用实践的考察,以土地立体化利用中权利冲突所涉"物权的效力"以及"物权—规划权的关系"为核心问题,阐明规划权限制土地财产权的限度。通过对公有制条件下土地立体化利用中权利冲突的法律规制方案进行研究,实现公、私法实质法秩序的统一。

### (三) 研究方法

研究方法的选择与研究对象的性质、特点紧密相关。在土地公有制背景下,土地立体化利用权利冲突所涉利益多元,应当采用多种方法,尽可能准确阐释其法律关系及其深层矛盾。

第一,实证研究方法。通过实地考察和访谈,对实践中土地立体化利用权利冲突的协调经验进行总结。访谈对象包括规划与自然资源主管部门、地铁公司、国土资源监测与仿真重点实验室等机构的工作人员。

第二,法教义学研究方法。土地立体化利用中的权利冲突很大程度上源自法律规则的标准模糊,基于法教义学以揭示现行法规范整体之内容与关联

自法律规则的标准模糊,基于法教义学以揭示现行法规范整体之内容与关联的特点,系统解读法律规范文本,审视法律规范在制度设计和实效层次上的冲突与根源,对现行法作体系化的阐述与改造,促使权利冲突所涉利益的调和。具体而言,首先,对我国土地立体化利用相关的法律、法规、部门规章、中央规范性文件进行系统梳理;其次,由于我国中央立法直接涉及地上、地下空间利用的法律规范较少,地方立法则较为丰富,因此,本研究也收集整理了各地地下空间利用的地方立法或规范性文件,作为文本研究的重要对象;最后,收集了涉土地立体化利用权利冲突的司法裁判,研究其中的核心争议问题,力争阐明其中深层的利益冲突与法律适用方法。

第三,法经济学研究方法。土地立体化利用是物尽其用、最大化资源配置效率的典型体现,土地立体化利用权利冲突之法律规制考量效率目标实属应当。"经济效率乃在评估法律适用对资源配置的影响,应可纳入法律目的解释,而与其他解释方法共同协力,以实现法律的规范意旨。"[1]本研究在法学规范分析基础上,注重法律作为一种价格机制的经济学特征,及其在进行制度选择时所蕴含的成本收益方法论,从微观角度考察具体法律规则如何影响土地空间资源配置,采取适当的财产权配置规则实现权利冲突外部性的内部化。

---

① 王泽鉴:《民法物权》,北京大学出版社 2009 年版,第 20 页。

# 上 篇
# 理 论 基 础

土地立体化利用中的权利冲突是什么？这是本研究必须回答的首要问题。如果对这一概念缺乏清晰的认知，则对其理论问题的分析与法律规制方案因缺乏基础而无法建立。为此，上篇以土地立体化利用权利冲突一般理论为中心，主要围绕两大问题：一是土地立体化利用及其权利冲突各自的内涵是什么？二是如何解决土地立体化利用中的权利冲突？本篇的逻辑思路据此展开：首先，要充分理解土地立体化利用中的权利冲突及其法律规制，就必须熟悉土地立体化利用的发展历程、主要形态与权利配置；其次，分别对土地立体化利用中权利冲突的内涵、内在构造与表现类型展开分析；再次，立足我国现有法规范状况，考察土地立体化利用权利冲突法律规制所面临的突出矛盾和深层问题，接着，从法理层面检视权利冲突的本质及其出路；最后，客观认识我国公有制条件下土地立体化利用中权利冲突所涉权利的价值功能目标，为权利冲突提供具有普遍解释力的法律规制模式与公私法体系融合的法律规制方案，实现权利冲突所涉多元利益的实质权衡。

# 第一章　土地立体化利用发展、形态及其权利配置

随着科学技术发展,人类对物的支配能力不断提高,对土地的开发利用经历了"从平面外延式扩张的粗放利用模式向'地上空间高强度'的集约利用模式,再到地上、地下空间综合开发、分层利用的土地立体化利用模式"[①]。土地立体化利用的形态逐渐多样化、复合化。作为对客观实践的回应,各国法律根据自身法律传统,出现了从属于地上权范畴的"区分地上权"或者作为独立权利类型的"空间权"等权利配置形态。

## 一、发展历程

### (一) 国外实践

土地立体化利用与人类社会经济发展水平密切相关。第一次工业革命之后,生产力水平的提高大大加速了城市的发展,城市人口的增多也带来改进基础设施的迫切需求。1863 年伦敦建成世界上第一条地下铁路系统,人类对土地立体化开发利用进入快速发展时期。地下空间的开发利用经历了从大型建筑物地下空间的开发利用到以地下街为主导的复杂地下综合体,市政设施方面也从地下管网发展到大型共同沟建设。但这一阶段的地下空间开发利用还

---

[①]　罗平、罗婷文等:《土地管理三维思维:土地立体化利用管理技术》,科学出版社 2018 年版,第 3 页。

主要以浅层空间为主。20世纪20年代以来,发展地上空间成为世界各大城市的追求潮流,高层建筑的高度不断被突破。

第二次世界大战之后,各国经济的迅速复苏促使城市化水平进一步提升,许多发达国家因城市空间资源紧缺而出现对原有城市进行更新改造的客观要求,以地表、地上空间、地下空间协调扩展的发展理念逐渐兴起。例如加拿大蒙特利尔,自1954年开始对市中心地区进行立体化开发,形成包含地铁站、地下广场、公共连接通道等功能的"地下城"。所谓地下城,即通过地下交通设施连接多个地下综合体,形成大规模、多功能的地下空间网络设施。① 为了应对交通堵塞等城市病,以地下交通系统建设为主导的地下空间开发利用也成为解决问题的重要途径。这一阶段的地下空间开发利用已经拓展到次深层空间。与此同时,20世纪60年代以来,国外发达城市进一步认识到地上空间开发利用的有限性,开始探讨"垂直城市"(Vertical City),②开启了大规模开发利用地下空间的时代。以高密度开发利用的紧凑城市理念成为发达国家城市规划秉持的基本原则。③ 例如美国费城、日本东京新宿地区在中心商业区大面积开发地下空间,主要用于商业用途,与地下铁路、地下车库共同形成中心区立体化再开发格局。④

20世纪80年代以来,发达国家城市化水平与基础设施趋于完善,但集约化发展不足、生态环境问题日益突出,人与自然相协调、可持续发展成为时代主题。日本学者尾岛俊雄提出在城市地下空间建立封闭性再循环系统以及"新干线共同沟"的设想;1988年日本政府正式决定开展大深度地下空间利用的相关研究工作和准备制定限制地下空间私人所有权的

---

① 参见住房和城乡建设部:《城市地下空间利用基本术语标准》(JGJ/T 335-2014),中国建筑工业出版社2014年版,第11页。

② See C.D.Harris, E.L.Ullman, "The Nature of Cities", *Annals of the American Academy of Political and Social Science*, Vol.242, No.1, 1945, pp.7-17.

③ See K.Nabielek, "The Compact City: Planning Strategies, Recent Developments and Future Prospects in the Netherlands", AESOP 26th Annual Congress Ankara, 2012.

④ 在此时期,发达国家出现了制定都市法的趋势,常常基于公共性的立场,从公共政策和法制的角度寻找可以控制城市空间及其使用方式等的制度方式。参见[日]园田纯孝等编:《现代的都市法》,东京大学出版社1993年版,第1页,转引自朱芒:《论我国目前公众参与的制度空间——以城市规划听证会为对象的粗略分析》,《中国法学》2004年第3期。

法规。① 2003 年美国规划师协会（APA）提出"精明增长"（Smart Growth）城市发展模式，其核心理念是高效、集约、紧凑发展，充分利用城市存量空间，减少盲目扩张。②

21 世纪以来，各国面对城市衰败所开展的城市更新，也越来越注重对土地资源的整合、集约。在此背景下，土地立体化开发利用愈发得到重视，空间利用呈现出注重人工环境与自然环境协调统一的特征。例如将穿越城市中心的高架公路改建为地下道路，将污水处理设施在地下建设等，以实现地上与地下空间开发功能的协调。这一时期以来，地下空间网络形态日趋完善，人们对地下空间的开发利用呈现出深层化的趋势。例如，日本已经尝试开发利用地表下 50—100 米深层地下空间。朝鲜出于战备以及不影响地表建筑物安全的考虑，建成垂直深度达100 米的地铁。为了应对气候变化，各国开始探索二氧化碳地质封存技术。③

**（二）中国实践**

我国地上、地下空间的大规模开发始于 20 世纪 60 年代的人防工程建设。1978 年第三次全国人防工作会议提出"平战结合"的人防工程建设方针，这一时期是我国空间利用的初级阶段。改革开放以来，我国工业化、城市化快速发展，土地供需矛盾、资源环境压力也日益凸显，给城市与产业可持续发展带来挑战，集约节约用地需求突出。与城市建设相结合的、以轨道交通为主导的地下空间利用进入适度规模阶段。1997 年建设部颁布《城市地下空间开发利用管理规定》标志着我国地下空间利用进入有序发展阶段。进入 21 世纪之后，国民经济与城市化快速发展，土地立体化利用的形式、数量进入快速增长阶段。④

① 参见童林旭、祝文君：《城市地下空间资源评估与开发利用规划》，中国建筑工业出版社2009 年版，第 385—386 页。

② See T.Daniels, "Smart Growth: A New American Approach to Regional Planning", *Planning Practice and Research*, Vol.16, No.3/4, 2001, pp.271-279.

③ 例如，通过技术工程方法将捕获的二氧化碳注入至地下 800 米以下深度范围内的地质中。参见刁玉洁：《把二氧化碳"埋"在地下》，《地球》2021 年第 4 期。

④ "十二五"时期，城市地下空间建设量显著增长，年均增速达到 20%以上，约 60%的现状地下空间为"十二五"时期建设完成；据不完全统计，地下空间与同期地面建筑竣工面积的比例从约 10%增长到 15%。参见《住房城乡建设部关于印发〈城市地下空间开发利用"十三五"规划〉的通知》（建规〔2016〕95 号）。

轨道交通与综合管廊建设是我国土地立体化利用最主要的两个增长极。我国于 1969 年开通第一条轨道交通,截至 2019 年底,共有 37 个城市开通城市轨道交通,运营线路总里程 5799 公里。而根据《2019 年世界城市轨道交通运营统计与分析报告》,截至 2019 年底,欧美地区(含欧洲、欧亚大陆及北美洲,不含拉丁美洲)地铁运营长度共 6113 公里。① 轨道交通不仅极大提升了我国基础设施完善水平,也促进了以轨道交通为核心的地上地下空间综合开发,进一步优化城市功能空间,促进土地节约集约利用。城市地下管线是指城市范围内供排水、电力、热力、燃气、通信等公用事业管线及其附属设施。② 地下综合管廊,是指在城市地下用于集中敷设电力、通信、广播电视、给水、排水、热力、燃气等上述市政管线的公共隧道。③ 地下综合管廊的投资人通常以出让方式取得地下空间建设用地使用权,并因投资建设取得地下综合管廊的所有权。综合管廊采取有偿使用方式,入廊的管线单位应当向管廊产权单位缴纳入廊费,向管廊运营维护单位缴纳管廊日常维护费。④

在轨道交通与综合管廊为主导的市政设施的发展引领下,我国已成为土地立体化开发利用程度较高的国家城市地下空间开发利用表现出规模化发展趋势,⑤《自然资源部关于进一步做好用地用海要素保障的通知》(自然资发

---

① 参见中国工程战略咨询中心、中国岩石力学与工程学会地下空间分会、中国城市规划学会编:《2020 中国城市地下空间发展蓝皮书》,科学出版社 2021 年版,第 50 页。

② 《国务院办公厅关于加强城市地下管线建设管理的指导意见》(国办发〔2014〕27 号)要求,2015 年底前,完成城市地下管线普查,建立综合管理信息系统,编制完成地下管线综合规划。力争用 5 年时间,完成城市地下老旧管网改造,将管网漏失率控制在国家标准以内,显著降低管网事故率,避免重大事故发生。用 10 年左右时间,建成较为完善的城市地下管线体系,使地下管线建设管理水平能够适应经济社会发展需要,应急防灾能力大幅提升。

③ 参见《国务院办公厅关于推进城市地下综合管廊建设的指导意见》(国办发〔2015〕61 号)。

④ 根据《国务院办公厅关于推进城市地下综合管廊建设的指导意见》(国办发〔2015〕61 号),从 2015 年起,城市新区、各类园区、成片开发区域的新建道路要根据功能需求,同步建设地下综合管廊;老城区要结合旧城更新、道路改造、河道治理、地下空间开发等,因地制宜、统筹安排地下综合管廊建设;加快既有地面城市电网、通信网络等架空线入地工程。

⑤ 据统计,2016—2019 年,全国累计新增地下空间建筑面积达到 10.7 亿平方米,以 2019 年末大陆城镇常住人口 84843 万人计算,新增地下空间人均建筑面积为 1.26 平方米;2019 年全国地下空间新增建筑面积约 2.58 亿平方米,同比增长 3.07%,新增地下空间建筑面积(含轨道交通)占同期城市竣工面积的比例约 19%。参见中国工程战略咨询中心、中国岩石力学与工程学会地下空间分会、中国城市规划学会编:《2020 中国城市地下空间发展蓝皮书》,科学出版社 2021年版,第 6 页。

〔2023〕89 号）要求"优化地下空间使用权配置。实施'地下'换'地上',推进土地使用权分层设立"。地上、地下空间开发在土地利用中的功能日益凸显,不再仅作为地表设施的附属。近年来海底隧道、水下酒店、水下电影院等工程也使人们对空间的利用从陆地发展到水体、海域。随着能源科技产业的发展,我国一些沿海地区充分利用当地丰富的风、光资源,实行立体开发,建设"风光渔"一体化发电站。《国务院办公厅关于印发要素市场化配置综合改革试点总体方案的通知》(国办发〔2021〕51 号)指出"探索推进海域一级市场开发和二级市场流转,探索海域使用权立体分层设权"。沿海区域如广东省研究出台加强项目用地用海要素保障措施,对符合国土空间规划和生态保护红线管控要求的"渔光互补""风渔互补"等兼容性高、互补性强的用海项目,支持采用海域使用立体分层设权方式审批,提升海域资源利用效率。①

# 二、主要形态

土地立体化利用的主要形态,按照客体标准,可以分为地上空间利用与地下空间利用;按照功能标准,可以分为三类,一是宗地分层混合利用模式,二是空间连通利用模式,三是区片立体利用模式。

## （一）地上空间利用与地下空间利用

根据空间所处位置,可分为地上空间与地下空间。地上空间利用,是指对地表以上空间的开发利用;地下空间利用,是指对地表以下、自然形成或人工开发空间的利用。二者的区别在于以下:

第一,从客观表现而言,地上空间利用具有可视性,而地下空间利用具有不可直接察觉性。与地上空间不同的是,地下空间不能像陆地表面那样容易

---

① 参见《省自然资源厅研究出台 11 条加强项目用地用海要素保障措施》,广东省自然资源厅网站,http://nr.gd.gov.cn/xwdtnew/zwdt/content/post_4002059.html.,最后访问日期:2022 年 8 月 26 日。

被占有或利用。由于地下空间位于视野之外,地下深处不可能通过占有来有效地划定界限,以主张排他性权利。

第二,从功能角度而言,地上空间开发利用的功能具有单纯性与辅助性,单纯性在于其功能主要是两个空间之间的通道连接,辅助性在于提高所连接空间的利用效率。其形态具体表现为跨越市政道路的过街天桥、连接两栋建筑物的空中连廊、轨道交通、高压输电线等。相较而言,地下空间开发利用的功能具有多元性(见图1-1),其既具有与地上空间开发利用相同的辅助性利用,例如地下通道以及用于供排水、燃气、热力、电力、通信等市政管线及其附属设施的地下管线,还具有相对独立性的利用,包括地下交通与停车系统、地下市政设施、地下综合防灾、地下仓储物流等。同时,由于地下空间特殊的物理属性,其开发利用需要遵守更为严格的用途管制,例如地下空间不得用于学校、医院等用途。

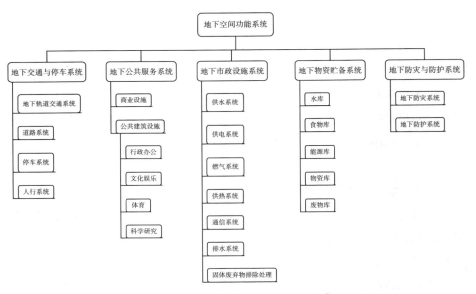

**图1-1 地下空间功能系统的构成①**

---

① 参见赵景伟、张晓玮:《现代城市地下空间开发:需求、控制、规划与设计》,清华大学出版社2016年版,第108页。

　　第三,从权利基础而言,地上空间利用中,过街天桥、空中连廊等采人工地基形式的空间利用通常采地役权方式,如果地上建筑与地面相连接,一般权源基础为地表建设用地使用权,例如,地铁的地上站台,与其配套的商服综合体与地面仍相连接,故仍界定为地表建设用地使用权;再比如,地上建设的高架铁路,在通过集体土地之时,仍需进行带状征地转为国有,再划拨设立建设用地使用权。对独立于地表的地下空间的开发利用,则通常设立地下建设用地使用权。

　　第四,从对地表土地的影响而言,地下空间利用通常不打扰地表土地权利人对地表的支配。如果开发者利用地下空间,地表所有者可能对其不知悉,或者可能会发现其具有不可起诉性。然而,地下空间的占用肯定是比地上空间利用更持久的占有。在用于碳封存的情形下,尽管孔隙空间在其所生的结构之外本身可能是空闲的、不确定的,但是与其相连接的井筒、管道、水泥却具有持续性。

　　第五,从规划控制目标而言,"地上空间开发控制的重要目标之一是在控制和引导建筑实体关系的基础上,实现对建筑实体所形成的城市虚体空间的控制和引导,从而塑造城市公共空间系统,提高城市环境品质,其控制目标需要通过制定建筑密度、绿地率、建筑后退、建筑间距等来实现。"[①]地下空间开发的复杂性、不可逆性,使得地下空间开发控制的目标主要针对地下开发所形成的地下建筑实体空间展开。地上空间与地下空间的规划控制目标的共同之处在于注重用途功能、开发强度、开发边界等;地下空间规划控制目标的特殊之处在于强调地面出入口、地下工程的互联互通等。

　　由于地下空间开发利用具有相对独立性与功能多元性,实践中,土地立体化利用的主要表现形式为地下空间开发。地下空间的开发方式可进一步区分为单建式与附建式。前者如在城市中心开敞空间和绿地的地下进行空间开发,可以最大限度保障城市环境不受建筑高密度的影响。但是单独开发建设地下空间,也造成了地下空间之间缺乏整体性、连接性。并且单建式空间开发

---

　　① 赵景伟、张晓玮:《现代城市地下空间开发:需求、控制、规划与设计》,清华大学出版社2016年版,第292页。

利用成本较高,"单建式的地下建筑造价要高于地面造价,而附建式的地下建筑造价反而比地面楼房造价低四分之一左右。"①因此,实践中附建式的地下空间开发利用为主要形式,表现为功能组合式的地下综合体。单建式造价尽管较高,但就其节约的地面空间而言,仍是合算的。未来仍需通过多元连接形式,使得单建式地下空间相互之间以及与其他地下空间之间实现互联互通。

为提高土地的综合承载能力,应注重地上、地下空间功能的协调配置。关于空间开发的竖向分层,目前国内外的划分标准尚不统一。但竖向布局基本遵循以下原则:先浅后深,先易后难,有人的在上、无人的在下。有学者据此将城市空间划分为五个层次,各层的功能配置如表1-1所示。②

表1-1　城市土地分层利用的功能配置

| 层面 | 民地(建筑红线内) | 公地(道路) | 公地(公园、广场) |
|---|---|---|---|
| 城市上空 | 办公楼<br>商业设施<br>住宅 | 步行道—高架道路—车行道 | 防灾避难场所 |
| 地表附近 | 办公楼<br>商业设施<br>住宅 | | |
| 浅层<br>0 米至-10 米 | 商业设施<br>住宅<br>步行道<br>建筑设备层 | 道路<br>地铁车站<br>商店街<br>停车场、公用设施 | 停车场<br>防灾避难设施<br>公用设施<br>处理系统 |
| 次浅层<br>-11 米至-50 米 | 防灾避难设施 | 地铁隧道<br>公用设施干线 | |
| 大深度<br>-50 米以下 | 地铁隧道<br>公用设施干线<br>道路 | | |

可开发利用的地下空间资源,需要依据一定的评估方法予以确定,我国各

---

① 赵景伟、张晓玮:《现代城市地下空间开发:需求、控制、规划与设计》,清华大学出版社2016 年版,第 91 页。
② 参见童林旭、祝文君:《城市地下空间资源评估与开发利用规划》,中国建筑工业出版社2009 年版,第 200 页。

地实践中通常采用"影响要素逐项排除法"①。近年来,我国地下空间利用形式逐渐多元,地下空间深度逐步增加。②

表 1-2　我国现阶段按照功能划分的地下空间开发深度控制③

| 类别 | 设施名称 | 深度控制<br>(距地表/米) |
|---|---|---|
| 交通运输设施 | 轨道交通 | 10 — 30 |
| | 地下道路 | 10 — 20 |
| | 步行道路、停车库 | 0 — 10 |
| 公共服务设施 | 商业、文化娱乐、体育 | 0 — 20 |
| 市政基础设施 | 引水干管 | 10 — 30 |
| | 给水管、排水管 | 0 — 10 |
| | 燃气管、热力管、电力管、变电站、电信管、垃圾处理管道、综合管廊 | 0 — 30 |
| 防灾设施 | 蓄水池、指挥所、人防工程 | 10 — 30 |
| 生产贮藏设施 | 动力厂、机械厂、物资库 | 10 — 30 |
| 其他设施 | 地下室 | 0 — 20 |
| 特殊设施 | 贮油、贮气 | 30 — 150 |

## (二) 宗地分层混合利用、空间连通利用、区片立体开发

根据土地立体化利用的功能,可将其形态区分为以下模式:

第一,宗地分层混合利用模式,是"针对单一建设项目,通过建筑混合利

---

①　所谓影响要素逐项排除法,即排除受到不良地质条件和水文地质条件、地下埋藏物、已开发利用的地下空间、建筑物基础和开敞空间制约的空间后,剩余的空间范围即为可供合理开发的资源蕴藏空间。参见《北京中心城中心地区地下空间开发利用规划(2004—2020 年)》。

②　例如,南京德基广场、河西金鹰世界、世茂天誉等大型项目地下空间竖向开发深度达地下五层,开发深度已超 15 米;南京南站 4 条轨道交通线路立体换乘,地下空间开发深度约为 30 米;江北新区核心区地下空间开发至地下七层,最深处达 48 米;南京儿童医院(河西院区)"深井式"地下停车场下探至 68 米;地下空间开发深度已逐步从浅层延伸下探至中层、深层。参见《南京市"十四五"地下空间开发利用规划》。

③　参见赵景伟、张晓玮:《现代城市地下空间开发:需求、控制、规划与设计》,清华大学出版社 2016 年版,第 137 页。

用、地上地下综合开发等方式,提高宗地空间利用效率"①。其特征在于,对同一宗地地上、地下空间的分层开发,不仅各层空间的权利人不同,而且各层空间的功能亦具有差异性,即同一宗地的开发利用具有功能上的复合性,同时包括诸如地面城市基础和公共设施、中低层商业、高层住宅,地下交通与停车系统、地下仓储与物流系统、地下污水处理等综合功能。宗地分层混合利用模式是当今土地立体化利用最主要的表现形式。随着公共交通网络的发达,这种模式下各地主导的利用形式是 TOD(transit-oriented development)模式。即在规划某宗地之时,基于区域重要交通枢纽,结合地上、地表、地下空间进行的综合性立体开发,实现站城一体化。该交通枢纽是将城市轨道交通、民航、铁路、公共汽车等多种交通方式汇集,并利用地下空间进行相互换乘的大型车站集合体。②

第二,空间连通利用模式,是针对较大面积建设项目,通过对地上、地下空间采取物理连通的方式,提高片区内要素流动效率,促进片区空间功能的协同衔接。③ 其特点在于实现多个建设项目之间的互联互通,从而将地上、地面、地下的各类建筑物、构筑物有机连接起来。典型表现形态就是两栋建筑之间的空中连廊、跨越或穿越公共道路的天桥、地下通道等。从功能角度,既有住宅加建电梯也可纳入该模式。

第三,区片立体开发模式,是针对大面积整片土地,通过区片统筹推进建筑综合体,建设生态廊道、推行立体化交通等方式,综合利用片区地下、地上空间,提高城市功能复合化、服务便捷化,构筑立体城市。④ 在某些情况下,开发较大的地块比开发较小地块更有效率。世界上有的国家已有建设大规模地下城的经验,如前述加拿大蒙特利尔地下城。我国深圳前海深港现代服务业合

---

① 罗平、罗婷文等:《土地管理三维思维:土地立体化利用管理技术》,科学出版社 2018 年版,第 45 页。

② 参见住房和城乡建设部:《城市地下空间利用基本术语标准》(JGJ/T 335-2014),中国建筑工业出版社 2014 年版,第 6 页。

③ 参见罗平、罗婷文等:《土地管理三维思维:土地立体化利用管理技术》,科学出版社 2018 年版,第 45 页。

④ 参见罗平、罗婷文等:《土地管理三维思维:土地立体化利用管理技术》,科学出版社 2018 年版,第 46 页。

作区于2021年颁布《深圳市前海深港现代服务业合作区立体复合开发用地供应管理若干规定（试行）》（深前海规〔2021〕1号），在立体空间一级开发、立体复合开发用地空间的供应等方面进行创新探索。

综上，相较于传统的对土地的平面式外延式开发利用，土地立体化利用的重要特征在于，对同一宗地地上、地下空间的分层开发，形成垂直方向上的多元土地权利主体。不仅各层空间的权利人不同，而且利用功能亦具有差异性，即同一宗土地开发利用具有功能上的复合性。由此，不仅需要对各层空间的权利归属、权利边界作出界定，还需要对相邻空间之间的权利行使进行协调。

# 三、权利配置

土地立体化利用在一定程度上脱离了地表，其权利配置相应地也不以地表权利分配为中心，而是注重空间权利的分配以及第三人利益的考量。由于各国法律制度的渊源与演进历史不同，在他人土地上建设建筑物、构筑物等为目的的用益关系的立法观念亦有所不同。土地立体化利用的权利配置，主要体现在空间物权的立法调整，中国采建设用地使用权分层设立方式，在大陆法系国家和地区表现为土地所有权、地上权制度，在英美法系国家和地区则表现为空间权制度。

## （一）中国

2007年颁布的《物权法》首次从法律层面对空间利用的权利配置作出规定。第136条规定建设用地使用权分层设立，①将域外"区分地上权""空间权"等调整空间归属、利用的法律概念引入建设用地使用权制度当中，为土地立体化利用创造了私法空间。"建设用地使用权"对应于《土地管理法》《城市

---

① 《物权法》第136条规定："建设用地使用权可以在土地的地表、地上或者地下分别设立。新设立的建设用地使用权，不得损害已设立的用益物权。"

房地产管理法》《国有土地使用权出让和转让暂行条例》等立法中的"土地使用权",《物权法》将这些立法中"土地使用权"转换为"建设用地使用权",目前二者仍并行存在于我国现行法。2020 年颁布的《民法典》第 345 条、第 346 条在承继《物权法》第 136 条的同时,将其分成两个条文,分别规定建设用地使用权的分层设立与设立原则。① 概言之,现行法将空间纳入土地概念之中,采用建设用地使用权分层设立的法律调整模式。

我国土地所有权是公有制的表现形式之一,其不可流转、交易,以土地所有权为基础设立的用益物权属性的建设用地使用权,才是具有民法意义的财产权。建设用地使用权制度具有弥补土地公有制不足的功能,其一方面维护了土地公有制,另一方面使得土地资源通过市场化行为得以有效利用。在土地上、下空间设立的建设用地使用权,与普通地表建设用地使用权内容相同,即以在他人所有的土地上建造房屋或其他建筑物、构筑物为目的而使用他人土地的权利;地上、地下空间建设用地使用权的设立方式也包括出让、划拨两种方式。以出让方式取得的地上、地下空间建设用地使用权,具有商业性,需要通过招标、拍卖、挂牌方式公开竞价取得。以划拨方式取得的地上、地下空间建设用地使用权,具有公益性,通过行政划拨方式无偿取得。实践中,相当多地上、地下空间利用是公益性质的,例如公益性停车位、地下铁路及其站台、防空设施等。法律严格限制划拨建设用地使用权流转,擅自转让、出租、抵押划拨建设用地使用权的,其法律行为无效,并应承担相应的法律责任。为促进土地资源高效配置,在符合特定条件的情形下,可以将划拨建设用地使用权转化为出让建设用地使用权。

若不考虑土地公有制因素,《民法典》第 345 条所规定的在土地上、下特定空间设立的建设用地使用权,与日本等国家和地区的区分地上权制度并无本质不同,均为在他人土地地上、地下一定空间范围内,以建设并保有建筑物及其他构筑物为目的而使用特定部分空间的权利。关于该权利的称谓,有谓

---

① 《民法典》第 345 条规定:"建设用地使用权可以在土地的地表、地上或者地下分别设立。"第 346 条规定:"设立建设用地使用权,应当符合节约资源、保护生态环境的要求,遵守法律、行政法规关于土地用途的规定,不得损害已经设立的用益物权。"

"空间权"①"空间建设用地使用权"②"分层建设用地使用权"③"空间利用权"④。我国登记实践中,通常将在土地上、下空间设立的建设用地使用权标注为建设用地使用权(地下)、建设用地使用权(地上)。为凸显该权利之特征,本研究采"空间建设用地使用权",当指涉以地上空间部分所设立的空间建设用地使用权时,具体称为"地上建设用地使用权",当指涉以地下空间部分所设立的空间建设用地使用权时,具体称为"地下建设用地使用权"。尽管普通建设用地使用权之客体的"地表"字面意义上是指土地的表面,但在法律意义上,其本身也蕴含着三维属性,即"由地表、地表上空以及地表下部所组成的一个立体的空间,以及在其中生长或永久附着的任何东西"⑤。根据物权客体特定原则,空间建设用地使用权的客体范围通常不会与地表建设用地使用权的空间范围发生重叠,其客体指的是地表建设用地使用权行使权利所必要空间范围以外的空间。⑥

### (二) 大陆法系

根据大陆法系传统,地上、地下空间是土地所有权的客体范围,一般通过地上权的方式调整空间利用。故其关于空间利用的权利配置,包括两个方面,一是明确土地所有权的纵向行使范围;二是明确物权性空间使用权的设立方式。

---

① 赵秀梅:《土地空间权法律问题研究》,法律出版社 2019 年版,第 6—7 页。

② 陈华彬:《民法物权论》,中国法制出版社 2009 年版,第 208 页。

③ 朱岩、王亦白:《分层建设用地使用权的权利冲突及解决》,《中国土地科学》2017 年第 10 期。

④ 贾宏斌:《我国地下空间利用权制度构建》,人民法院出版社 2019 年版,第 60—61 页。

⑤ 薛波主编:《元照英美法词典》,北京大学出版社 2013 年版,第 777 页。

⑥ 关于地表土地使用权的空间范围,"通常认为,以满足土地实际利用的空间为限,默认土地使用权人对空间的支配性权利,即土地使用权人可因合法使用土地所必须或依法律的明确规定而使用地表上下一定范围的空间。该空间的范围多依空间使用目的的不同而定。若是将空间用于种植、养殖的,土地使用权人享有使用权的空间范围应当包括地面之上植物、动物生长所需的一切必要空间,及地面以下植物根系生长、凿井汲水等所需的空间;若是为了于空间建造建筑物的,土地使用权人享有使用权的空间范围应当是法律允许的建筑物的高限和深限,以及建筑物基础工程的稳固性所需的地下空间和建筑物通风透光所需的空间。"参见孙宪忠:《国有土地使用权财产法论》,中国社会科学出版社 1993 年版,第 38 页。

受制于经济社会发展水平,罗马法上虽然已有地上权概念,但其产生原因在于保障土地承租人对建筑物的权益,即"支付地租,利用他人的土地建筑房屋而使用的权利"①,因此其标的仅限于土地上所建的房屋或建筑物,并不涉及地上、地下空间。

1804 年公布实施的《法国民法典》确立所有权神圣原则,该原则是一种理念的宣示,并非意味着所有权不受约束。所有权仍受到来自公法、私人契约的限制。土地所有权的客体范围包括土地的上空与地下。根据《法国民法典》第 552 条,土地所有权人享有地上权,依此意义,所有权人可以单独利用其权利,在地上进行建筑,也准许其请求拆除侵占其空间的任何高度的工程,不论此种侵害多么轻微。② 这突出了土地所有权客体的立体性。尽管如此,这种"立体"的权利要受公共秩序的制约,在一定情况下有可能被限制或者被消灭。③ 虽然不存在一种"在距离地面一定高度之上就必然排除私人所有权的空中公共领域",但是,出于交通、城市规划、能源或者通信的需要,为了满足这方面的关注,根据《法国民法典》第 552 条第 2 款,法律承认对距离地面一定高度的空间可以有某些限制,而且这种限制越来越多。④尤其是航空技术的发展更是以限制土地所有权空间权利为前提。根据《法国民法典》,地下所有权,是指对地表之下的土地以及地下所包含的一切的所有权,例如,对地下水、地下洞穴、处于地下与土地混同一体的物件的所有权。第 552 条之规定并不妨碍地下权可以与土地本身分开,或者与地下的其

---

① 周枏:《罗马法原论》(上),商务印书馆 1994 年版,第 389 页。

② 《法国民法典》第 552 条规定:"土地所有权包括地上所有权和地下所有权。土地所有权人得于地上进行其认为合适的任何栽种与建筑,但'役权或地役权'编规定的例外不在此限。土地所有权人得于地下进行其认为合适的任何建筑和发掘,并从此种发掘中得到土地可以提供的所有产物,但应当遵守有关矿产的法律与条例以及有关治安之法律和条例规定的变更限制。"参见《法国民法典》上册,罗结珍译,法律出版社 2005 年版,第 471 页。

③ 参见尹田:《法国物权法》,法律出版社 2009 年版,第 150 页。

④ 例如,1924 年 5 月 31 日,关于航空飞行的法律规定了航空器自由飞行的基本原则。同时,《民用航空法典》第 131 条第 2 款明确规定,航空器在不妨碍个人所有权的情况下有权飞越私人所有权。参见[法]弗朗索瓦·泰雷、菲利普·森勒尔:《法国财产法》(上),罗结珍译,中国法制出版社 2008 年版,第 200、304 页。

余部分分开,分开的这一部分本身可以构成实质上分开之物,并可作为财产而取得。① 根据第 552 条第 3 款,土地所有权人对地下空间的范围并非不受限制,而是受矿产法等特别法的限制。1969 年 7 月 10 日,法国最高法院第三民庭的判决中指出,按照这些法律规定,在征用时,地面的所有权人有权就地下的产物给予公道的补偿(本案涉及地下采砂)。②

　　综上,根据《法国民法典》,对地上、地下空间的利用,是通过对土地所有权的限制而实现的。所凭借的主要私法工具是地上权,《法国民法典》虽然未明确规定地上权,但可通过第 553 条规定推得,即"地上或地下的任何建筑、栽种物与工程,均推定是土地所有权人以其费用所为并属于所有权人,但如有相反证明,不在此限;且不妨碍第三人因时效已经取得或可以取得他人建筑物的地下通道的所有权或该建筑之其他任何部分的所有权。"地上权是所有权分解的一种特别形式,在以地上空间或地下空间为客体时,体现为"以体积空间表示"的地上权。③ 除了当事人之间设立的诸如地上权、地役权等意定限制之外,在法国民法典体系中,"役权技术通常都被用来作为对所有权施以侵害的支柱"④。根据《法国民法典》第 649、650 条,为了公共利益,而对私人不动产所设立的限制,为公益性役权。⑤ 交通运输和电力能源输送的发展导致大量的地役权产生。

　　由于历史原因,英美国家的部分地区受《法国民法典》影响深刻。采大陆法系传统的加拿大魁北克省,⑥在对 1866 年实施的《下加拿大民法典》重订

① 参见《法国民法典》上册,罗结珍译,法律出版社 2005 年版,第 472 页。
② 参见《法国民法典》上册,罗结珍译,法律出版社 2005 年版,第 472 页。
③ 参见[法]弗朗索瓦·泰雷、菲利普·森勒尔:《法国财产法》(下),罗结珍译,中国法制出版社 2008 年版,第 1093—1096 页。
④ [法]弗朗索瓦·泰雷、菲利普·森勒尔:《法国财产法》(上),罗结珍译,中国法制出版社 2008 年版,第 305 页。
⑤ 《法国民法典》第 649 条规定:"由法律设立的役权,以公共便宜或者为市镇行政区或私人的便宜为目的。"第 650 条进一步规定:"为公共便宜或者市镇便宜设置的役权,以沿着可通航或可漂流的河流开辟人行道路,建设或修正通道以及实施其他公共工程或市镇工程为标的。一切与这种役权有关的事项,由法律或特别规章确定之。"参见《法国民法典》上册,罗结珍译,法律出版社 2005 年版,第 518—519 页。
⑥ 魁北克曾是法国殖民地,即便在英国统治期间,仍保留了大陆法传统,从而成为加拿大 10 个省中唯一采大陆法系传统的省。

后,于 1991 年颁布《魁北克民法典》。该法典对土地所有权的性质与范围作出规定。① 相较于其他实行大陆法系传统的国家或地区,《魁北克民法典》的特殊之处在于,其在"所有权的特别形式"部分,规定了所有权的两种主要特别形式:共有权和地上权。该"地上权"的含义近似于德国的地上权,旨在调和土地所有权与地上建筑物、构筑物所有权之间的关系,第 1011 条规定"地上权为对于处在属于他人,即底土所有人的不动产之上的建筑物、工作物或种植物的所有权"②。尽管其未就地上、地下空间使用问题作出规定,但从其地上权设定的条文中可以推断出,对他人土地所有权范围内的地上、地下空间利用,权利的配置方式为设定地上权。第 1110 条规定:"地上权产生于不动产所有权标的物的分割、转让添附权或放弃添附利益。"③地上空间、地下空间属于对土地所有权客体标的的区分。美国的《路易斯安那民法典》亦深受法国法影响,其民法规范基本以《法国民法典》为蓝本,第 490 条规定"土地的所有权包括了其垂直上下的每一物的所有权,但法律另有规定的除外。所有人可依其意愿在土地表面、土地之上或之下劳作,并取走由此带来的所有利益,但所有人受法律或其他人权利限制的除外。"④与《法国民法典》相同,在因公共利益而需要使用土地所有权人地上空间时,根据第 665 条规定,采取设立法定公共役权的方式。⑤

相较于《法国民法典》,1896 年颁布、1900 年施行的《德国民法典》修正

---

① 《魁北克民法典》第 951 条规定:"土地所有权扩及于地表上的空间和地表下的地层。土地所有人可以在地表或地下设置他认为合适的建筑物、工作物或种植物。此外,他应尊重国家对矿产、水体及地下水享有的权利。"参见《魁北克民法典》,孙建江、郭站红、朱亚芬译,中国人民大学出版社 2005 年版,第 123 页。

② 《魁北克民法典》,孙建江、郭站红、朱亚芬译,中国人民大学出版社 2005 年版,第 130 页。

③ 《魁北克民法典》,孙建江、郭站红、朱亚芬译,中国人民大学出版社 2005 年版,第 141—142 页。

④ 《路易斯安那民法典》,娄爱华译,厦门大学出版社 2010 年版,第 57 页。

⑤ 第 665 条规定:"为公众或共同功用的役权,与邻接所有权人为在适航水道河岸上的公众使用留出的空间有关,与为制造和维修河堤、公路及其他公有的或一切人共有的工作物留出的空间有关。此等役权也依法存在于对建设堤坝或其他控水设施而言必要的,位于美军工程师部队批准的定位线上的财产上,也存在于对维修飓风防堤而言必要的财产上。关于此种役权的所有内容由法律或特别的法规确定。"参见《路易斯安那民法典》,娄爱华译,厦门大学出版社 2010 年版,第 86 页。

"绝对所有权"观念,在确认所有权的支配与排他效力时,规定了所有权的限度。其第 903 条第 1 款规定:"物之所有人于不抵触法律,或第三人之权利之限度内,得自由处理其物,并排除他人一切之干涉。"该条体现了利益衡量的思想。第 905 条进一步规定了土地所有权的界限:"土地所有人的权利扩及于表面上的空间和表面下的地层。所有人不得禁止在其对排除干涉不具有利益的高度或深度范围内进行的干涉。"该规范本身具有鲜明的"相邻关系法"特征。所有权在面对以下三种情形时,受到限制,不得行使排除妨害请求权:第一,缺乏自有利益的情形,如权利滥用以及所有权人无法实际管领的非常高的空间或非常深的地层;第二,干涉所有权者的利益,占绝对优势地位,如紧急避险、越界建筑、必要通行等;第三,干涉依其方式与范围,同等地涉及某一区域全部所有权人的土地所有权,即相同环境中土地所有权人之平均主义。① 德国 1919 年颁布的《地上权条例》第 1 条第 1 项规定:"地上权则谓,土地得设定负担,而使因设定负担而受利益之人,就地面上下所有工作物有一切可让与及可继承之权利。"根据其制度设计,因行使地上权而建造或已经存在的建筑物,是地上权的重要部分,而非土地所有权的重要部分。

　　德国对于地上、地下空间的利用,并未通过专门立法予以规定,解释上,有两种路径调整空间利用的权源问题:一是普通地上权制度可以包含区分地上权之内涵。德国《地上权法》第 1 条第 2 款规定:"地上权可以延伸至对于该建筑物非属必要土地之部分,只要该建筑物不改变其经济性上主物之地位。"②二是通过次地上权制度,即以地上权为本权而再设立的地上权。"次地上权的设立条件,与地上权完全一致,不过该权利只是建立在地上权人的权利基础之上而已。"③次地上权的客体并非土地,而是地上权。次地上权制度可以用于空间利益的配置,为空间作为独立物权客体提供法律工具。

---

① 参见[德]鲍尔、施蒂尔纳:《德国物权法》上册,张双根译,法律出版社 2006 年版,第 524 页。
② 《德国不动产关系法》,章正璋译,中国政法大学出版社 2021 年版,第 63—64 页。
③ 孙宪忠:《德国现代物权法》,法律出版社 1997 年版,第 228 页。

　　1907 年公布并于 1912 年 1 月 1 日起施行的《瑞士民法典》对土地所有权的标的物、内容范围作出规定,①第 691 条规定了土地所有人允许他人安设管道等的容忍义务。② 其显著特点在于明确即便土地所有人负有允许他人为输水、电缆等事业通行于其土地的义务,但前提条件是土地所有权人已取得全部损害赔偿,注重对土地立体化利用中所涉权益的平衡。《瑞士民法典》的地上权属于役权的一种,在需要对地上、地下空间进行开发利用建造建筑物或构筑物等情形,可以通过设立地上权的方式。其第 779 条规定:"1. 所有权人可以为他人设定役权,使其在所有权人的地上或地下拥有建筑物或进行建筑的权利。2. 地上权可以转让,也可以继承,但另有约定的除外。3. 如地上权具有永久性和独立性,则可以按照不动产在不动产登记簿上办理登记。"③与《德国民法典》相同,《瑞士民法典》采房地分离主义,地上权是调和土地所有权与地上建筑物所有权之间关系的制度。

　　1942 年颁布的《意大利民法典》体现了所有权的社会性以及相应的基于公共利益的限制。④《意大利民法典》第 845 条规定了适用于公共利益的特别规则:"为特别法以及本法下列各分节规定的公共利益的需要,土地的所有人

---

　　①　第 655 条第 1、2 款规定:"1. 土地所有权的标的物为土地;2. 本法所指土地为:(1)不动产;(2)不动产登记簿上已登记的独立且持续的权利;(3)矿场;(4)不动产共有权之份额。"第 667 条规定了土地所有权的内容范围:"1. 土地所有权,包括地上、地下全部可以利用的地上空间和地下空间。2. 土地所有权,其效力及于建筑物、植物及水源,但法律另有限制的除外。"参见《瑞士民法典》,于海涌、赵希璇译,法律出版社 2016 年版,第 232 页。

　　②　第 691 条规定:"1. 邻地施工所需要的管道、线路通过自己的土地,不可能另行铺设或者另行铺设的花费巨大,土地所有权人在其全部损失获得了赔偿的情况下,应当允许铺设管道和线路。2. 为了公共利益依据联邦法或州法进行征收的情况下,不得基于相邻权而主张在邻地上享有铺设管道、线路之权利。3. 根据铺设管道线路的权利人或承受管道线路的土地所有权人的请求,由铺设管道线路的权利人承担费用,可以将这些设施作为役权在不动产登记簿上办理登记。对这些设施的权利,即使没有办理登记,也可以对抗善意取得人。"参见《瑞士民法典》,于海涌、赵希璇译,法律出版社 2016 年版,第 246 页。

　　③　《瑞士民法典》,于海涌、赵希璇译,法律出版社 2016 年版,第 278 页。

　　④　《意大利民法典》第 840 条规定:"土地所有权及于该土地的地下和上空的所有财产,在不损害邻人的情况下,土地的所有人可以从事任何挖掘和建筑活动。此项规定不适用于金属矿、石矿、石灰矿所在土地的所有人。同样,土地的所有人还应当遵守有关古迹、艺术品、水资源、水利工程的法律和特别法的限制性规定。土地的所有人不得以不感兴趣为由禁止第三人在自己土地的某一深度或者某一高度进行活动。"参见《意大利民法典》,费安玲、丁玫译,中国政法大学出版社 1997 年版,第 236 页。

必须服从特别规制。"①第 952 条对地上权的设立作出规定,②第 955 条进一步规定了地下建筑的权属关系适用地上权之相关规定,"以上各条(第 952、953、954 条)的规定准用于被允许在他人土地的地下建造、保留建筑物"。

1966 年颁布的《葡萄牙民法典》第 1344 条规定了不动产所有权的范围及其物质性限制,③其对所有权纵向范围的界定方式与《德国民法典》相同。第 1525 条规定了地上权的标的范围,④即便是普通地上权,其客体范围亦可扩及为使用地表工作物所必要的范围。值得注意的是,《葡萄牙民法典》规定了地下资源的收益条款,涉及土地所有权人对地下资源的收益与地上权人之间关系的协调,第 1533 条规定"土地所有人享有地下之收益权;然而,须就因其利用土地而对地上权人造成之损害承担责任"⑤。

亚洲国家和地区民法中关于地上、地下空间权利配置的规定多沿袭自大陆法系国家,采地上权调整模式。

1898 年施行的《日本民法典》第 207 条规定了土地所有权的范围。⑥ 由于是保障完全利用土地的权利,因此,为实现该目的,在必要的范围内,土地所有权上及于空中下及于地下。⑦ 可见,《日本民法典》将地上地下空间原则上

---

① 《意大利民法典》,费安玲、丁玫译,中国政法大学出版社 1997 年版,第 238 页。

② 《意大利民法典》第 952 条规定:"土地所有人可以允许他人在自己的土地上建造、保留建筑物并且取得建筑物的所有权。同样,土地的所有权人可以将建筑物的所有权与土地的所有权相分离,只转让土地上已经存在的建筑物所有权。"参见《意大利民法典》,费安玲、丁玫译,中国政法大学出版社 1997 年版,第 265 页。

③ 《葡萄牙民法典》第 1344 条规定:"一、不动产所有权之范围,包括地面以上之空间、地面以下之地层,以及在该空间及地层内所包含之未被法律或法律事务排除在该权利范围之外之一切。二、然而,基于第三人之行为所涉及之高度或深度,不动产所有人对阻止该行为之作出并无利益时,则不得禁止之。"参见《葡萄牙民法典》,唐晓晴等译,北京大学出版社 2009 年版,第 229—230 页。

④ 《葡萄牙民法典》第 1525 条规定:"一、当地上权之标的为建造一工作物,其范围得包括部分非属建造工作物所需占用之土地,只要该部分之土地有助于对该工作物之使用。二、地上权得以在他人土地上建造或保留工作物为目的。"参见《葡萄牙民法典》,唐晓晴等译,北京大学出版社 2009 年版,第 262 页。

⑤ 《葡萄牙民法典》,唐晓晴等译,北京大学出版社 2009 年版,第 263 页。

⑥ 《日本民法典》第 207 条规定:"土地所有权于法令限制的范围内,及于土地的上下。"

⑦ 参见[日]我妻荣:《我妻荣民法讲义Ⅱ:新订物权法》,罗丽译,中国法制出版社 2008 年版,第 290 页。

归土地所有权人所有,也未将特定空间作为独占的排他的所有权客体来考虑。《日本民法典》于 1966 年修订之时,增设第 269 条之二,对地下、空中的地上权作出规定。① 根据该规定,区分地上权可与既有地上权的客体范围发生重叠,由此规定了应经在先权利人同意,始可设定区分地上权的规则。该款制定的背景是,为铺设地铁、单轨悬挂列车的轨道架设以及隧道开凿,还有地下商业街的开发等需要利用与"土地"没有物理性连接的"一定的空间",从而解决以往法律上的不足而创设。② 该项制度实现了多个权利人同时对同一土地的地表、地下和地上空间的分层利用。区分地上权是将未与土地相连的"空间",作为物权或是地上权的对象予以保护的制度,是为了从逻辑上解决"与土地相连接"的状态而创设的概念。③ 1966 年同时修订了《日本不动产登记法》,其第111 条第(二)项规定了区分地上权登记程序。④ 总体而言,日本关于土地立体化利用法制体系较为健全,既有综合立法,也有专项立法以及配套政策。

1958 年正式公布、1960 年开始实施的《韩国民法典》第 211 条规定了土地所有权的范围,"土地所有权于其正当利益范围内,及于土地之上下"。该法典于 1984 年 4 月 10 日修订,于第 289 条之二规定了区分地上权,⑤根据第

---

① 《日本民法典》第 269 条之二规定:"地下或空间,因定上下范围及有工作物,可以以之作为地上权的标的。于此情形,为行使地上权,可以以设定行为对土地的使用加以限制。前款的地上权,即使在第三人有土地使用或收益权利情形,在得到该权利者或者以该权利为标的权利者全体承诺后,仍可予以设定。于此情形,有土地收益、使用权利者,不得妨碍前款地上权的行使。"

② 参见[日]近江幸治:《人工造地与借地借家法的适用问题》,载渠涛主编:《中日民商法研究》第 16 卷,法律出版社 2017 年版,第 103—104 页。

③ 参见[日]近江幸治:《人工造地与借地借家法的适用问题》,载渠涛主编:《中日民商法研究》第 16 卷,法律出版社 2017 年版,第 104 页。

④ 《日本不动产登记法》第 111 条第(二)项规定:"就民法典第二百六十九条之二第(一)款地上权申请前款登记时,于申请书中除应记载前款所载事项外,还应记载作为地上权标的的地下或者空间的上下范围。如果登记原因中有民法典第二百六十九条之二第(一)款后段的订定时,亦应予记载。"

⑤ 《韩国民法典》第 289 条之二规定:"(一)地下或地上空间,定上下范围,可为建筑物及其他工作物的所有而作为地上权的标的。于此情形,为行使地上权可以限制土地的使用。(二)依第一款所定区分地上权,即使第三人有使用、收益土地的权利,其权利人或以该权利为标的的权利人,只要经全员承诺,即可设定。于此情形,有使用、收益土地权利的第三人,不得妨碍该地上权的行使。"参见《韩国民法典》,金玉珍译,载易继明主编:《私法》第 3 辑第 2 卷,北京大学出版社 2004 年版,第 156 页。

290 条,区分地上权的设立方式、权利义务内容均准用普通地上权的规定。《韩国民法典》是"以日本民法典的形式出现并在日本民法学中展开的西欧各国的民法的承受"①,从上述规定可以看出,其区分地上权制度与日本区分地上权制度极其相似。

《俄罗斯联邦民法典》第一部分于 1994 年 10 月 21 日通过并在 1995 年 1 月 1 日正式施行,其中第二编"所有权和其他物权"在 2001 年 4 月 16 日通过了修订,第 261 条对土地所有权的客体作出规定。②《俄罗斯联邦民法典》虽未明确规定土地上下空间的使用权,但其第 264 条关于非土地所有权人对土地的权利的规定,蕴含了可以就地上、地下空间设立土地使用权的内涵。③

在越南,土地所有权归国家所有,由中央政府统一管理。个人、法人、家庭户等私人的土地使用权依国家分配、出租或确认土地使用权而成立。2005 年修订通过的《越南民法典》未明确规定土地所有权的纵向范围,也未对土地分层利用中的权利配置作出规定。但从法律解释上,对土地上、下空间使用的权利设立方式应与土地使用权相同,包括划拨、出租、国家确认等方式。《越南民法典》在调整不动产之间地界关系时,规定了对地上、地下空间利用时相邻不动产之间的关系,其第 265 条第 2 项第 1 款规定"土地使用人可使用垂直于土地边界线范围内的地上和地下空间,但不得违反有权国家机关制定的建设规划,并不得影响邻人的土地使用权"④。

---

① 尹太顺:《论韩国民法典编纂的历史性基础以及法典的性质》,《当代法学》2002 年第 12 期。

② 《俄罗斯联邦民法典》第 261 条规定:"1. 依照土地立法的程序,根据国家土地资源和土地规划管理机关向土地所有权人颁发的文件确定地界。2. 如果法律未有不同的规定,土地所有权亦及于该地界内的土地表层(土壤层)和地界内水体、土地上的森林和植物。3. 土地所有权人有权按照自己的意志使用该土地地表上方和地表下面的一切物,但矿产资源法、大气空间利用法、其他法律有不同规定的除外,并且以不侵犯他人的权利为限。"参见《俄罗斯联邦民法典》,黄道秀译,北京大学出版社 2007 年版,第 129 页。

③ 《俄罗斯联邦民法典》第 264 条规定:"1. 土地和处于土地上的不动产可以由其所有权人提供给他人永久使用或有限期使用,其中包括出租。2. 非土地所有权人,在法律或同土地所有权人的合同规定的条件下和限度内,行使属于他的土地占有权和使用权。3. 土地占有人,如果不是土地所有权人,则无权处分该土地,但法律或合同有不同规定的除外。"参见《俄罗斯联邦民法典》,黄道秀译,北京大学出版社 2007 年版,第 130 页。

④ 《越南社会主义共和国民法典》,吴远富译,厦门大学出版社 2007 年版,第 66 页。

2020 年 5 月 27 日正式生效的《老挝民法典》第 320 条第 2 款规定了土地所有权的纵向行使范围,"关于土地的使用,在可能并且能够享受利益的限度内使用,范围包括土地的上空以及地下"①。并在地上权部分规定了以使用他人土地上下空间为目的的权利配置,第 351 条规定"当事人通过规定土地的面积、范围、体积,可以将土地的下部和上部空间也包括在地上权的目的之中。土地已被他人租赁或者占有的,经承租人或者占有人的同意可以设定地上权"②。

综上所述,大陆法系国家或地区对于土地立体化利用,法律的调整模式包括两方面,一是明确土地所有权的纵向空间范围,二是在他物权制度中增加规定区分地上权,即就土地所有权之一部分所设立的地上权。由于立法观念认为土地利用与土地立体化利用仅有形式的差别、并无质的差别,故地役权与相邻关系可作为调整土地立体化利用的辅助制度。但无论是相邻关系还是地役权的实证法规范内容仍主要以土地平面利用为中心,就土地立体化利用方面尚无体系化的规范因应。

### (三) 英美法系

传统的普通法规则,往往支持土地的"自然"使用而反对新的开发行为,其通常无视他人的权益而赋予土地所有权人绝对的权利,但随着人类对土地开发利用能力的不断提高,传统的普通法规则也在不断调整而迈向鼓励土地开发利用的发展方向。③ 以美国、英国财产法为主要考察对象,空间利用形式有别,相应的权利配置方式亦不相同。

第一,对特定土地地上、地下空间的利用,直接在该土地上予以实现,表现为私权属性的空间权。其权利形态包括空间所有权、空间地役权、空间租赁权等。1927 年伊利诺伊州颁布《关于增加铁道、联合火车站与枢纽铁路公司权

---

① 王竹、立春、刘忠炫、[老挝]福萨南编译:《老挝民商经济法律汇编》,中国法制出版社 2020 年版,第 73 页。

② 王竹、立春、刘忠炫、[老挝]福萨南编译:《老挝民商经济法律汇编》,中国法制出版社 2020 年版,第 79 页。

③ 参见[美]约翰·G.斯普兰克林:《美国财产法精解》,钟书峰译,北京大学出版社 2009 年版,第 493 页。

力的法律》(*An Act to Increase the Power of Railroad, Union Depot, and Terminal Companies*)，允许铁路公司在不损害铁道用途的前提下，将其享有所有权的土地区分为地上、地表、地下不同层次的空间予以转让或出租。[①] 1938 年新泽西州也颁布类似立法。奥克拉荷马州 1973 年颁布第 199 号州法律《空间权条例》(*Oklahoma Airspace Act*)，系统规定了空间权制度，其第 802 条规定："按本法之目的，空间系定义为地表的所有人、继承人、继受人或受让人为合理的享有及使用而占有地表及其上之建筑物，或于所占有之处地球表面上方所延伸（扩展）之中。此处所定义之空间并不抵触、废止、增订、修正或变更有关航空、航空运送、航空营业或航空活动之实定法或普通法上之现行权限、条件或限制。"第 803 条规定："本法所定之空间系不动产。其权源、权利、利益或财产，于分离移转前，系属就位于该空间下方之地表具有权源者（个人或数人）之财产。"根据本法，行政机关以及相关事业管理部门可以与私人协商共同开发利用空间。因使用他人土地上方一定空间，而设定使用权的方式，主要包括地役权、租赁权等。美国律师协会 1973 年颁布了《空间示范法》(*Model Airspace Act*)，将关于地上空间权的创新实践总结为："公共机构或私人在行使本法项下的任何权力、权利或义务时，可以水平和垂直地以任何度量的形状或设计划分或分配空域。"[②]

　　相较于地上空间，关于土地所有权地下空间范围的界定，发展得较晚。对于土地上层空域而言，土地所有者通常没有对其进行利用的经济激励，他们也未从航线通行中获取收益；但是地下空间位于土地所有者占有使用的土地下方，地下空间的开发利用比空域更广泛和更有利可图。虽然上述美国各州立法直接调整的对象为地上空间，但地下空间权利配置规则基本相同。将地上空间权模型应用于地下空间，得出的结论是，正如地上空间可以作为产权单元一样，地下空间也可以作为产权单元，它们之间的关系可以通过协议的方式独立安排。在《空间示范法》发布一年内，"空间权"模型在地下空间的适用性在

---

　　① See Pfister R. Jerome, "Airspace: A New Dimension in Property Law", *University of Illinois Law Forum*, Vol.1960, No.2, 1960, p.311.

　　② Committee of the Section of Real Property, "Model Airspace Act, Real Property", *Probate and Trust Journal*, Vol.8, No.3, 1993, pp.504-508.

美国得到了解决:"相同的概念可以同样适用于地下空间权的转让……"①

　　空间利用与地表土地所有权空间范围之间的协调,随之成为各国法治实践中亟须解决的问题。1949 年英国颁布《民用航空器条例》,规定经过批准的航线即便穿越私人土地,仍可对抗土地所有权人提出的侵占主张。Bernstein of Leigh(Baron)v.Skyviews & General Ltd 案具有里程碑意义,在私人土地所有权与公众的空间使用权之间,法院采取了一个更加偏公有制的规则,也就是将私人土地所有权的空间高度限制在合理利用、享有其土地及地上建筑物的合理必要范围内。② 在 LJP Investments Pty Ltd v.Howard Chia Investments(No.2)案中,Hodson J 法官提出了更加具体的界定方式,认为裁判的标准不是空间侵入行为是否真的干扰地表所有者当下对土地的实际使用,而是空间利用的性质和高度是否会干扰地表土地所有者可能采取的对土地进行的任何合理利用。③ 在美国的 United States v.Causby 案中,军用飞机频繁定期地在低空飞行,严重干扰了地表土地所有权人对土地的使用,并妨碍了他们将土地用作商业性养鸡场的用途。道格拉斯(Dougas)法官认为土地所有权"上至天寰、下至地心"学说在现代世界没有立足之地。他指出,地上空间是一条公共的高速公路,私人对地上空间的所有权将堵塞这些公路,严重干扰为公共利益而进行的空间利用。④ 在作出裁决时,法院参考了 1926 年的《航空商业法》,该法规定美国在其领空拥有完整和专属的国家主权,并且授予其公民享有在其可通航空域自由过境的公共权利。⑤ 尽管如此,法院认为此时构成联邦政府对农场主强制征收飞行役权,因此应对其予以公平补偿。虽然地上空间是公共高速公路,但如果土地所有权人要充分占有使用土地,他必须对与土地直接相连的周围空间拥有排他性控制权,否则其不能盖楼、种树,连栅栏也无法发挥作用。因此,土地所有者至少拥有与土地相连的、其可以占有使用的那部分地

---

① 　J.M.Pedowitz,"Transfers of Air Rights and Development Rights",*Real Property*,*Probate and Trust Journal*,Vol.9,No.2,1974,pp.183-201.

② 　(1978)1 QB 488(HC)(Bernstein).

③ 　(1989) 24 NSWLR 490,495-6.

④ 　(1946) 328 US 261.

⑤ 　(1946) 328 US 272.

上空间。虽然土地所有者并未对地上空间进行物理意义的占有使用,但这一事实无关紧要,即便飞机飞行未接触地表,但其飞越土地上空仍构成常规性的土地侵占。① 尽管这种裁判路径与英国 Bernstein 案中采用的"土地普通使用方式"路径相呼应,但两个案例之间的关键区别在于它们所适用的法规。Causby 案中,最高法院在适用《航空商业法》时,认为该法将上层空域定位为"公共高速公路"。而 Bernstein of Leigh（Baron）v.Skyviews & General Ltd 案的判决中则含有这种意蕴:即使土地所有权范围之外的空域也不是对"所有人完全开放",它的用途仅限于通行,土地所有者可以通过提起妨害之诉来限制更大程度的利用;即使是通行,权利也是有限的。例如,航磁测量就有可能构成侵入。

在地下空间开发利用中,有观点主张将其归类为无主物（res nullius）,不属于任何人所有,可依先占方式取得其所有权。先占是最古老的原始取得方式,可根据自然法理论予以解释。"自然界之物处于无外力的自然状态时,第一个取得的人理所当然地被认为是取得了该物的所有权。"②Bradbrook 建议,如果 cujus est solum 学说③仅在有限的深度运作,那么超出该深度的区域将构成无主财产,可适用先占规则。④ 他认为,无论是采取 cujus est solum 规则,还是将地下空间视为无主物,务实的结论是相同的:无论哪种方式,对地下空间的开发利用权只能由地表土地所有者取得,或者由开发者在征得土地所有者同意的情况下进入利用,从而在地下空间上设立具有排他性的权利。由于地下储存有诸多有价值的资源,相较于地上空间,地表土地所有权人对地下空间的权利需要受到更多限制。美国曾发生一例纠纷,即 Edwards v.Sims 案,被告将肯塔基州的大玛瑙洞穴开发为旅游景点,洞穴的入口位于被告的土地上,但洞穴本身位于原告土地表面以下 350 英尺处。即使原告无法从自己的土地进入洞穴,法院仍禁止被告侵入（trepass）原告土地下方的洞穴部分,认为"从地

① （1946）328 US 264.
② 江平、米健:《罗马法基础》,中国政法大学出版社 1991 年版,第 143 页。
③ 即 Cujus est solum,ejus est usque ad coelum et ad inferos,土地所有权及于天空和地下。
④ Adrian J. Bradbrook, "The Relevance of the Cujus Est Solum Doctrine to the Surface Landowner's Claims to Natural Resources Located above and beneath the Land", *Adelaide Law Review*, Vol.11,No.4,1988,pp.462-483.

表至地心直线距离范围的土地都属于地表土地所有者"。① Logan 法官持反对意见,他认为地表土地所有权应限于"可以从土地上获取并用于他的利益或幸福的事物",在此意义上,土地所有权的客体范围应以"受所有者支配"为界限。他主张,洞穴应该属于拥有它的入口的人,并且如果他已经对洞穴进行开发,并将这些区域与入口连接起来,该所有权应该"延伸到它的最大范围,任何人都不应对其占有支配的空间进行干扰"。因此,尽管法院的多数观点采纳了 cujus est solum 的传统原则,但 Logan 法官的反对意见实际上是基于无主物的物权归属原则,将地下土地空间的权利与实际占用的那部分土地连接起来。②

第二,对特定土地地上、地下空间的利用,在相邻或者有一定距离之其他土地上实现,表现为以改变土地开发强度与开发方式为内容的土地发展权。土地发展权制度源自英国,根据英国 1947 年《城乡规划法》(*Town and Country Planning Act*),土地发展权是指土地所有人将某块土地或其建筑物的用途进行变更,包括开发面积、密度、容量和高度等方面。该法规定土地开发权归国家所有,任何土地开发均须符合规划许可,并缴纳土地开发税。美国则采土地发展权私有制。土地发展权是土地所有权权利束中的一束权利,可在土地所有者之间或土地所有者和政府之间自由买卖的财产权。③ 土地发展权虽然可以与其他权利分离被单独支配,但其价值的发挥必须依赖土地所有权、使用权的明确和土地利用开发这项行为;发生土地发展权转移过程中的利益主体均可通过出售或购买发展权获得财产性收益;它的客体可以是需保护的农地、历史古迹、生态脆弱区或任何对人类生存发展具有重要作用的土地,也可以是建

---

① 232 Ky 791;24 SW2d 619(1929)620.

② 在一起类似案件中,法国最高法院诉状审理庭 1864 年 10 月 24 日的判决体现了先占理念。一土地所有人起诉要求邻人腾空堆放于一大型地下室的物品。该地下室位于该所有人土地的下面,其出口位于邻人之相邻的土地,系原来一采石场所遗弃。邻人反诉要求确认其对该地下室的所有权,因为当初出卖该土地给所有人时,其买卖行为中并未指出该地下室的归属。法院判决该地下室属邻人所有。原告不服上诉,其上诉被驳回。理由是:"判决完全是建立于对当事人各自的权利的解释基础之上,建立于占有的事实状态的基础之上。"Req.24 nov.1869,D.P.,70.I.274.参见尹田:《法国物权法》,法律出版社 2009 年版,第 152 页。

③ See Been Vicki,John Infranca,"Transferable Development Rights Programs:Post-Zoning",*Brooklyn Law Review*,Vol.78,No.2,2013,pp.435-466.

设用地上建筑物的建筑密度或容积率。①

土地发展权的制度目的在于保障特定土地用于农业或环境保护等用途，由于其对土地所有权人的权利构成限制，因此应当予以补偿。② 以此为基础，美国建立了土地发展权转移制度(Transferable Development Right, TDR)，简言之，TDR 就是将一宗土地的开发利用潜力转移到另一宗土地上。例如依据美国纽约州土地移转发展权制度，按照土地开发计划，如果土地所有人未充分利用其可开发空间范围，那么可以将其未利用的空间范围转移给其他已经用尽可开发空间范围的土地所有权人。究其本质，发展权转移就是将一宗土地的发展权与土地所有权分离，移转于另一宗土地上，而与该土地之所有权结合，并对其开发利用。这种制度设计与美国财产法中的权利束理论密切相关，所谓权利束，即可为权利主体带来不同利益的权利的集合，财产权中的各束权能相互独立。土地发展权转移与空间权、区分地上权制度存在的显著不同在于，后者是对特定空间部分予以直接开发利用，而前者则是将权利人未利用的空间转移到其他宗地上再进行开发利用，其并非对特定空间占有、使用、收益权益的转移，出让发展权的土地所有权人并不丧失对空间的财产权。土地发展权转移的宗旨在于对规划限制空间的有效利用，强化对土地所有权人的产权保护，因此具有较强的行政属性，政府的角色是制定土地利用规划，划定土地发展权的"转出区"与"转入区"。

综合两大法系，共同点在于：作为财产法调整对象的"空间"，既非全部的地上、地下空间，也不同于依附于地表土地使用权的地上、地下空间。在财产法语境中，地上空间是指在外层空间之下，地表土地使用权所支配空间之上的土地空间；地下空间，是指在大深度空间之上，地表土地使用权所支配空间之

---

① 参见张占录等：《土地发展权与农村居民点整理利益分配》，光明日报出版社 2021 年版，第 13 页。

② 规划是对客观事物和现象未来的发展进行超前性的调配和安排，它本身存在一个悖论，即确定的规则是不确定未来的反映，而不确定的未来又是现实确定规划作用的结果。现实发展与规划之间会有所不同，规划不能够轻易改动，不具有灵活性，而土地发展权制度正好能够提供未来土地用途改变的新途径。可以确定的是，土地发展权能够发挥作用，正是由于土地利用规划和分区的不完善。参见张占录等：《土地发展权与农村居民点整理利益分配》，光明日报出版社 2021 年版，第 32 页。

下的土地空间。而在"空间"上的权利,在不同的国家或地区,称谓则有所不同,在英美法系,通常将地上空间权利称为空中权(air space right),将地下空间权利称为地中权(subterranean space right),这两类权利可以再区分为空间所有权、空间地上权、空间役权。在大陆法系,地上、地下空间利用的物权性权利则称为地上权或区分地上权,其属于地上权的亚种。

究其二者差异之原因,在于大陆法系国家和地区并未将地上、地下空间从土地范畴中独立出来,关于地上、地下空间利用的权利是地上权的一种特殊形态;而英美法系国家则将空间从土地范畴中独立出来,可以成为独立的所有权客体。"在民法法系国家中,整体原则在确定所有权所授予的权能方面,也起着重要作用……如果所有权人希望把他的包含于所有权中的一定权能分割出来,并转让给第三人,该种情形只能通过创设定限物权才能发生。上述这点是重要的,因为在原则上对那些定限物权有明定条款。而这也构成两大法系基本差异之一。"①相较于大陆法系将土地上下空间的法律属性与权利配置作为土地所有权的范畴来构建,英美法系国家则是将空间权作为一项独立的财产权利,可以与地表的土地所有权相分离。英美财产法中的所有权只是一个抽象概念,不存在所有权与他物权的分化模式,财产上的各种具体权利具有平等地位,不具有从属性。也正是由于所有权的抽象性,英美法系财产法获得了广阔的发展空间。由此,也形成两大法系在建构地上、地下空间利用权利体系及其内容的差异。

英美法系的空间使用权,其基础是土地上下空间可以单独成立空间所有权,从而再基于该空间所有权设定空间使用权;大陆法系的空间使用权,其基础是土地上下空间均作为一个整体而成为土地所有权的客体,从而基于土地所有权,分别就各层空间设立区分地上权。为此,在学理上使用"空间权"概念时,需要注意对其内涵的区分,空间权包含两种情形,一种是包括在土地所有权或土地使用权当中的空间权,其并非独立的权利形态,而是土地所有权或土地使用权自身权能的体现;另一种则是独立的空间权,是特定主体就地表之上或之下一定范围的空间,独立进行支配的权利。

---

① [荷]雅各·H.毕克惠斯:《荷兰财产法结构的演进》,张晓军译,载梁慧星主编:《民商法论丛》第7卷,法律出版社1997年版,第290—291页。

# 第二章 土地立体化利用
# 权利冲突的界定

　　"权利冲突"为法理学与部门法文献广泛使用,在一定程度上呈现出内涵泛化的特征。基于权利范畴的广泛性,"权利冲突"不仅涉及法定权利之间的冲突,还涉及法定权利、自然权利、道德权利、习惯权利、推定权利之间的冲突。"权利冲突"并非民法物权、债权理论中的基本范畴。为此,有必要对"权利冲突"以及"土地立体化利用权利冲突"的概念内涵、构成要素与具体类型进行剖析。

# 一、概念内涵

## (一) 权利冲突的必然性

　　权利存在于客观意义上的法律当中,权利既为法律所保护,本身即蕴含着合理正当性。权利冲突否定论认为权利冲突是一个伪问题,通过法律等社会规范划定权利边界,就不会发生权利冲突。① 或者认为所谓的权利冲突只能是道德权利冲突,实定法上的权利是不可能发生冲突的。② 然则,各权利所涉利益有别,法律为保障不同利益的实现而赋予各权利的保障力不同,并且权利的行使必然涉及他人,难免发生权利的边界交叠,从而导致权利冲突。

---

① 参见郝铁川:《权利冲突:一个不成为问题的问题》,《法学》2004 年第 9 期。
② 参见[英]米尔恩:《人的权利与人的多样性——人权哲学》,夏勇、张志铭译,中国大百科全书出版社 1995 年版,第 148 页。

首先,尽管权利边界清晰是立法者的理想追求,但权利边界不同于可以通过技术手段丈量的客体的物理边界。"权利主体实现自身权益的直接方法往往不是坐等其自动实现,而是在法律允许的范围内自由地向特定或不特定的义务人为一定意思表示。"①该范围是一个需要通过法律规定或者当事人约定而确定的抽象概念,立法者也只能尽量清晰地表达规则内涵,尽可能地减少当事人之间权利义务的不确定性。

其次,传统理论认为权利是正当的,权利与法为一体的,但其忽视了权利结构安排之中的价值选择。"权利并不意味着正当。权利的正当性要从其结构安排、取得方式等之上予以具体的分析,结构安排是权利正当性的决定因素之一。"②权利结构体现了立法者的价值选择,但所采用的价值观可能并不适应所在时代的发展。当立法中的制度利益已不能够适应社会共同价值的时候,则应对其予以修正。因此,即便权利边界界定得再清晰,仍会发生权利冲突。

最后,权利内容具有无限广泛性,随着社会的发展,会逐渐出现新的权利需要被法律确认。可见,权利边界的模糊性是一种必然结果。当这种模糊性处于当事人的动态行为之中,权利冲突也就难以避免。

### (二)权利冲突与侵权行为、权利滥用的关系

关于"权利冲突"的内涵仍有分歧:一是广义说,认为权利冲突的外延具有广泛性,既可能合法,也可能违法。"权利冲突包括合法权利之运用和非法权利之运用之间的冲突。""侵权行为是权利冲突的表现。"③"违法犯罪行为是权利冲突的一种极端表现。"④二是合法行为说,认为权利冲突不仅指具有合法、正当的根据的权利之间的冲突,还必须是合法、正当的权利行使行为之间的冲突。⑤ 权利冲突是"两个或两个以上同样具有合法性和正当性的权利

---

① 谭启平主编:《中国民法学》,法律出版社 2019 年版,第 73 页。
② 陈醇:《权利正当论:以商法为例》,法律出版社 2013 年版,第 302 页。
③ 程燎原、王人博:《赢得神圣:权利及其救济通论》,山东人民出版社 1998 年版,第 349—357 页。
④ 朱兴文:《权利冲突论》,中国法制出版社 2004 年版,第 36 页。
⑤ 参见刘作翔:《权利冲突的几个理论问题》,《中国法学》2002 年第 2 期。

之间出现的,要实现一种权利就要排除或减损另一种权利实现的不和谐状态、矛盾状态。"①

广义说使得"权利冲突"概念泛化,也是权利冲突命题受到质疑的重要原因。将违法犯罪等严重违法行为归入权利冲突不仅不符合法律规范与生活经验,更不利于权利冲突概念的醇化。私法领域,经常发生权利冲突与侵权行为、权利滥用的混用,下面分别对权利冲突与侵权行为、权利冲突与权利滥用的关系进行分析,以进一步厘清权利冲突的内涵。

1. 权利冲突与侵权行为

权利冲突中的当事人各自都享有正当权利,权利冲突是基于当事人行使权利行为而发生,而侵权行为本质上则是非法行为。权利冲突无涉权利人主观上的可非难性,其结果通常表现为权利行使上的障碍,不以损害的发生为要件,因此也无所谓损害的分担。"侵权行为不仅缺乏权利依据,而且构成了对既有规范体系的违反,与一定的法律秩序直接或者间接冲突"②,侵权法的功能在于填补损害、抑制不法行为。因此,侵权不是权利冲突,更为极端的违法犯罪行为更不可能是权利冲突。

尽管可以从逻辑上对权利冲突与侵权进行区分,但在实践中,二者往往并非泾渭分明。"权利冲突行为可构成对他方权利的侵害,并在动态上完全可发展为侵权行为。"③"权利冲突表现为,权利的过度行使突破了其应有的边界,造成了侵权。"④以相邻关系的调整为例,容忍义务限度内的不动产利用,不具有违法性;超出容忍义务的,则具有违法性,构成侵权。这意味着权利冲突的化解之道,不仅包括损害补偿的方式,还包括通过界定权利边界,明确权利的行使主体与行使方式。科斯在分析权利界定时提出的"相互性"理论,对于厘清权利冲突与侵权之间的关系,具有启示意义。产权的保护是法律的重要功能,科斯所分析的损害的相互性,实质上即两项合法权利之行使所产生的

---

① 何志鹏:《权利基本理论:反思与构建》,北京大学出版社2012年版,第122—123页。
② 张新宝:《侵权责任构成要件研究》,法律出版社2007年版,第53页。
③ 张平华:《私法视野里的权利冲突导论》,科学出版社2008年版,第93页。
④ 梁上上:《异质利益衡量的公度性难题及其求解:以法律适用为场域展开》,《政法论坛》2014年第4期。

权利冲突,"即避免对乙的损害将会使甲遭受损害,必须决定的真正问题是,是允许甲损害乙,还是允许乙损害甲? 关键在于避免较严重的损害。"①而对于法律界权之后的故意或过失的侵权,并不存在什么损害的相对性,只能依法言法语以实现法律的安定性。②

2.权利冲突与权利滥用

权利滥用,是指权利人不正当地行使权利的行为。换言之,"行使权利因逾越权利的本质及经济目的,或逾越社会观念所允许的界限,而成为权利的滥用。"③禁止权利滥用作为行使权利的基本原则,无法直接将案件事实涵摄于其下。其适用应以原则的规则化为核心,以识别其构成要素为基础。④ 根据我国《民法典》第 132 条以及《最高人民法院关于适用〈中华人民共和国民法典〉总则编若干问题的解释》(法释〔2022〕6 号)第 3 条,权利滥用包括三个构成要件,一是权利人享有并行使某项权利;二是权利人有损害他人合法权益的主观目的;三是权利人行使权利的行为造成他人合法权益受损。综观关于权利滥用类型化的研究,鉴别权利行使行为之违法性均强调两项最基本标准⑤:一是是否违背权利本身的目的,二是行使权利的效果是否违反权利的社会性或公共性。前者基于权利自身内涵,是对行使权利行为本身的谴责,后者则是对行使权利所犯下的过错的谴责。

权利冲突与权利滥用均以享有合法权利为前提,但二者的内涵并不相同。"两者在正当性方面存在区别,权利滥用将导致行为正当性瑕疵,而权利冲突则不然。"⑥在权利冲突情形下,行使权利的行为符合权利本身的目的与精神,其本身不存在正当性瑕疵。"权利冲突的出现,并不意味着行使某项权利超越其效力终点、边界,而是指,两项权利的效力范围相互抵触,法律必须发展出

① [美]R.科斯、A.阿尔钦、D.诺斯等:《财产权利与制度变迁:产权学派与新制度学派译文集》,刘守英等译,上海人民出版社 1994 年版,第 4 页。
② 参见简资修:《科斯经济学的法学意义》,《中外法学》2012 年第 1 期。
③ 林诚二:《论形成权》,载杨与龄主编:《民法总则争议问题研究》,清华大学出版社 2004 年版,第 71 页。
④ 参见彭诚信:《论禁止权利滥用原则的法律适用》,《中国法学》2018 年第 3 期。
⑤ See Joseph M.Perillo,"Abuse of Rights:A Pervasive Legal Concept",*Pacific Law Journal*,Vol.27,No.1,1995,pp.37-98.
⑥ 彭诚信、苏昊:《论权利冲突的规范本质及化解路径》,《法制与社会发展》2019 年第 2 期。

解决权利冲突的具体规范。"①此外,权利滥用的后果是不受法律保护。权利人与相对人间之法律关系,应依据具体的情况加以判定,依各个被滥用之权利的种类,因其滥用在现实上所发生之结果等,加以考量判断。通常被评价为违法之权利滥用行为,其法律效果有单纯以其行为为无效者,亦有伴随该损害所由而生之侵权行为责任者,尤有甚者,更有对该被滥用之权利加以剥夺者,不能一概而论。② 而权利冲突中,当事人行为具有正当性,其法律后果并不导致权利不受法律保护,权利本身不会受到禁令、权利消灭、侵权赔偿等否定性评价。③概言之,民法上的禁止权利滥用原则,即避免权利冲突发展为违法的制度设计。

综上所述,真正的权利冲突需要甄别,从静态概念而言,权利冲突区别于以损害为要件、具有违法性之侵权行为,亦不同于已超越权利行使正当目的的权利滥用。从动态过程的角度观察,权利滥用可能是权利冲突发展为相当严重程度的结果,权利滥用造成损害的,需要承担侵权责任。④

---

① [德]迪特尔·施瓦布:《民法导论》,郑冲译,法律出版社 2006 年版,第 175 页。
② 参见林诚二:《论形成权》,载杨与龄主编:《民法总则争议问题研究》,清华大学出版社 2004 年版,第 71 页。
③ 例如,实践中在电信设施设置时,往往发生电信业务经营者依法设置移动通信基站的权利与业主基于所有权而享有的身心健康与正常生活的权利之间的纠纷,依据《电信条例》第 46 条:"基础电信业务经营者可以在民用建筑物上附挂电信线路或者设置小型天线、移动通信基站等公用电信设施,但是应当事先通知建筑物产权人或者使用人,并按照省、自治区、直辖市人民政府规定的标准向该建筑物的产权人或者其他权利人支付使用费。"法院通常基于安装通信信号设备的行为具有公益性,有政府的审批,经过了环评,在居民区所安装的通信基站设备不应会对居民身体产生有害损伤,判决民众对该行为应具有一定的容忍义务。在此情形中属于权利冲突。相关案例可参见河南省新乡市牧野区人民法院(2021)豫 0711 民初 57 号民事判决书。实践中还有另外一种情形,即电信业务经营者购买住宅小区顶层房屋,以业主的身份将其房屋作为机房并安装数据传输交换设备、发射天线。由于限制住宅改变用途是法律法规确定的一项基本规范,法律规定权利人对物权的行使也必须在法律规定范围内以不得损害公共及他人利益为最基本的原则。住宅小区房屋以个人、家庭使用为唯一目的,电信经营者在未经利害关系的业主同意的情况下,擅自在房屋内搭设工业通信基站设备,将该住宅用途的房屋改造为基站发射点,作为其经营用房,从事相关无线通信作业,与原有房屋性质即个人、家庭日常生活居住使用目的相悖,属于权利滥用。根据《民法典》第 279 条关于住宅用途改变的限制条件的规定,有利害关系的业主请求排除妨害、消除危险、恢复原状或者赔偿损失的,人民法院应予支持。相关案例可参见云南省普洱市宁洱哈尼族彝族自治县人民法院(2018)云 0821 民初 215 号民事判决书。
④ 例如,《最高人民法院关于适用〈中华人民共和国民法典〉总则编若干问题的解释》(法释〔2022〕6 号)第 3 条第 3 款规定了引致性条款,"滥用民事权利造成损害的,依照民法典第七编等有关规定处理"。

在厘清权利冲突与侵权行为、权利滥用关系的基础上,有研究进一步根据权利冲突的成因,将权利冲突区分为因事实原因产生的权利冲突与因规范原因产生的权利冲突,认为诸多所谓的权利冲突仅仅是两项权利在事实上难以同时实现,而并不具有法律上的意义,从而不是真正的权利冲突。[①] 这对于提升权利冲突研究的规范性与科学性具有重要意义。在具体法律领域中,界定"权利冲突"的内涵时,如果界定得过分宽泛、抽象,不对多元现实作必要区分,则不能凸显研究主题的特性,分散了论域;但如果界定得过分狭隘,则理论世界与生活世界较为疏离,不具备体系效益,无法回应社会现实发展。因此,本研究认为,对"权利冲突"概念的界定,应当在遵循现有框架的基础上,保持一定的开放性,实现体系的统合和主题的融贯。

### (三) 土地立体化利用权利冲突的原因及内涵

依据《民法典》第 345 条,目前立法中普通建设用地使用权的设立规则,以及调节建设用地使用权与其他物权之间冲突的规则同样可以适用于建设用地使用权分层设立的情形,如此可以维护物权秩序的稳定,似不会产生权利冲突,一方面,任何权利都有其边界,建设用地使用权在分层设立时,各自具有特定的客体范围,并不违反一物一权原则,其客体边界可以通过立法、规划或地籍管理予以划定;另一方面,权利本身具有正当性,权利的配置本身蕴含着理性,权利主张是主体有资格享受到的特定利益,权利主体的正当主张不应发生冲突。尽管如此,如同上文述及的权利冲突必然性,土地立体化利用权利冲突也具有必然性,其发生原因包括以下方面:

第一,权利客体的特殊性。客体是物权的必要构成要素,物权客体有其边界。尽管通过地籍技术可以将土地立体空间的边界予以清晰表达,但由于土地立体化开发中客体的特殊性,使得传统的界定物权边界手段失灵。首先,地上、地下空间作为物权客体,其本身边界在开发利用之时具有不确定性,这直接导致权利边界的模糊性,增加权利冲突发生概率。例如,因土地公有制以及供地手续方面不规范等历史原因,实践中,地铁建设用地中"先用后补""用而

---

不补"现象普遍存在,尽管地铁在建设过程中是按照规划设计图进行施工,但往往会根据具体情况进行调整,造成实际用地与规划供地状况之间存在偏差。这也说明,地下空间的供地手续应当具有不同于地表、地上空间的特殊性。其次,地表、地上、地下之间存在物理上的牵连性,彼此之间兼具独立性与整体性,导致权利冲突。土地立体化利用中的空间客体兼具分离性与整体性。如果纯粹基于逻辑在地上、地表、地下分别设立建设用地使用权,看似彼此各自权利客体独立、边界清晰,但由于权利客体之间是一块土地的共同组成部分,形成利益相互牵连的事实,权利的行使难免需要借用相邻土地,不能脱离土地其他部分而独立存在,从而产生彼此之间的权利协调问题。地下与地表的绝对分离几乎是不可能的。在某些情况下,尽管可以实现功能分离,例如深隧道,它与地表之间存在非常深距离的分隔。但这些并不是普遍的情况,土地立体化开发利用正朝着多层次综合利用的方向发展。其中一层在使用上的任何变化都可能影响其他分层。土地立体化利用中,某层空间的用途更改都需要事先考虑、适当规划和相互体谅。此外,还可能经常出现钳制(holdout)问题。例如,当某一层的结构被破坏时,它的重建需要另一个现有分层的帮助,下层空间的权利人可能会利用上层空间的困境采取敲竹杠行为;当下层空间需要上层空间权利人协助进行通风或设置出入口时,上层空间的权利人可能会有相似行为。

第二,权利行使的动态性。权利的实现过程是从权利享有到权利行使。权利享有,即权利的成立,是权利人依据法律规定或者合同约定而享有受法律保护的权利。权利行使,是权利人为实现其权利内容的正当行为。物权作为绝对权,其本体仅仅是普遍对抗他人的一项法律依据,至于如何行使是另一个问题,对权利行使的限制也不是对权利本身的限制。[1] 利益是权利的核心,对权利行使的可能性亦有影响。耶林指出:"权利之享有,是指一种对于赋予权利人的利益,基于其目的之事实上运用,而使权利人享受权利的方式及内容,需视其关系、目的的状况等不同情形而定。"[2]在从权利之享

---

[1]　参见王玉花:《物权法律制度构造基础研究》,法律出版社 2018 年版,第 409 页。

[2]　吴从周:《概念法学、利益法学与价值法学:探索一部民法方法论的演变史》,(台北)元照出版公司 2007 年版,第 127 页。

有向权利实现的过程中,"权利的享有并不等于权利能够行使,权利的行使可能受到法律及其他权利的限制"①。物权所受限制是外部因素对权利行使的限制,是对物权权能的限制。即便权利设定之时客体边界是清晰的,但权利行使具有动态性,土地各层空间相互之间的牵连性,决定了权利行使过程中会产生权利交叉。并且由于各权利的设立目的不同、利用方式不同,势必导致权利行使过程中发生冲突。据此,解决土地立体化利用中的权利冲突,应当兼顾静态的权利享有与动态的权利行使,前者是后者的前提,后者是前者的具体实现。

第三,权利内容的模糊性。法律规定简约性与社会生活多样性之间的鸿沟,使得权利行使过程中,往往发生"理性不及"的权利交叉现象,从而对他人的合法权利造成影响。"一种具体、明确而有效的行为模式不但能划清不同主体间的利益界限,找到实现权利的途径,而且它也为协调不同主体间的不同需要,促进主体行为的互补,提供可靠的保证。"②但在真实的法律世界中,"法律制度界定的权利往往是抽象的、模式化的,反而现实生活中的事实是具体的、千差万别的"③。《民法典》建设用地使用权设立规则具有简约性,虽然法律规定物权通常包括占有、使用、收益、处分四项权能,但各项权能并非对权利内涵的精准表达,而是一种抽象列举。特别是在当今社会,财产利用方式日趋复杂化的形势下,权能本身更加难以列举权利所包括的全部内容。由此,权利的内涵具有模糊性,难以精确界定,容易引发权利冲突。

第四,外部公权力的影响。我国土地公有制条件下,建设用地使用权的设立需要经过出让或划拨程序,矿业权等准用益物权的设立还需取得行政许可。首先,行政机关分工专门化的背景下,不同用途的空间开发利用,主管部门不同,同一宗土地上下空间分层设立用益物权时,如果彼此缺乏沟通或者各不相让,极易出现部门之间认定结果相互矛盾,造成一项权利的行使导致另一项权

---

① 蔡立东:《从"权能分离"到"权利行使"》,《中国社会科学》2021 年第 4 期。

② 程燎原、王人博:《权利论》,广西师范大学出版社 2014 年版,第 31 页。

③ 梅夏英:《权利冲突:制度意义上的解释》,《法学论坛》2006 年第 1 期。

利无法行使。① 其次,我国的规划许可制度也具有一定的项目附随性特征,相较于项目所带来的经济社会效益,相邻不动产权利人的权益处于相对弱势地位。"我国最早开展城市规划,是为了适应大规模工业建设需要而提出来的。"②这种附随规制形成的空间利用秩序,具有极大的偶然性,容易形成空间利益分配难题。最后,公法规范的制定或变化也会导致权利冲突,例如,2007年颁布的《物权法》作为一般法规定了相邻关系,而《石油天然气管道保护法》于 2010 年 10 月 1 日起施行,后者扩大了天然气管道保护范围,从而造成相邻权利人行权范围等受到限制。

　　综上,土地立体化利用中的权利冲突,是指在对国家及集体所有土地地上、地下空间进行分层利用时,同一客体或相邻客体上并存数个不动产物权,由于权利边界的模糊性与交叉性,各物权人对客体的支配发生矛盾,导致权利不能得到有效实现的现象。如上文所述,土地立体化利用中的权利冲突,区别于超越权利目的范围的权利滥用行为以及侵害他人土地权益从而具有违法性的侵权行为,其不以造成损害为要件,但随着权利冲突不加控制地发展,有可能导致侵权或权利滥用之后果。对"冲突"的理解,不应想象成是敌对利益间的对抗,只要理解成是一种任何人认知的生活状态,在这种状态中,不可能同时满足所有存在的欲望,以至于有必要为了某些欲望而牺牲其他欲望。③

---

　　① 例如,在一起地下隧道建设用地使用权与采矿权之间的权利冲突纠纷案件中,采矿权设立在先,采矿权人认为隧道建设对其矿产资源构成压覆,但经地下建设用地使用权人委托勘察部门勘察,并报省矿产资源储量评审中心,评审结论为不构成资源压覆,该结论也按当地规定报省国土资源厅备案,地下空间建设用地使用权人本身在隧道建设方面并不存在过错。但备案后,该省煤炭资源整合办公室批准采矿权人扩大采区范围并调整标高,导致煤矿采区范围与隧道部分重叠。可见,本案中两项权利之间的冲突并非由当事人过错造成。参见最高人民法院(2020)最高法民终 1062 号民事判决书。

　　② 汪德华:《中国城市规划史纲》,东南大学出版社 2005 年版,第 161 页。

　　③ 参见吴从周:《概念法学、利益法学与价值法学:探索一部民法方法论的演变史》,(台北)元照出版公司 2007 年版,第 263 页。

# 二、构成要素

为了将抽象概念应用于具体问题的分析,仍有必要明确其具体构成要素。概言之,土地立体化利用中的权利冲突,包括以下四项构成要素。

## （一）存在两个或两个以上物权主体

土地立体化利用中的权利,包括物权、债权等各种权利,并以物权为主,主要表现为土地所有权、用益物权以及准物权。根据我国实证法,空间利用权以建设用地使用权为主要的权源基础,属于特殊的建设用地使用权,以地上空间、地下空间为客体,可分别设立地上建设用地使用权与地下建设用地使用权。权利冲突的发生,首先需要有两项以上的物权。"只有一方的行为与相对方的损害(或妨害)之间存在相当因果关系者,才可成为权利冲突关系的主体。"[①]即便是对土地进行分层利用,但如果各层空间的权利主体是一致的,在纵向空间上通常不会产生权利冲突。

## （二）物权主体均已合法享有权利

权利人的权利可依法律行为取得,如出让取得建设用地使用权、意定设立的地役权;也可以是经批准取得,如划拨取得建设用地使用权、矿业权等。值得说明的是,在我国物权法律体系中,占有虽然不是物权,但它是物权的主要构成要素之一,是"私有财产的真正基础"[②],并且实践中由于历史原因,诸多地下空间利用并无明确的权源基础。因此,土地立体化利用中,也会发生因土地占有产生的占有与相关不动产物权之间的冲突。

## （三）客体同一或存在利用上的牵连关系

民法物权中,物权冲突主要以客体同一为构成要件。例如,同一标的物上

---

① 张平华:《私法视野里的权利冲突导论》,科学出版社 2008 年版,第 72 页。
② 周枏:《罗马法原论》(上),商务印书馆 1996 年版,第 29 页。

同时存在用益物权与抵押权而发生的权利冲突,或者小区业主共有部分管理中,少数业主与多数业主之间的权利冲突。"物权冲突是指在同一个特定物上存在有多个物权人,各物权人在对该物的支配上相互间发生意志或行为上的矛盾的法律现象。"①有的观点认为,不动产相邻关系虽然涉及行使权利过程中的冲突问题,但冲突各方却是两个或多个相邻的不动产所有人或使用人,不动产相邻关系不具有争夺"同一物"的利益这一特征。② 客体同一固然是物权冲突发生的主要场合,但即便客体不同一,相邻客体的权利之间也会因为权利行使的交叉性而发生权利冲突。土地立体化利用中由于各层空间的互联互通性或牵连性,客体之间的资源共享程度较高,从而容易发生权利冲突。

### （四）结果上导致并存的权利不能得到同时实现

权利行使是权利主体将权利所蕴含的利益转化为现实的过程。一项有效的权利不仅应当得以行使,还应当得以实现。如果权利得以顺利行使,则权利实现则成为行使权利的结果。权利总有不能得到实现的情形,最典型如发生不可抗力,但如果权利不能实现的原因在于他人权利的行使,此时便为权利冲突。③ 在权利冲突的情形下,权利的行使存在冲突,一个权利人行使权利,导致另一个主体的权利完全或者部分不能得到行使,物的功能性使用受到影响,从而使得权利不能得到有效实现。权利冲突中,因权利行使而产生的损害具有相互性,既涉及事实判断,也涉及法律判断,在界定损害以及裁判损害的可

---

① 陈洪:《罗马法物权冲突及其解决机制探析》,《法律科学》2001 年第 4 期。

② 参见李磊明:《物权债权冲突解决机制研究》,法律出版社 2012 年版,第 23 页。

③ 例如,业主对建筑物外墙、承重结构、屋顶等基本结构享有共有权,如果一楼业主在外墙安装空调或灯箱广告牌,后二楼业主要在其专有部分对应的外墙安装空调,主张一楼业主的外墙装置对自己造成妨碍,则发生业主专有权与业主共有权之间的冲突,事实上《最高人民法院关于审理建筑物区分所有权纠纷案件适用法律若干问题的解释》(法释〔2009〕7 号,2020 年修正)第 4 条所规定的即为此情形:"业主基于对住宅、经营性用房等专有部分特定使用功能的合理需要,无偿利用屋顶以及与其专有部分相对应的外墙面等共有部分的,不应认定为侵权。但违反法律、法规、管理规约,损害他人合法权益的除外。"司法实践中,法院认为,发生权利冲突时,房屋所有权人对其专有部分相对应的部分享有优先使用权。如果需要利用业主专有部分对应的外墙面安装户外装置,则应当与该专有部分的业主充分协商,征得其同意后再行安装。相关案例可参见重庆市第一中级人民法院(2020)渝 01 民终 6523 号民事判决书。

救济性时具有难以确定性。

# 三、具体类型

类型化是法学研究的重要方法之一,有助于我们根据权利冲突的特点,采取有针对性的提高资源配置效率的应对策略。根据权利客体是否同一、权利冲突发生时间、权利类型以及是否涉及公权力,可将土地立体化利用权利冲突作以下四个方面的类型区分。

## (一) 以权利客体是否同一为标准

第一,同一客体上权利之间的冲突。土地本身具有三维性,地表土地权利本身就包含了对地上、地下一定空间的支配。此类权利冲突之典型,是在他人所有权之上为第三人设定用益物权,例如,当对集体土地地下空间进行公益性开发利用时,而发生地表的集体土地所有权与地下空间利用权之间的冲突。

第二,相关联客体上权利之间的冲突。例如相邻不动产所有权之间的冲突,或同一宗地不同空间上先后设立的用益物权之间的冲突。此种权利冲突,是权利在行使过程中所产生的。土地立体化利用中,同一土地之上下存在空间支配重叠的可能,此类权利冲突表现得尤为明显。其本质上属于纵向相邻关系范畴。例如,地下建设用地使用权人在开发利用地下空间时,应当注重对地表建筑物的安全维护,保障后者得到正下方土壤的支撑而处于正常利用状态。

## (二) 以权利冲突发生时间为标准

权利的运行逻辑是从权利的享有到权利的行使,按此脉络,权利冲突的发生时间亦可分别发生在权利设立过程中以及权利行使过程中。

第一,权利设立之时的权利冲突。此类权利冲突在权利设立之时即明显表现出来。发生冲突的主体通常是土地所有权人与建设用地使用权人,冲突的焦点是客体的重叠。例如,利用既有建设用地使用权的地上空间架设过街天桥、高架道路、城市高架铁路、架空走廊等建筑物或构筑物。此类空间利用显然需要以地表土地为支撑,从而发生如何协调既有建设用地使用权与该地上建设用地使用权之间用地关系的问题。再比如,营业地役权,是城市商圈立体布局中市场主体为限制或避免相邻不动产上从事相同或类似经营活动,经协商在相邻不动产上设立的限制或禁止竞业活动的私法工具。根据《民法典》第 372 条第 1 款,"提高自己的不动产效益"是设立地役权的核心要件,当事人订立的营业限制条款面临着能否设立营业地役权的疑问。

第二,权利设立后,行使权利之时发生的权利冲突。通常发生在建设用地使用权人之间,或者建设用地使用权与地役权人之间,冲突焦点在于权利行使时发生效力交叉。在此情形下,数个并存权利具有性质与内容的兼容性,但在动态行使中却发生冲突。例如,小区业主之间形成建筑物区分所有权关系,业主之间对共用部分享有共有权,在业主通过购买各楼层房屋所有权并取得业主身份时,业主之间并不存在权利冲突,但是日后例如在加建电梯时,业主通过决议行为实现对共有部分的共有权时,则会发生多数业主与少数业主之间的权利冲突。

**（三）以权利类型为标准**

如果按照权利类型,土地立体化利用权利冲突的类型主要表现为:地表用益物权与地上或地下建设用地使用权之间的权利冲突。

如果按照发生的场域,土地立体化利用中权利冲突的类型表现为:一是国有建设用地使用权分层设立的权利冲突;二是由于《民法典》未对集体建设用地使用权的分层设立作出规定,关于集体土地分层利用权利配置模式尚不明确,因此在集体土地语境中,可概括为集体土地分层利用中的权利冲突。实践中,地铁建设穿越集体土地地下空间时,会因地铁工程施工对地表集体建设用地使用权造成物权妨害而引发纠纷。[①]

**（四）以是否涉及公权力为标准**

土地立体化利用中的权利冲突基本上表现为物权之间的冲突,即各层土

---

[①]　参见山东省青岛市中级人民法院(2021)鲁 02 民终 14776 号民事判决书。

地权利之间的冲突。但在我国公有制条件下,地下空间开发后投资人难以取得明确的物权,且根据现行土地管理体制,对土地的利用需要经过政府规划许可,由此造成土地立体化利用权利冲突,有的表面上看起来是私权之间的冲突,但究其实质,乃私权与国家所有权、政府规划许可权之间的冲突。例如,人防工程权属问题在立法层面一直未予以明确,开发者如果不能获得产权,不仅不利于为开发者充分开发利用地下空间提供激励,还会诱发纠纷;再比如,跨越他人房屋架设高压输电线,产生地表房屋所有权与电力公司地上空间利用权之间的冲突,该冲突表面上看表现为民事权利之间的相邻关系纠纷,但由于电力公司在架设高压输电线之前需要就线路定点、规划、拆迁等事项获得政府审批,电力公司空间利用权的享有与行使是否正当,相当程度上取决于政府审批行为的正当性,因此,该权利冲突的深层矛盾在于民事权利与行政权力之间的冲突。此外,对于集体土地,目前的做法是政府部门可以径行处分集体土地地上、地下空间,为他人设定建设用地使用权,而无须征得集体土地所有权人同意。学界也有观点认为,"我国土地公有制主体是全体人民,应就农用地和未利用地的土地所有权使用权权能作出明确界定,规定相关地下空间权为全民所有,农用地、未利用地的地下空间权应当设定为国家建设用地使用权。"①集体土地分层利用中集体土地所有权与第三人建设用地使用权之间的权利冲突,实质上是集体土地所有权与公权力之间的冲突。实践中,诸多地铁公司与农民集体之间的物权保护纠纷,实质上是集体土地所有权保护与政府征收权行使之间的关系问题,涉及征收权行使的正当性以及征收补偿款的确定等争议。②

综上,土地立体化利用中的权利法律关系具有复杂性,由于权利界限的模糊性与交叉性,不仅会发生同类物权之间的冲突,还会发生不同类物权之间的冲突;这种权利冲突不仅会发生在同一物权客体上,还会发生在相邻不同物权客体上;基于权利从享有到行使的演进逻辑,这种权利冲突不仅表现为物权人之间对特定物的支配发生意志上的矛盾,还包括物权人之间对特定物的支配

---

① 王守智:《我国地下空间开发利用的"公益优先"原则探析》,《中国土地》2022 年第 2 期。
② 参见辽宁省沈阳市和平区人民法院(2019)辽 0102 民初 1470 号民事裁定书,辽宁省大连市中级人民法院(2020)辽 02 民终 4532 号民事裁定书。

发生行为上的矛盾。并且,由于土地本身作为客体的稀缺性与社会性,对其进行立体化开发利用还具有高度的外部性,若要对地下、地上空间进行开发,需要办理项目立项、建设工程规划许可、规划条件核实、工程竣工验收等,因而也会发生不动产物权与公权力并主要是规划许可权之间的结构性冲突。事实上,如果从公权力在此过程中所产生的效果而言,规划许可虽然构成对私权的限制,其本身并非财产权,但由于其对以土地为依托的空间资源进行配置,对于被许可人而言,产生了一种"事实上的财产权"①,它具有一定价值且可以排他地享有。基于以上,本研究基于问题导向,对权利冲突的内涵进行相对宽泛的界定,即如上文所述,在遵循现有框架的基础上,保持一定的开放性,实现体系的统合和主题的融贯。除了物权之外,与其权利行使相关的行政权力、公共利益、权利获得过程中的程序性权利亦属于权利冲突之"权利"范畴。

---

① 波斯纳认为,尽管"事实上的财产权"在法学论著中使用可能是令人困惑的,但这一概念具有广泛的可适用性。有些经济学家用这一财产权术语实质性地描述各种财产权的方法——无论是公共的还是私人的、普通法的还是管制性的、契约的还是政府的、正式的还是非正式的。通过这一描述,私人成本—收益和社会成本—收益之间的分歧就减弱了。参见[美]理查德·A.波斯纳:《法律的经济分析》(上),蒋兆康译,中国大百科全书出版社 1997 年版,第 57 页。

# 第三章　我国土地立体化利用权利冲突法律规制困境

上文指出,法律规定的模糊性是发生权利冲突的重要原因。作为化解权利冲突之前提,首先需要考察土地立体化利用相关法律规范,检视现行法律制度的发展脉络、文本规范,以及司法实践之系统性、关键性问题,总结法律制度存在的理论和制度困境。需要说明的是,我国中央层面的土地立体化利用法律规范较为欠缺,为了概览土地立体化利用权利冲突之法律规制全貌,本研究所使用的"法律"是广义上的,既包括法律,还包括中央各部门发布的规范性文件;既包括地方性法规,还包括各地制定的规范性文件;既包括静态的法律文本,还包括法院在适用法律时的思路和审查标准。

## 一、国家立法存在一定的滞后抽象

### (一)　土地立体化利用法律的演进

考诸我国关于土地立体化利用的立法与政策文件会发现,与空间开发实践速度不匹配的是立法的相对滞后性与抽象性。作为土地管理基本法的《土地管理法》并未对土地上、下空间的利用作出规定,虽然节约集约利用土地是《土地管理法》的基本原则,但其各项制度均以平面土地利用为主导,以面积与用途为核心要素,并未体现三维土地空间理念。① 我国关于空间利用的立

---

① 《土地管理法》自 1986 年颁布以来,虽然根据国家经济社会发展分别于 1988 年、1998 年、2004 年、2019 年经历四次修订,但均未对地上、地下空间利用作出规定。

法,始于 1996 年颁布的《人民防空法》,调整对象为人民防空工程设施,实行长期准备、重点建设、平战结合的方针,但对于地下防空工程的产权界定并未作出明确规定,①由此引发一系列人民防空工程产权归投资者所有还是归国家所有,以及在人民防空工程表现为小区地下停车位时是否归业主所有的争论。原国家土地管理局 1995 年 3 月 11 日发布《确定土地所有权和使用权的若干规定》(〔1995〕国土〔籍〕字第 26 号),第 54 条针对地上、地下空间利用中的权属关系作出规定,②为空间利用确权提供了一定依据。2000 年 8 月 15 日原国土资源部在《关于地下建筑物土地确权登记发证有关问题的复函》(国土资厅函〔2000〕171 号)中,对土地立体化利用中的确权登记作出规定,其区分了结建式地下建筑与单建式地下建筑,③但复函已于 2010 年 12 月失效。④

目前我国中央层面关于土地立体化开发利用的专门立法仅有原建设部 1997 年颁布的《城市地下空间开发利用管理规定》。⑤ 该部门规章对于相邻权利关系的协调,并未作出直接的规定,而是从地下空间规划编制的角度作出

---

　　① 《人民防空法》仅在第 5 条规定:"国家对人民防空设施建设按照有关规定给予优惠。国家鼓励、支持企业事业组织、社会团体和个人,通过多种途径,投资进行人民防空工程建设;人民防空工程平时由投资者使用管理,收益归投资者所有。"

　　② 《确定土地所有权和使用权的若干规定》(〔1995〕国土〔籍〕字第 26 号)第 54 条规定:"地面与空中、地面与地下立体交叉使用土地的(楼房除外),土地使用权确定给地面使用者,空中和地下可确定为他项权利。平面交叉使用土地的,可以确定为共有土地使用权;也可以将土地使用权确定给主要用途或优先使用单位,次要和服从使用单位可确定为他项权利。上述两款中的交叉用地,如属合法批准征用、划拨的,可按批准文件确定使用权,其他用地单位确定为他项权利。"

　　③ 该复函指出:"(1)凡是与地上建筑物连为一体的地下建筑物,其土地权利可以确定为土地使用权。具体登记时,将地下建筑物的建筑面积计入整体建筑总面积,然后按权利人拥有的地下建筑面积占整体建筑面积的比例分摊地面上的土地面积。(2)离开地面一定深度单独建造,不能与地上建筑物连为一体的地下建筑物,其土地权利可确定为土地使用权(地下)。具体登记时,其土地面积为地下建筑物垂直投影面积,并在备注栏注明相应地上土地使用权的特征。土地使用权(地下)在不违反地下建筑物规定的用途、使用条件的前提下,可以进行出租、转让和抵押。"

　　④ 参见《国土资源部关于公布已废止或者失效的规范性文件目录的公告》(国土资源部公告 2010 年第 29 号)。

　　⑤ 《城市地下空间开发利用管理规定》(建设部第 58 号令)由总则、城市地下空间的规划、城市地下空间的工程建设、城市地下空间的工程管理、罚则以及附则六部分组成。该规定分别于 2001 年、2011 年进行两次修正。

倡导性规定。① 由于其仅为部门规章,调整对象仅为地下空间,对于引导规划地上、地下空间开发秩序,解决实践中同宗土地上并存权利之间的关系,效果有限。2007 年颁布的《城乡规划法》也是从规划编制的角度,对城市地下空间的开发利用作出原则性规定,②为倡导性规范,不具有强制性。实践中,由于缺少统一的城市地下空间规划,地铁、地下管线、人防工程等主管部门各自规划各自主管的事项,造成空间权属、数量等信息不明,给土地分层利用与管理带来障碍。

2007 年颁布的《物权法》首次从权利层面对我国空间利用的权利配置作出规定,第 136 条将域外"区分地上权""空间权"等调整空间利用的法律概念引入建设用地使用权制度当中,为土地立体化利用创造了私法空间。《物权法》中相邻关系、地役权规范,可为调整土地立体化利用中的纵向相邻关系提供规则依据。2020 年颁布的《民法典》第 345 条、第 346 条承继《物权法》第 136 条,并未对空间利用中的权利配置作进一步的细化,仅对原规定予以适当改造。

面对我国工业化、城镇化快速发展过程中建设用地供需矛盾突出的挑战,2008 年国务院发布《关于促进节约集约用地的通知》(国发〔2008〕3 号),鼓励开发利用地上地下空间,要求国土资源部会同有关部门,依照《物权法》有关规定,研究制定土地空间权利设定和登记的具体办法。地上、地下空间的开发利用方式,主要表现为城市基础设施建设,《国务院关于加强城市基础设施建设的意见》(国发〔2013〕36 号)从提升城市基础设施建设和管理水平的角度,确立了民生优先原则,要求坚持先地下、后地上,优先加强与民生密切相关的基础设施建设。先地下、后地上的原则要求在规划建设中合理安排土地各层空间的建设时序,避免相互干扰,体现了土地立体化利用的整体性与协调性。

---

① 《城市地下空间开发利用管理规定》第 7 条规定:"城市地下空间的规划编制应注意保护和改善城市的生态环境,科学预测城市发展的需要,坚持因地制宜,远近兼顾,全面规划,分步实施,使城市地下空间的开发利用同国家和地方的经济技术发展水平相适应。城市地下空间规划应实行竖向分层立体综合开发,横向相关空间互相连通,地面建筑与地下工程协调配合。"

② 《城乡规划法》第 33 条规定:"城市地下空间的开发和利用,应当与经济和技术发展水平相适应,遵循统筹安排、综合开发、合理利用的原则,充分考虑防灾减灾、人民防空和通信等需要,并符合城市规划,履行规划审批手续。"

　　在此之后,针对轨道交通建设、地下管线建设、地下综合管廊建设,国务院办公厅分别印发《关于加强城市地下管线建设管理的指导意见》(国办发〔2014〕27号)、《关于支持铁路建设实施土地综合开发的意见》(国办发〔2014〕37号)、《关于推进城市地下综合管廊建设的指导意见》(国办发〔2015〕61号)等规范性文件,鼓励对基础设施建设用地的地上、地下空间进行综合开发。值得注意的是,《关于支持铁路建设实施土地综合开发的意见》(国办发〔2014〕37号)对铁路用地及站场毗邻区域土地的地上、地下空间开发利用,及其权利配置作出较为具体规定。①

　　为落实国务院上述要求,推进节约集约用地,2014年原国土资源部颁布部门规章《节约集约利用土地规定》(国土资源部令第61号),规定了建设用地使用权分层设立的方式、期限、价格;②同年,又印发部门规范性文件《关于推进土地节约集约利用的指导意见》(国土资发〔2014〕119号),对地上地下空间开发强度、开发模式和供地模式等方面,提出进一步的要求。国土资源部于2017年开始分批次发布《节地技术和节地模式推荐目录》,印发各地的节

---

　　① 该文件指出,利用铁路用地进行地上、地下空间开发的,在符合规划的前提下,可兼容一定比例其他功能,并可分层设立建设用地使用权;分层设立的建设用地使用权,符合《划拨用地目录》的,可按划拨方式办理用地手续;不符合《划拨用地目录》的,可按协议方式办理有偿用地手续。值得注意的是,铁路既有的土地综合开发涉及的相关不动产确权登记是不动产登记的重要内容,按照《不动产登记暂行条例》及其实施细则、操作规范等法规规章政策,可以由铁路企业提出申请,不动产登记机构依法办理登记手续,颁发不动产权证书。但实践中,铁路用地登记率较低,目前自然资源部正在加快推进对铁路用地和房屋等不动产的确权登记发证工作,对于前置审批手续不完善等导致登记要件缺失、达不到法定登记条件的,可按照历史遗留问题积极妥善处理,由铁路企业积极完善相关手续后再申请登记。参见《自然资源部对十三届全国人大二次会议第5763号建议的答复》(自然资人议复字〔2019〕120号)。

　　② 《节约集约利用土地规定》(国土资源部令第61号)第13条规定:"鼓励建设项目用地优化设计、分层布局,鼓励充分利用地上、地下空间。建设用地使用权在地上、地下分层设立的,其取得方式和使用年期参照在地表设立的建设用地使用权的相关规定。出让分层设立的建设用地使用权,应当根据当地基准地价和不动产实际交易情况,评估确定分层出让的建设用地最低价标准。"第14条规定:"县级以上自然资源主管部门统筹制定土地综合开发用地政策,鼓励大型基础设施等建设项目综合开发利用土地,促进功能适度混合、整体设计、合理布局。不同用途高度关联、需要整体规划建设、确实难以分割供应的综合用途建设项目,市、县自然资源主管部门可以确定主用途并按照一宗土地实行整体出让供应,综合确定出让底价;需要通过招标拍卖挂牌的方式出让的,整宗土地应当采用招标拍卖挂牌的方式出让。"

约集约用地实践经验,使之发挥示范引领作用。①

　　针对实践中城市规划建设缺乏前瞻性、严肃性、强制性和公开性的问题,2016 年中共中央、国务院印发《关于进一步加强城市规划建设管理工作的若干意见》(中发〔2016〕6 号),特别强调综合利用地下空间资源,提高城市综合承载能力,尤其是要认真总结推广试点城市经验,逐步推开城市地下综合管廊建设,统筹各类管线敷设。2019 年 3 月住房和城乡建设部与国家市场监督管理总局联合发布国家标准《城市地下空间规划标准》(GB/T 51358-2019),旨在促进地上、地下空间的统筹协调和综合利用,规范地下空间规划编制与实施。② 根据该标准,城市地下空间利用应遵守资源保护与协调发展并重、近远结合、平战结合、公共优先和系统优先的基本原则。2020 年 7 月国务院发布《关于做好自由贸易试验区第六批改革试点经验复制推广工作的通知》(国函〔2020〕96 号),指出自贸试验区所在地方和有关部门结合各自贸试验区功能定位和特色特点,全力推进制度创新实践,形成了自贸试验区第六批改革试点经验,将在全国范围内复制推广,"以三维地籍为核心的土地立体化管理模式"即为其中之一。③ 为优化地下空间使用权配置政策,《自然资源部关于进一步做好用地用海要素保障的通知》(自然资发〔2023〕89 号)提出,城市建成区建设项目增加公共利益地下空间的,或向下开发利用难度加大的,各地可结合实际制定空间激励规则,探索在不改变地表原有地类和使用现状的前提下,设立地下空间建设用地使用权进行开发建设。

---

① 典型案例中对采用立体空间开发利用等节地技术和节地模式的建设项目,探索出让方式、土地价款等方面的鼓励支持政策。截至 2022 年 6 月,《节地技术和节地模式推荐目录》已印发至三批次。在地上地下空间综合开发利用模式方面,收录了"轨道交通地上地下空间综合开发利用节地模式""中央商务区地下空间集成开发建设模式""旧城区地上地下空间立体改造开发模式""公交场站地上地下空间综合改造模式""利用地下空间建设生态智能粮食仓模式""学校体育场立体建设模式"等案例。

② 该标准适用于城市总体规划和详细规划阶段的城市地下空间规划,共分 10 章,主要内容包括:总则,术语,基本规定,地下空间资源评估和分区管控,地下空间需求分析,地下空间布局,地下交通设施,地下市政公用设施,地下空间综合防灾,生态保护与环境健康。

③ 根据该文件,试点经验主要内容是:建立三维地籍管理系统,将三维地籍管理理念和技术方法纳入土地管理、开发建设和运营管理全过程,在土地立体化管理制度、政策、技术标准、信息平台、数据库等方面进行探索,以三维方式设定立体建设用地使用权。

　　针对电信设施、管线通行等具体的土地立体化利用形态,我国也相应颁布了专门立法,如《电信条例》《石油天然气管道保护法》等。2004 年颁布的《电信条例》规定了电信设施与既有建筑物产权人之间关系的处理规则,①2010年颁布的《石油天然气管道保护法》概括性地规定了管道用地的取得方式。②这里首先需要说明的是,就电信设施、石油天然气管道建设所占空间,能否设立地上或地下建设用地使用权? 地上、下空间建设用地所附建筑物、构筑物,是指在地上、地下建设用地使用权确定的永久性特定空间内建设的,权属界线封闭且具有独立使用价值的建筑物、构筑物。据此,需要分情形判断:其一,对于电信线路、石油天然气输送线路、管道等情形,由于其与土地的结合程度较低,其建设目的是为了辅助所连接设施的功能发挥,使用价值具有辅助性,难以作为独立的建筑物或构筑物设立地上、下建设用地使用权。此时,可通过地役权解决其用地的权源基础问题。本书第九章将对该问题进行专题分析。其二,对于电信信号通信基站、石油天然气储存库等情形,其与土地结合程度较高,能够发挥独立使用价值,就其建设可设立地上、下空间建设用地使用权。

表 3-1　我国土地立体化利用中央法律规范体系

| 效力位阶 | 法律规范名称及其发布时间 |
| --- | --- |
| 法　律 | 《土地管理法》(1986)<br>《人民防空法》(1996)<br>《物权法》(2007)<br>《城乡规划法》(2007)<br>《石油天然气管道保护法》(2010)<br>《民法典》(2020) |

---

　　① 《电信条例》第 46 条规定:"基础电信业务经营者可以在民用建筑物上附挂电信线路或者设置小型天线、移动通信基站等公用电信设施,但是应当事先通知建筑物产权人或者使用人,并按照省、自治区、直辖市人民政府规定的标准向该建筑物的产权人或者其他权利人支付使用费。"

　　② 《石油天然气管道保护法》第 14 条规定:"管道建设使用土地,依照《中华人民共和国土地管理法》等法律、行政法规的规定执行。依法建设的管道通过集体所有的土地或者他人取得使用权的国有土地,影响土地使用的,管道企业应当按照管道建设时土地的用途给予补偿。"第15 条规定:"依照法律和国务院的规定,取得行政许可或者已报送备案并符合开工条件的管道项目的建设,任何单位和个人不得阻碍。"

| 效力位阶 | 法律规范名称及其发布时间 |
|---|---|
| 行政法规 | 《电信条例》(2004)<br>《不动产登记暂行条例》(2014) |
| 部门规章 | 《城市地下空间开发利用管理规定》(1997)<br>《划拨用地目录》(2001)<br>《节约集约利用土地规定》(2014)<br>《不动产登记暂行条例实施细则》(2016) |
| 党内法规 | 《中共中央　国务院关于进一步加强城市规划建设管理工作的若干意见》(2016) |
| 规范性文件 | 《国务院关于促进节约集约用地的通知》(国发〔2008〕3号)<br>《国务院关于加强城市基础设施建设的意见》(国发〔2013〕36号)<br>《国务院办公厅关于加强城市地下管线建设管理的指导意见》(国办发〔2014〕27号)<br>《国务院办公厅关于支持铁路建设实施土地综合开发的意见》(国办发〔2014〕37号)<br>《国土资源部关于推进土地节约集约利用的指导意见》(国土资发〔2014〕119号)<br>《国土资源部关于做好不动产权籍调查工作的通知》(国土资发〔2015〕41号)<br>《国务院办公厅关于推进城市地下综合管廊建设的指导意见》(国办发〔2015〕61号)<br>《国家发展改革委、住房和城乡建设部关于城市地下综合管廊实行有偿使用制度的指导意见》(发改价格〔2015〕2754号)<br>《国土资源部关于印发〈不动产登记操作规范(试行)〉的通知》(国土资规〔2016〕6号)<br>《住房城乡建设部关于印发〈城市地下空间开发利用"十三五"规划〉的通知》(建规〔2016〕95号)<br>《国务院关于做好自由贸易试验区第六批改革试点经验复制推广工作的通知》(国函〔2020〕96号)<br>《自然资源部办公厅关于印发〈轨道交通地上地下空间综合开发利用节地模式推荐目录〉的通知》(自然资办函〔2020〕120号)<br>《自然资源部关于进一步做好用地用海要素保障的通知》(自然资发〔2023〕89号) |
| 行业标准 | 《城市地下空间利用基本术语标准》(JGJ/T 335-2014)<br>《城市综合管廊工程技术规范》(GB 50838-2015)<br>《城市地下空间规划标准》(GB/T 51358-2019) |

## （二）国家法有待完善之处

尽管我国土地立体化利用相关制度不断完善,但建设用地使用权的运行规范并不适用于所有空间开发,空间利用权利缺乏完整的配套规则,在有效应对实践中发生的权利冲突方面仍有一定的差距。根据权利设立中的权利冲突与权利行使中的权利冲突这一类型区分,现行法存在以下有待完善之处:

1. 权利设立中权利冲突的规范方面

第一,未界定土地所有权空间范围,空间权属不明。"如果土地是二维的,它将毫无意义。农业需要土地的深度,甚至人的活动也需要地面之上的空间。因而,土地必须具有体积。法律必须回答的问题是,它应当在第三维空间上延展到多远,即高度和深度如何。"①与其他大陆法系国家或地区民事立法不同,我国《民法典》未明确规定土地所有权的垂直范围。尽管采取土地公有制,诸多因公用事业需要穿越他人土地时所涉及的权利冲突问题均得以避免,但我国采取国家、集体二元土地所有制,为保障集体土地所有权,仍需面对因公益用途需要穿越集体地上、地下空间时的权源基础问题。有观点建议明确土地上下空间的所有权和使用权关系,分层限定权属,②但这种观点的提出,主要基于技术标准,法律逻辑仍欠准确。

第二,由前一问题进一步延伸,《民法典》仅规定国有建设用地使用权的分层设立,未明确集体土地分层利用中的权利结构,相关主体之间的权利义务关系不清晰。根据2019年修订的《土地管理法》第63条关于集体建设用地使用权参照国有建设用地使用权规则的立法精神,集体建设用地使用权亦可分层设立,但是农地之地上或地下能否分别设立建设用地使用权? 我国立法对此未有明确规定,地方立法一般仅调整城市规划范围内的地下空间,不涉及集体土地,仅有个别地方对集体土地的分层利用作出说明,但仍无具体规则。③

---

① [英]F.H.劳森、B.拉登:《财产法》,施天涛等译,中国大百科全书出版社1998年版,第20页。

② "地下-10米以上为浅层,权属关系应与地面建筑一致,可由土地所有权人自主开发;-10米—-30米作为中层,一般作为预留公共空间,个人和单位限制使用;凡地面公共空间(道路红线内、公园绿地、国家机关等)下面的地下空间,均为国有公共空间;所有-30米以下为深层地下空间,超过私人和集体可能开发范围以外,应列为全民所有,由政府控制使用。"中国工程院课题组:《关于报送"抓住时机,大力推进地下空间开发和建设"的报告》(中工法〔2001〕97号),第10—11页。

③ 例如《舟山市人民政府办公室关于进一步明确地下空间建设中若干问题的通知》(舟政办发〔2021〕97号)针对地下空间建设用地使用权管理问题,规定:"国有土地的地下空间为国家所有,按国有建设用地使用权管理。集体土地的地下空间所有权,在国家和省正式出台相关规定之前,统一由所在地县(区)政府或功能区管委会管理。"

第三,现行土地管理制度体现立体思维不足,地籍以及规划管理等均基于平面宗地的管理模式。在土地平面开发模式中,同一宗地范围内的权属是一致的,而在土地立体化开发利用中,地上、地表、地下建设用地使用权的归属主体在多数情况下并不一致,现有土地管理体系难以直接适用于土地立体化利用。首先,平面多边形的宗地管理模式难以描述、管理与地表不一致的空间产权信息以及脱离于地表的产权关系。其次,基于面积指标与平面布局的规划管理制度难以管理不同于地表用途的地上地下空间。① 最后,虽然我国不动产登记已形成较为完整的制度体系,②但就空间确权登记而言,仍以建设用地使用权登记为依托,参照地表土地和建筑物的申请审核要件,③尽管增加了以垂直投影和竖向高程来确定空间的客体范围,要求不动产登记机构应当查验不动产界址等权籍信息,但尚未形成能够体现空间产权特殊性的系统、统一的操作规则。同时,在登记辅助制度方面,不动产单元是登记的基本单位,具有唯一编码,作为不动产物权客体,地上、地下空间范围的确定需要通过规划、地籍技术等予以支持,但我国目前尚未建立统一的空间规划制度,以空间为客体的出让规则也不明确。例如,据调研了解,实践中有的地区部分地铁换乘站不同线路的规划及建设施工较为同步,规划报建手续合并办理,没有区分各条线路各自的建筑范围,在办理登记确权过程中,就遇到了如何分割不同线路产权的问题。实践中,还有的地铁穿越江河,由于江河在土地用途上并非建设用地,地铁设施作为建筑物或构筑物无可附着的土地,

---

① 参见罗平、罗婷文等:《土地管理三维思维:土地立体化利用管理技术》,科学出版社2018年版,第17页。

② 主要包括《不动产登记暂行条例》《不动产登记暂行条例实施细则》《不动产登记操作规范(试行)》(国土资规〔2016〕6号)、《不动产权籍调查技术方案(试行)》(国土资发〔2015〕41号)、《不动产单元设定与代码编制规则》(国土资厅函〔2017〕1029号)等。值得注意的是,2022年10月30日自然资源部公布了《不动产登记法》(征求意见稿)。

③ 例如,关于宗地划分规则,《不动产单元设定与代码编制规则》(国土资厅函〔2017〕1029号)5.1.1规定:"……(8)结建的地下空间,宜与其地表部分一并划分为国有建设使用权宗地(地表)。(9)单建的地下空间,依据土地出让合同等相关权源材料确定的范围,可设立国有建设使用权宗地(地下)。"5.1.2规定了宗地划分要求:"(1)宗地不得跨越地籍子区。(2)宗地界址线应封闭。(3)宗地界址线互不交叉。"显然该宗地划分要求过于原则,地方实践中宗地划分方法和标准并不统一。

登记实践无规则可依。

2. 权利行使中权利冲突的规范方面

权利行使中的权利冲突,是纵向相邻关系中的利益冲突,即同一宗土地上各层空间上权利之间,在行使权利的过程中支配范围的重叠。现行法中的直接法律规范包括两方面,一是《民法典》所有权部分的相邻关系规则,即第 288 条至第 296 条;二是《民法典》用益物权部分的建设用地使用权设立规则,即第 346 条。

尽管民法物权中相邻关系的规定可直接适用于土地立体化利用,但相较于其他采大陆法系传统的国家和地区的民法相邻关系规范,我国相邻关系规则较为简单。并且,纵向相邻关系也有诸多不同于横向相邻关系的特点。一是综合性,不同于现有不动产相邻关系的内容可能体现为取水、通行、通风、采光等事项中的某一项,由于地下空间的开发利用,需要大量借助相邻不动产,其相邻关系内容涉及诸如建筑支撑、出入口、通风、排水等综合事项。二是双向性,不同于现有不动产相邻关系的内容可能体现为由一方承担容忍义务为另一方提供便利,土地立体化利用中,相邻权利人之间的权利义务具有双向性。换言之,相邻关系作用机制更加明显,直接影响并存权利能否顺利实现。对地上、地下空间的利用必须借助地表方可实现;对地表的正常支配,亦依赖于地上、地下空间开发中的安全注意义务。英美法系普通法上,土地所有权人除了享有侧面支撑权(lateral support)之外,还享有垂直支撑权(subjacent support),即得到正下方土壤的支撑而使自己的土地处于自然状态的权利。[①] 有学者将以上统称为"不动产支撑利益"[②]。三是相邻关系调整机制的事前性。相邻关系规则是裁判规则,通常应用于纠纷发生之后的矛盾解决。而在空间相邻关系中,如何协调相邻不动产之间的关系,则是建设用地使用权分层设立之时就需要解决的问题。我国现行相邻关系法律规范主要是以平面土地利用为调整对象,在适用于土地立体化利用时,仍力有未逮,需要理论结合实践,予以解释适用。

---

① 参见[美]约翰·G.斯普兰克林:《美国财产法精解》,钟书峰译,北京大学出版社 2009 年版,第 499—500 页。

② 杨立新、王竹:《不动产支撑利益及其法律规则》,《法学研究》2008 年第 3 期。

《民法典》第 346 条中关于应当遵循环保限制与土地用途管制的规定是新增部分,殊值肯定,但关于协调权利冲突的"不得损害在先权利"规则,未作修订,仍然十分原则。

第一,《民法典》第 346 条中"不得损害"的判断标准难以把握。(1)"不得损害"是否包含需要征得在先用益物权人同意不明确。司法实践中,在地铁公司的建设用地使用权与既有地表建设用地使用权发生冲突时,有的法院认为,地铁集团未经既有建设用地使用权人许可,擅自在该土地上建造地铁出入口构筑物,无视他人合法权益,行为明显失当,应当承担相应的法律责任。① (2)建设用地使用权设立之时,其空间范围原则上是明确的,与已设立的建设用地使用权的客体范围不可能发生重叠,但实践中,既有地表建设用地使用权的纵向客体范围往往并不明确。例如,在修建地铁等地下工程中,需要穿越既有建设用地下方时,由于我国早期的土地出让手续存在"重建设使用、轻审批流程"的现象,且立法对开发利用地下空间应取得地下建设用地使用权未做明确规定,因此,用地手续不齐全等问题凸显,地铁与既有建设用地使用权往往均未明确纵向的客体范围,二者之间的产权边界如何厘定,成为影响不动产登记的问题。(3)权利冲突中损害的相互性,使得损害具有一定的不确定性,《民法典》第 346 条中的"不得损害"属于禁止性规定,尽管其使用了"不得"的表达方式,但并没有直接规定违反该规范的法律后果,不足以表明当事人的行为构成侵权法意义上的违法行为而应受法律制裁。同时,此处的"损害"是否仅限于物理意义上的损害? 如果影响既有土地权利人不动产价值或经营收益,是否属于"损害"? 这使得损害的判断本身具有不确定性,进而导致行为的违法性亦难以确定,仍需作进一步的利益衡量。②

第二,土地上并存权利之间责任规则不明。关于如何协调同一块土地上不同用益物权人之间的关系这一问题,根据现行立法,一是法定方式,适用

---

① 参见湖北省高级人民法院(2018)鄂民申 1648 号民事裁定书。

② "表面上看来,不妨碍原则似乎很容易,因为不需要权利人同意所有人就可以径为第二次的处分,但技术上有时反而较难操作,因为有无妨碍在事前未必容易判断,那么一旦处分后妨碍了又该怎么办呢?"参见苏永钦:《物权堆迭的基本原则》,《环球法律评论》2006 年第 2 期。

《民法典》关于相邻关系的规定,不动产权利人应当为相邻权利人提供必要的便利,并在其权利受到损害时,请求相邻权利人予以补偿。二是意定方式,不动产权利人若要在更大限度内提高自己不动产的效益,可以与相邻不动产权利人协商设立地役权。总之,《民法典》所有适用于"横向"不动产之间的相邻关系和地役权等规定都适用于"纵向"不动产之间,①但除了前述问题之外,仍存在待解决问题。(1)《民法典》相邻关系规范都属于不完全法条,虽然规定了不动产权利人的作为或不作为义务,但未明确违反该义务的法律效果,不能独立作为请求权基础,需要结合其他法条。《民法典》第 296 条删除了《物权法》第 92 条文中的后半句"造成损害的,应当给予赔偿。"②其修改理由是:删除此规定,并非是造成损害无须赔偿,而是如果造成损害,可以依据民法典侵权责任编的规定请求损害赔偿。③ 也有学者认为,可以适用《民法典》第 1186 条确立的公平分担规则,或是第 1166 条确立的无过错责任原则。④ 实质上,被删除的半句包含两方面内涵,一是此处的"赔偿"是一种法定利益补偿机制,二是"赔偿"指的是侵权损害赔偿。尽管相邻不动产利用关系中造成损害,可以通过侵权责任编的规定进行调整,但是对于不构成侵权的情形下,相邻不动产权利人应如何救济? 这一问题形成法律漏洞。原《物权法》第 92 条中的"赔偿"是一种法定补偿机制,应以保留为宜。(2)相邻关系规则仅为最低限度的相邻不动产利用,在当事人因公益目的需要进一步扩张对相邻不动产利用程度时,如果不能与邻人达成地役权协议,应采取何种途径? 对此有待明确。

随着人们对地上、地下空间利用技术的进步,土地节约集约利用程度提高,空间资源的稀缺程度不断上升,由此所产生的权利冲突日渐凸显。这意味

---

① 参见黄薇主编:《中华人民共和国民法典物权编释义》,法律出版社 2020 年版,第 367 页。

② 《民法典》第 296 条规定:"不动产权利人因用水、排水、通行、铺设管线等利用相邻不动产的,应当尽量避免对相邻的不动产权利人造成损害。"《物权法》第 92 条规定:"不动产权利人因用水、排水、通行、铺设管线等利用相邻不动产的,应当尽量避免对相邻的不动产权利人造成损害;造成损害的,应当给予赔偿。"

③ 参见黄薇主编:《中华人民共和国民法典物权编释义》,法律出版社 2020 年版,第 230 页。

④ 参见崔建远:《中国民法典释评·物权编》上卷,中国人民大学出版社 2020 年版,第 438 页。

着原本清晰的权利边界变得模糊,原本稳定的相邻关系发生变化,直接影响原有的物权效力,各类主体对制度创新的需求会越来越强烈。当前土地立体化利用实践及其中权利冲突的复杂性,迫切需要系统更新土地空间利用法律制度的观念、原则、体系,提供符合财产法基本原理的冲突化解路径,推动制度供需从不均衡状态走向均衡。

# 二、地方立法管制性强

## (一)地方立法概览

面对我国土地立体化开发利用规模增长迅速的发展状况,以及实践中存在的管理体制亟待完善等问题,2016 年原住房城乡建设部印发《城市地下空间开发利用"十三五"规划》(建规〔2016〕95 号)的通知,提出鼓励地方加强立法。① 目前,我国相当多地方初步建立起地下空间开发利用综合法规、综合管廊以及轨道交通管理等专项法规和地下空间规划编制要求等技术规范相结合的制度规范体系。

截至 2022 年 12 月 31 日,在"北大法宝"法律法规数据库以"地下空间"为标题关键词进行搜索整理,关于地下空间开发利用的地方立法共 417 件,其中,地方性法规 7 件,其中 2 件为省级地方性法规,分别是《上海市地下空间规划建设条例》《天津市地下空间规划管理条例》,还有 5 件为设区的市颁布的地方性法规,分别是《长春市地下空间开发利用管理条例》《青岛市地下空间开发利用管理条例》《成都市地下空间开发利用管理条例》《贵阳市地下空间开发利用条例》《沈阳市城市地下空间开发利用管理条例》;地方政府规章 34 件;地方规范性文件 163 件;此外,还有诸如《南京市"十四五"地下空间开发利用规划》(宁政办发〔2021〕59 号)等政府工作文件 204 件,行政

---

① 《城市地下空间开发利用"十三五"规划》(建规〔2016〕95 号)指出,各省(区、市)根据自身情况,因地制宜研究制定城市地下空间规划编制、规划建设管理、权属登记、使用管理等方面的法规、规章,界定地下空间开发利用管理有关主体及其职责、职权,明确地下空间开发利用管理有关制度及其内容和程序要求,推进依法行政。

许可批复 9 件。

表 3-2　我国地下空间开发利用地方立法

| 效力位阶 | 规范名称及其发布年份 |
|---|---|
| 地方性法规<br>（7 件） | 《天津市地下空间规划管理条例》（2008）<br>《上海市地下空间规划建设条例》（2013）<br>《长春市地下空间开发利用管理条例》（2016）<br>《青岛市地下空间开发利用管理条例》（2020）<br>《成都市地下空间开发利用管理条例》（2022）<br>《贵阳市地下空间开发利用条例》（2022）<br>《沈阳市城市地下空间开发利用管理条例》（2023） |
| 地方政府规章<br>（34 件） | 《本溪市城市地下空间开发利用管理规定》（2002）<br>《广州市地下空间开发利用管理办法》（2011）<br>《沈阳市城市地下空间开发建设管理办法》（2011）<br>《武汉市地下空间开发利用管理暂行规定》（2013）<br>《南昌市城市地下空间开发利用管理办法》（2013）<br>《济南市城市地下空间开发利用管理办法》（2013）<br>《西安市地下空间开发利用管理办法》（2014）<br>《杭州市地下空间开发利用管理办法》（2017）<br>《南京市地下空间开发利用管理办法》（2018）<br>《兰州市地下空间开发利用管理办法》（2018）<br>《昆明市城市地下空间开发利用管理规定》（2018）<br>《肇庆市城市地下空间开发利用管理办法》（2020）<br>《深圳市地下空间开发利用管理办法》（2021）<br>《邯郸市地下空间开发利用管理办法》（2022）<br>…… |
| 地方规范性<br>文件(163 件) | 《上海市城市地下空间建设用地审批和房地产登记试行规定》（2006）<br>《江苏省政府办公厅关于加强城市地下空间开发利用的指导意见》（2020）<br>《广东省自然资源厅关于地上地下国有建设用地使用权及其所附建筑物构筑物所有权确权登记暂行办法》（2021）<br>《深圳市前海深港现代服务业合作区立体复合开发用地管理若干规定（试行）》（2021）<br>《郑州市地下空间开发利用管理暂行规定》（2021）<br>《西宁市城市地下空间规划建设管理办法》（2021）<br>《重庆市城市绿地地下空间开发利用管理规定（试行）》（2021）<br>《舟山市人民政府办公室关于进一步明确地下空间建设中若干问题的通知》（2021）<br>《中山市地下空间开发利用管理办法》（2021）<br>《南宁市地上地下空间建设用地使用权开发利用管理办法》（2021）<br>《达州市中心城区地下空间建设用地使用权管理规定》（2021）<br>…… |

　　各地关于地下空间开发利用的地方立法最早颁布于 2001 年,仅 1 件,2006 年开始增加,全年共 13 件,2018 年发布的地方立法数量最多,全国共发布 47 件,2021 年次之,为 41 件。

　　此外,以"轨道交通"为标题关键词搜索,地方性法规 65 件,其中省级地方性法规 11 件,设区的市地方性法规 53 件,经济特区法规 1 件;地方政府规章 63 件,地方规范性文件 607 件。以"综合管廊"为标题关键词搜索,地方性法规 8 件,分别是《西安市城市地下综合管廊条例》《六盘水市城市地下综合管廊管理条例》《南宁市地下综合管廊管理条例》《白银市城市地下综合管廊管理办法》《厦门经济特区城市地下综合管廊管理办法》《珠海经济特区地下综合管廊管理条例》《海东市城市地下综合管廊管理条例》《乌鲁木齐市地下综合管廊管理条例》,共有地方政府规章 17 件,地方规范性文件 194 件。

　　地方立法对地下空间开发利用管理的内容不断深入细化,尤其是 2020 年之后颁布的地方立法,对地下建设用地使用权的取得方式、期限、对价以及与相邻权利之间关系的协调规定得较为详细。① 具体而言:

　　第一,明确地下建设用地使用权客体边界的界定方法,回应了地下空间在出让时难以直接确定边界的难题。有的地方在规定地下建设用地使用权登记规则时,明确立体空间的界定方法。② 有的地方则不局限于技术方法,而是从

---

① 在空间权利的界定与冲突协调方面,具有系统性突破意义的是深圳前海 2021 年颁布的《深圳市前海深港现代服务业合作区立体复合开发用地管理若干规定(试行)》(深前海规〔2021〕1 号)。2020 年 10 月 11 日,中共中央办公厅、国务院办公厅印发的《深圳建设中国特色社会主义先行示范区综合改革试点实施方案(2020—2025 年)》提出:"支持推动在建设用地地上、地表和地下分别设立使用权,探索按照海域的水面、水体、海床、底土分别设立使用权,促进空间合理开发利用。"据此,作为国家改革试验的前沿窗口,深圳市前海管理局印发《深圳市前海深港现代服务业合作区立体复合开发用地管理若干规定(试行)》,结合土地空间权利体系,探索形成以三维地籍技术为核心的土地立体化管理模式。
② 例如,2022 年颁布的《成都市地下空间开发利用管理条例》第 31 条规定:"地下空间建设用地使用权登记以宗地为单位,通过水平投影坐标、竖向高程和水平投影最大面积确定其权属范围。分层设立的地下空间建设用地使用权,应当在宗地图上注明层次和地下空间底部及顶部标高。按照规划许可依法建成的地下建筑物、构筑物,通过规划核实后,其权属范围应当以地下建筑物、构筑物外围所及的范围确定。"

功能主义角度规定三维空间需具备的条件。①

　　第二,明确地下建设用地使用权的设立方式。与普通地表建设用地使用权的设立方式相同,地下建设用地使用权也区分公益性用途与经营性用途,分别对应划拨设立与出让设立。同时针对地下空间开发利用的特点,规定了特殊情形下的协议设立方式。②

　　第三,明确地下建设用地使用权出让价格的确定方式。国家层面立法对地下建设用地使用权的出让价格未作专门规定,各地实际做法不一。基本做法是从鼓励开发地下空间的立场,按照地上建设用地市场楼面价的一定比例计算地下各层建设用地使用权的出让价格,③或者对地上和地下空间不单独

---

　　①　《深圳市前海深港现代服务业合作区立体复合开发用地管理若干规定(试行)》(深前海规〔2021〕1号)第7条规定:"三维宗地是指权属界线封闭且能够独立使用的宗地,是在地上、地表或者地下分别设立建设用地使用权的空间。除连接两宗已设定产权地块的地上、地下空间,且该空间主要为连通功能的情形外,三维宗地应当具备以下条件:(一)出入条件,包括独立出入口、共有出入口或者通过设立通行地役权达到出入条件等;(二)给水、排水、供电、供冷、供热、通信、燃气和通风等市政接口条件;(三)满足消防、地质环境、人民防空等相关要求;(四)满足不动产登记要求;(五)设立三维宗地的其他条件。"

　　②　通常包括以下情形:(一)地表建设用地使用权人申请开发其建设用地范围内地下空间的;(二)根据城市地下空间开发利用规划,不能独立开发利用,但因公共或者功能性需求,确需与毗邻地块整合使用的;(三)连接轨道交通站点及出入口、穿越市政道路和公共绿地等公共用地的地下公共连接通道的;(四)其他依法可以协议出让的情形。参见《成都市地下空间开发利用管理条例》第18条、《深圳市地下空间开发利用管理办法》(深圳市人民政府令第337号)第17条。

　　③　《郑州市地下空间开发利用管理暂行规定》(郑政〔2021〕14号)第15条规定:"出让供应的地下空间建设用地使用权,出让价款(或起始价)按照不低于出让时与地下规划功能用途、建筑容量、土地级别、使用年限等同等条件的地上建设用地评估市场楼面价的一定比例收取。其中,地下一层按照地上建设用地市场楼面价的30%和相应建筑容量计算;地下二层按照地上建设用地市场楼面价的25%和相应建筑容量计算;地下三层及三层以下按照地上建设用地市场楼面价的20%和相应建筑容量计算。工业、仓储项目的结建地下空间建设用地使用权不得配建商业等经营性设施,其中:仓储项目的结建地下空间建设用地使用权不再区分设定分层比例,一律按前款地上建设用地市场楼面价的20%和相应建筑容量计算;工业项目的结建地下空间建设用地使用权,可不再增收土地价款。地下空间建设用地使用权出让用于社会公共停车场的停车场(库)部分,出让价款(或起始价)可按第一款规定标准的70%计算。补办结建地下空间建设用地使用权出让手续的,按照补办受理时的剩余年期合理确定出让价款。"

确定使用权价格。①

第四,从相邻关系角度规定了并存权利的协调规则。大多地方立法原则性地规定地下空间开发利用中先建单位承担地下工程连通义务,为后建工程预留连通接口。但有的地方立法从事前的视角,对地下空间开发利用与地表建设用地使用权之间的关系作出比《民法典》条文更进一步的具体规定,即开发利用地下空间,应取得地表建设用地使用权人同意,或者应取得需利用地表的建设用地使用权以避免纠纷发生。② 还有的地方针对土地立体化开发利用中公共利益与私人利益之间的关系,规定了地役权的强制设立,以弥补意定地役权的局限。③

### (二) 地方立法的局限

在国家立法较为欠缺的情况下,各地地方立法对地下空间开发利用进行了诸多探索,主题涉及地下空间开发利用综合管理、地下空间产权登记、综合管廊及地下管线建设管理、地下空间安全及标准规范等。但受立法权限、实践需求等因素限制,仍存在以下局限性。

---

① 以轨道交通地上地下空间综合开发利用为例,广州市万胜广场项目地块出让合同约定"本合同项目国有建设用地出让价款未包括地下建筑面积出让价款。地下车库按出让宗地所在地段工业用途基准地价的 50% 补交土地出让金;地下商业、商务等经营性用途按地上可售面积成交楼面单价 50% 计收"。深圳市前海综合交通枢纽项目作价出资方案中,为保障现有轨道运营安全引起投资增加等因素,对地上和地下空间不单独确定使用权价格。杭州市规定,地下空间补办出让手续时,地下一层土地出让金按照基准地价对应用途楼面地价(容积率为 2.0)的 20% 收取,地下二层减半,地下三层不再计缴土地出让金;按规定补办出让手续后,允许地下空间按照最小基本单元分割转让。参见《自然资源部办公厅关于印发〈轨道交通地上地下空间综合开发利用节地模式推荐目录〉的通知》(自然资办函〔2020〕120 号)。

② 例如,《郑州市地下空间开发利用管理暂行规定》(郑政〔2021〕14 号)第 8 条明确规定:"地下空间开发利用项目的建设单位应落实规划条件提出的要求,并且取得需利用地表的建设用地使用权,或者取得地表建设用地使用权人同意;地表建设用地使用权未登记权利人的,应取得地表建设用地实际管理人同意,地表建设用地使用权人或实际管理人应依法提供必要的便利。"

③ 《深圳市前海深港现代服务业合作区立体复合开发用地管理若干规定(试行)》(深前海规〔2021〕1 号)第 21 条规定:"已供应三维宗地因通行、给水、排水、采光、支撑以及建造附属设施或者安放临时附着物等事由,供役地权利人和需役地权利人可以按照民法典等法律法规设置地役权。因公共设施的设置、使用和安全等公共利益,需要进出、通过、穿越相关土地上空或者地下空间的,在不对土地权利人的利益造成损害的前提下,土地权利人不得拒绝设置地役权,并负有配合工程实施之义务。"

第一,从规范内容层面而言,受立法权限影响,仍以行政法律规范为主,民事法律规范较为欠缺。地方立法中规定的协调建设用地使用权分层设立中权利冲突的途径包括:一是损害赔偿方式,①二是临时用地方式,②三是地役权方式,③四是征收方式。④ 整体而言,侧重于从规划管理角度作出管制性规定,而权利保护与协调规则仍存在局限。由于土地立体化利用中的权利冲突,通常直接代表财产权之间的利益冲突,虽然涉及行政管理关系,但仅有公法规范未免不能适应个案具体情况。在于公法规范往往采用单一或统一标准界定正当与非正当,难以对所涉利益进行差别化衡量。此外,地下建筑物权属登记问题、结建人防工程产权问题等都未有明确规定,从而造成登记机构无法进行准确确权,无论是投资人、开发建设者,还是空间利用人,均无法得到充分的法律保护。⑤ 值得注意的是,目前我国土地空间利用主

---

①　即规定新设立的建设用地使用权,不得损害已设立的用益物权。参见《南京市城市地下空间开发利用管理办法》(南京市人民政府令第 323 号)第 16 条、《芜湖市市区地下空间利用和房地产登记暂行办法》(芜政办〔2013〕13 号)第 7 条、《佛山市地下空间开发利用管理试行办法》(佛府办〔2016〕30 号)第 12 条、《福建省地下空间建设用地管理和土地登记暂行规定》(闽政〔2014〕8 号)第 4 条。或者规定地下空间开发利用过程中对已经依法设立的用益物权、建筑物或者构筑物造成妨碍或者实际损害的,应当依法承担相应的民事责任。参见《上海市地下空间规划建设条例》第 15 条、《广州市地下空间开发利用管理办法》(广州市人民政府令第 168 号)第 42 条、《兰州市城市地下空间开发利用管理办法》(兰州市人民政府令〔2016〕3 号)第 25 条、《烟台市地下空间国有建设用地使用权管理办法》(烟台市人民政府令第 140 号)第 18 条。

②　如果地下建设项目施工需要使用界外土地,应当向城乡规划主管部门申请办理临时用地规划审批手续。施工结束后,应当恢复土地原用途。参见《天津市地下空间规划管理条例》第 27 条、《兰州市城市地下空间开发利用管理办法》(兰州市人民政府令〔2016〕3 号)第 17 条。

③　主要针对单建地下工程项目的出入口、通风口等设施需要占用地表建设用地的情形。参见《佛山市地下空间开发利用管理试行办法》(佛府办〔2016〕30 号)第 16 条。

④　由于国家安全和公共利益需要,政府可以依法征收、征用地下空间并给予补偿,地下空间权利人应当积极配合,依法提供便利;在地下空间开发利用过程中,涉及的地表用地土地权属及用地性质改变,或者开发利用后无法恢复土地原状的,也应当依法办理土地征收、转用手续。参见《长春市城市地下空间开发利用管理条例》第 39 条、《昆明市城市地下空间开发利用管理规定》(昆明市人民政府令第 145 号)第 16、17 条、《广州市地下空间开发利用管理办法》(广州市人民政府令第 168 号)第 37 条、《深圳市地下空间开发利用管理办法》(深圳市人民政府令第 337 号)第 48 条。

⑤　例如,2022 年 6 月在网络上引起轩然大波的"宾利女大闹地下车库"纠纷中,核心原因在于小区地下车位产权归属问题。深圳为鼓励开发商建设地下停车位,对其给予容积率上的优惠,与此同时,对配建车位不予确权,不动产登记中心不办理车位产权登记,地下车位只租不卖。随着车位紧缺问题越来越突出,地下车位确权登记规则亟待立法层面予以完善和细化。

---

要体现为地下空间利用,现行中央立法未对地上建设用地使用权的调整作出规定,绝大多数地方立法亦均以地下空间开发利用为中心,未涉及地上空间的利用。①

第二,从管理体制层面而言,表现出明显的条块分割,难以适应土地立体化利用综合性、整体性。例如,地下空间开发利用中,规划与用地、工程施工、人防工程等事项分别由规划和自然资源主管部门、住房建设主管部门、人民防空主管部门分头管理。管理体制缺乏统筹规划协调,地下空间信息未衔接、标准不统一,导致地下空间开发利用无序化。很难有一个部门能够确切地阐述可供利用的地下空间资源数量及开发利用管理模式。② 同时,有的地方虽然颁布多部与地下空间开发利用有关的文件,但较为分散,表现为地下综合管廊、地铁建设、地下停车等专项领域的规范,各类设施在规划、设施和施工等方面欠缺衔接与协同,难免由于标准、程序等差异而造成权利冲突。

第三,从区域层面而言,地方立法的分布状态与地下空间开发利用程度及其市场化程度呈正向态势,立法状况不均衡。地上、地下空间利用与区域城市发展进程密切相关,当一个地区的发展方式从规模型、资源型向精细型、节约型方向转变时,对土地进行高附加值、混合高效利用就成为必然选择,相应产生土地立体化开发利用立法需求。国内各地经济发展程度不同,各地土地立体化利用的程度亦不同,北京、上海、广州、南京、杭州等特大城市已经进入活动空间拓展与深化的高级阶段。③ 2019 年,我国东部地区的城市地下空间新增建筑面积增长率达 4.29%(全国为 2.05%),其中,增长幅度最大的依次为

①　在收集到的地方法中,仅有《苏州市地下(地上)空间建设用地使用权利用和登记暂行办法》(苏府规字〔2021〕7 号)对地下、地上空间的统筹开发利用,以及地下、地上空间建设用地使用权的管理一并作出规定。

②　参见王权典、欧仁山、吕翾:《城市土地立体化开发利用法律调控规制:结合深圳前海综合交通枢纽建设之探索》,法律出版社 2017 年版,第 55 页。

③　受开发成本以及用地供需矛盾情况影响,在经济欠发达地区,土地立体化开发利用程度较低。例如,根据笔者在广东省河源、潮州、云浮等地调研了解,当地办理地上、地下空间地籍管理与登记业务较少。

广东(20%)、浙江(12%)、江苏(9%)三省。① 部分大中城市进入地下轨道交通需求的中级阶段,例如中部、东北地区;大部分中小城市的空间利用处于提供市政基础设施、地下停车等初级阶段。总体而言,受制于各地地下空间开发利用程度差异,不同区域的规范完整性、体系性亦有较大差距。

第四,从效力级别层面而言,地方立法层级偏低,主要是地方人民政府发布的规范性文件。根据《中共中央关于全面推进依法治国若干重大问题的决定》要求,若要符合"重大改革要于法有据"的方针,仍需通过法制化推进土地管理改革,将规范性文件中的规则以地方性法规方式实现制度化、规范化、程序化,落实立法与改革相衔接。

# 三、司法审查强度有限

## (一) 司法审查现状

如果我们在狭义上使用"规制"概念,即国家在法律实施中发挥最基本角色。那么,在私法领域,司法是国家干预的唯一形式,发挥着规制的作用。原因在于,尽管司法程序的启动具有被动性,但一旦启动,则法官通过法律适用,对个案中的利益进行衡量,能够对促进经济效率或分配正义的实现发挥重大作用。在面对土地立体化利用中的权利冲突时,法官需要确定并存权利之间的优先顺位,并判断地上地下空间开发利用行为是否不合理地干预既存土地权利人的利益。

我国实行土地公有制,获得建设用地使用权需要经政府审批许可及出让或划拨。行政许可具有"复效性"或者"二重性"②。正因如此,"裁量权衡时不仅要考虑公共利益和受益人的利益,也要结合考虑承受负担的第三人的利益"③。但司法实践中,在既有用益物权与地铁等公益设施的地下建设用地使

---

① 参见中国工程战略咨询中心、中国岩石力学与工程学会地下空间分会、中国城市规划学会编:《2020中国城市地下空间发展蓝皮书》,科学出版社2021年版,第7—8页。
② [日]盐野宏:《行政法》,杨建顺译,法律出版社1999年版,第240页。
③ [德]哈特穆特·毛雷尔:《行政法学总论》,高家伟译,法律出版社2000年版,第308页。

用权之间发生冲突时,若既有用益物权人认为自身权益受损而主张排除妨碍或者侵权,通常不会得到法院的支持。法院对涉及行政许可的私权纠纷,基于"司法尊重"的立场,审理强度较为有限,其裁判逻辑主要包括以下方面,一是基于公益优先的考量,地铁等公益设施事关公共利益,即便行政许可实体或程序存在违法情形,但公共利益应优先于私人利益获得保障,撤销该许可可能损害国家利益、公共利益或者社会利益,从而不予撤销。二是基于经济理性的考量,若支持既有用益物权人恢复原状的诉请将造成已正式投入运营的地铁出入口被拆除,导致社会公共资源浪费较大,广大市民出行亦极为不便,造成的经济和社会成本过大,其可以通过追究地铁公司赔偿侵权损失、承担全部赔偿费用等方式予以替代。[1]

概览法院审理此类案件所采用的标准,有形式主义标准与实质主义标准两种。形式主义标准,即空间利用行为如果符合国家标准或行业标准并经过行政机关审批,即具有合法性,既有物权人的损害不具有可救济性。由于规划行政许可的专业性、技术性强,行政审判对规划行政许可的司法审查强度较弱,一般采用高度尊重的审查标准,而不进行全面审查。[2] 该标准的理论基础在于,强制性技术规范本身即是对相邻权利最有力的保障措施,如果被告遵守了强制性技术规范,即使依据规划许可建设的建筑缩减了相邻权人的权利,且相邻权人能够证明相邻权因行政许可行为减损,规划许可并不侵权。[3] 实质主义标准,即物权人的主张能否得到主张取决于损害是否实际发生,只要造成了事实上的损害,即便符合技术标准并经行政机关审批,既有物权人的损害即

---

① 参见湖北省高级人民法院(2018)鄂民申 1648 号民事裁定书。

② 例如,在一起因通信基站设置而发生的权利冲突纠纷中,法院裁判认为,虽然业主对建筑物内的住宅、经营性用房等专有部分享有所有权,对专有部分以外的共有部分享有共有和共同管理的权利,但根据《电信条例》第 46 条,业主在行使对建筑物共有部分的处分权利的同时,还负有法定义务,即对基础电信业务经营者附挂电信线路或者设置小型天线、移动通信基站等公用电信设施行为负有容忍的义务,该义务是基于社会公共利益的需求而设置,为业主应承担的法定义务。通信公司设置的基站,经有关部门检测,其电磁辐射属国家允许值范围内,对人身健康不致造成伤害,对环境没有造成危害。同时,发展我国的通信事业符合国家的产业政策,虽然通信公司没有履行就基站选址的通知义务,但并不导致基站的拆除。参见湖北省宜昌市中级人民法院(2016)鄂 05 民终 1310 号民事判决书。

③ 参见汪燕:《行政许可保护相邻权问题研究》,中国社会科学出版社 2021 年版,第 251 页。

具有可救济性。①

### （二）司法审查标准正当性反思

不动产利用中的行民交叉问题，为理论与实践带来挑战，事实上也不断拷问行政行为与司法审查之间的关系。虽然管制性标准阻却民事责任效力具有一定程度的正当性，有助于提升社会生活预期的稳定性。② 但行政管制标准自身的正当性与效力均有待论证。其一，尽管标准的制定以公共利益为目标，但其并非发生在真空中。无论是中央机构还是地方制定的标准，总是不可避免地受到利益集团的影响。而且，我们也不能忽略标准制定者自身的私益，因为这也可能使标准的制定明显背离公益目标。③ 其二，对土地进行立体化开发利用，须经规划机关许可，规划机关在决定是否准予申请时，必须考量该地区的整体规划、环境评估以及其他因素，判断该土地开发利用申请是否符合这些因素条件的要求。土地开发利用能否获得规划许可批准，将对土地价值以及利害关系人的福利产生重大影响。行政管制标准发生阻却民事责任效力，至少应以其保障了利害关系人福利与程序性权利为前提。其三，尽管《城乡

---

① 在一起因通信基站设置而引发的权利冲突纠纷中，法院认为，通信公司服务的对象涉及人员可能众多，但是其行为并不是为了国防、军事等公共目的，且其向公众提供服务的同时收取了费用。因此，不能认定系为公共利益的行为，从而限制区分所有权人的物权。同时，经过相关部门批准设立信号发射基站，并不能成为其将住宅改变为经营性用房的合法事由。尽管通信公司与原告均系屋顶的共同共有人，应对屋顶共同行使管理权，但其在屋顶架设发射天线与更好地利用专有部分居住功能，增加居住的舒适度、安全感并无关系，并非基于专有部分居住功能对共有部分的利用。相反，通信公司在屋顶架设发射天线系用于增强发射信号，通过信号覆盖来稳定、吸引、扩大客户群，实现其公司盈利的目的。故通信公司的行为不属于对建筑物共有部分的合理利用，其擅自占用共有部分进行经营性活动，已对同栋其他业主的共有权利造成侵害，其应当排除妨害，拆除基站发射天线。参见云南省普洱市宁洱哈尼族彝族自治县人民法院（2018）云 0821 民初 215 号民事判决书。

② 苏永钦教授指出，"随着社会结构日趋复杂与精细，人们在社会交往中的行为准则越来越依赖于预先设定的行政管制规范，从而使社会生活具有一定程度的可预测性；如果合乎既定准则，则可以作为违法阻却事由或侵权抗辩事由，否则将导致人民活动领域的萎缩"。参见苏永钦：《私法自治中的经济理性》，中国人民大学出版社 2004 年版，第 33 页。

③ 参见［英］安东尼·奥格斯：《规制：法律形式与经济学理论》，骆梅英译，中国人民大学出版社 2008 年版，第 173 页。

规划法》对规划的编制、修改作出了严格规定,但对其权力行使的拘束性依然较弱。①

形式标准只是行政管理的标准,对民事权益的救济仍应采实质主义标准。德国法学家沃尔夫主张私法请求权独立原则,"只要法律没有规定行政机构可以对私法上的请求权作出决定,而当事人又可以提出行政诉讼,那么行政机关的决定将不涉及到私法上的请求权"②。"公法上的规定和标准只是增添了判断上的便利,但其并非决定性的标准,也不能排除实质性判断。"③仅根据国家有关工程建设标准,难以判断干涉是否合理。基于权益是否造成侵害的实质标准方为承担民事责任的判断准则,即是否超越原告的容忍限度。④ 事实上,行政管制标准属于对特定类型行为的一般性规制,其统一性难以对个案中的利益进行衡量,而民事责任则可发挥其在个案中的利益衡量作用。行政管制标准与民事责任各自制度构造与功能机制不同,其应在各自层面共同发挥对不法行为的阻吓与矫正作用。

当前我国司法实践中普遍采用的形式主义标准,容易造成第三人民事权利的保障陷入"符合技术标准、获得行政许可从而不侵权"境地,第三人权利难以得到有效救济。当然,要求法院对行政规划许可给予过多的审查,亦不现实,因为其已超越法院的能力范围,不仅影响行政机关运作,更会导致法院不

---

① "如果对规划权力规范控制的实然状态作一个归纳,那么可以说:立法的控制无法深入规划内容的具体形成方面,司法的控制无法进入规划的形成阶段,对规划权力的控制主要由行政程序和行政的自我拘束机制加以实现。但是,行政程序和行政的自我规制并没有臻于完善。"陈越峰:《中国城市规划法治构造》,中国社会科学出版社 2020 年版,第 111 页。

② 〔德〕M.沃尔夫:《物权法》,吴越、李大雪译,法律出版社 2002 年版,第 173 页。

③ 张平华:《私法视野里的权利冲突导论》,科学出版社 2008 年版,第 107 页。

④ 原国家环境保护局《关于确定环境污染损害赔偿责任问题的复函》〔(91)环法函字第 104 号〕曾明确指出:"根据《中华人民共和国环境保护法》第四十一条第一款的规定:'造成环境污染危害的,有责任排除危害,并对直接受到损害的单位或者个人赔偿损失。'其他有关污染防治的法律法规,也有类似的规定。可见,承担污染赔偿责任的法定条件,就是排污单位造成环境污染危害,并使其他单位或者个人遭受损失。现有法律法规并未将有无过错以及污染物的排放是否超过标准,作为确定排污单位是否承担赔偿责任的条件。至于国家或者地方规定的污染物排放标准,只是环保部门决定排污单位是否需要缴纳超标排污费和进行环境管理的依据,而不是确定排污单位是否承担赔偿责任的界限。《中华人民共和国水污染防治法实施细则》第三十六条还明确规定,缴纳排污费、超标排污费的单位或者个人,并不免除其赔偿损失的责任。"

堪重负。解决此问题，一方面需要从法解释上，确定土地上并存权利之间的优先保护顺序，另一方面，则需借助立法路径，在实体法层面，完善规划许可条件、优化行政管制标准及其相关法律规范；在程序法层面，完善行政许可的程序规则，保障相邻权人的程序权利。

　　综上，考察土地立体化利用权利冲突相关法律制度运行中的突出问题，是为了针对制度的缺失推动其改进。在我国市场经济快速发展中，面对高质量城镇化的宏大背景，现行法律制度在土地立体化利用之权利配置、权利协调等方面存在制度供给不足。具体表现为：一是国家立法的原则性，在面对权利冲突时，欠缺可操作性；二是各地虽然普遍制定地方性立法，但管制性较强，难以兼顾所涉私权利益；三是法院在审理涉及行政许可的行民交叉纠纷案件时，亦难以保证其能够基于立法目的审理案件。化解土地立体化利用中的权利冲突，需要立足我国发展需求，透视权利冲突之本质，采取具有社会共识的价值标准，以平衡公私权力（利）为目标，确立多元化、有针对性的法律规制路径。

# 第四章　土地立体化利用权利冲突的本质

从法理学角度,消灭权利冲突关系应遵循的基本原则包括服从权利位阶原则、法律保留原则、比例原则等。① 规制土地立体化利用中的权利冲突,应符合所涉权利自身的特点。因此,剖析土地立体化利用权利冲突的实质,是寻找其规制路径的基本前提。

## 一、权利冲突的核心命题

实践中权利冲突往往表现为,因法律规范之间的冲突而引发的权利行使过程中的冲突,或者即便法律规范之间并不存在逻辑上的矛盾,但在法律适用中,事实上产生权利相互冲突的现象。这体现了权利的涉他性,"一个人的权利是与另一个人的义务相对应的。如果物的所有权人有权排除任何他人对该物的适用,那么,合乎逻辑的结果就是,他人负有对这一决定权能予以尊重的义务"②。可见,权利冲突,实质上是权利人所享有的权利与基于相对人权利所承担的义务之间,因内容不相容而发生的矛盾状态。权利冲突的本质为两个或两个以上主体间权利的矛盾关系,表现为权利效力的不相容状态。

---

① 参见张平华:《私法视野里的权利冲突导论》,科学出版社 2008 年版,第 66—71 页。
② [德]迪特尔·施瓦布:《民法导论》,郑冲译,法律出版社 2006 年版,第 135 页。

### （一）物权排他效力

地表、地上、地下建设用地使用权的客体范围往往在同一地表投影范围重叠，其权利配置的核心问题，是土地上并存权利发生支配冲突，确定权利之间的优先顺位以及权利如何具有优先性的问题。土地立体化利用中权利冲突的核心命题是物权的效力冲突，表现为一项物权的支配力与另一物权的排他力发生效力上的冲突，即不动产物权积极权能与消极权能之间的冲突。

物权的效力，是物权人意思自治发挥作用的效果，是法律保障权利人能够对客体物进行支配并排除他人干涉的范围。物权效力是物权法的重要范畴，但各国立法并未在法条中直接规定物权所具有的效力。学界基于不同的论述角度，提出"二效力说"（优先效力、物上请求权效力），"三效力说"（优先效力、物上请求权效力、排他效力），"四效力说"（优先效力、物上请求权效力、排他效力、追及效力）。相较而言，"四效力说"因其全面性，而成为通说。与土地分层利用权利冲突紧密相关的物权效力主要为排他效力、物上请求权效力、优先效力。

物权的排他效力，是指在同一物上，不能同时存在两个以上内容互不兼容的物权。物权作为"排他权"，其基本的含义就是物权的实现不但不依靠他人的意思，而且必须排斥他人的意思，才能实现权利人的全部利益。[1] 一物一权原则即物权排他效力的具体体现。实际上，物权的优先效力亦是物权排他力的效力延伸。[2] 学理上的各种"物权效力"，其实均为此"排除干预权能"所衍生，不容割裂而独立存在。[3] 作为民法学理论之基础，关于物权的本质，始终吸引着民法学人的目光。即便是在英美法系财产法中，为了解决权利束理论导致的财产权概念的模糊，学界日益强调财产权的排他性。即财产权不仅仅代表着权利义务的分类，它必备的本质特征是排他权。Thomas Merrill 主张排他权是财产权概念的必备要件，否定了某人对财产的排他权，就等于否定了其财产权。他从三方面论证了排他权在财产权中的首要位置：一是从逻辑上而言，如果从排他权出发，可以通过稍微澄清排他权的范围，就能够推导出财产

---

[1] 参见孙宪忠：《中国物权法总论》，法律出版社 2014 年版，第 90 页。
[2] 参见冉克平：《物权法总论》，法律出版社 2015 年版，第 172 页。
[3] 参见张译文：《债权物权化与类型法定原则》，《台大法学论丛》（台北）2021 年第 1 期。

权的其他构成要素；如果从财产权的其他属性出发，即使扩张这些属性的范围，也推导不出排他权。排他权可以与财产权的其他属性相分离而存在。例如对土地用途的限制并不影响权利人排除他人对其财产权的侵害。二是从历史的角度而言，在土地利益方面，排他权是原始财产权体系中最早出现的权利。人们往往认为对土地进行利用的用益权是财产权的最初形式，实质上，将用益权与无主资源区分开来的关键不是使用权，而是排除他人参与土地利用的排他权。用益权作为财产权的最初形式，也暗示着赋予个人或团体对特定资源进行排他性使用的权利。三是从法律实践而言，大体上凡是承认财产权的法律，都赋予其排他性。排他权能够解释私人财产权、公共财产权、共同或集体所有权的存在与区分，亦能够为传统财产权、知识产权、未来利益、资本财产权以及诸如社会福利等形式的"新财产权"的效力提供法理解释。① 从一般理论目的的角度，J.E.Penner 更加强调排他权是财产权的本质属性，财产权应当被看作排他使用的权利，财产法受排他性分析驱动，而非使用权。②

　　权利具有涉他性，物权的排他效力固然是物权的本质属性，但各种权利因性质、内容的不同，其权利主体意思发挥作用的效果有别，亦即各权利的效力不同。物权的排他效力在某些情形中会限缩到只能合理排他。③ 土地相邻，其权利的行使彼此互有影响，若各所有人皆得主张自由使用、收益、处分其所有物，并排除他人之干涉，势必造成冲突。④ 权利冲突的程度与权利目标的不相容程度、客体共享程度正相关，而土地立体化利用的特质恰恰在于各层空间功能的复合配置，加之我国土地分层利用实践存在重工程技术、轻法律产权的特征，决定了其发生权利冲突的必然性。为此，严格按照字面意思理解《民法典》第 346 条中的"不得损害"不具有现实可行性。物权排他效力因物权种类的不同而强弱不同。建设用地使用权分层设立的规范目的在于促进物尽其用，土地上下各层空间相互关联，并存物权的排他效力应作弹性解释。《民法

---

① See Thomas W.Merrill, "Property and the Right to Exclude", *Nebraska Law Review*, Vol.77, No.4, 1998, pp.730-755.

② See J.E.Penner, *The Idea of Property in Law*, Oxford University Press, 1997, p.71.

③ 参见张永健：《物权的关系本质：基于德国民法概念体系的检讨》，《中外法学》2020 年第 3 期。

④ 参见王泽鉴：《民法物权》，北京大学出版社 2009 年版，第 143 页。

典》第 346 条中"不得损害"规则本质上为相邻关系法,旨在确定权利行使边界,此为实现建设用地使用权分层设立制度实益的客观要求。

物权排他效力最重要的实践价值,就是权利人按照自己的意思行使并实现权利,排除他人干涉。由此可见,物上请求权在一定程度上也是物权排他效力的体现。物上请求权,是物权受到妨害或有被妨害之虞时,为回复其对物的圆满支配状态而产生的请求权。[①] 财产权应包含一系列内容,包括直接侵权保护以及财富分配等,其中,排除侵害是理解财产权的基础。[②] 对于土地立体化利用权利冲突而言,物上请求权发挥着基础性调节作用,是保障权利人物权实现的技术性权利。物上请求权非以行为责任(侵权行为产生的损害赔偿请求权为行为责任)考察,而是以状态责任为客观判断。[③] 仅需考察物权本身是否受妨害或存在受妨害之虞等客观情形。在土地分层利用中,如果物权上负担容忍义务,则不得行使排除妨害与妨害预防请求权。

## （二）　物权顺位规则

相较于平面土地利用,土地立体化利用权利冲突,既包含相邻权利行使中的相邻妨害问题,还包括并存于同一宗土地上的各项权利之间的先后顺位问题。二者并非割裂的,而是紧密相连。相邻不动产权利之间尽管是平等的,但其所蕴含利益存在差异,物权顺位规则能够为相邻妨害提供解决路径。"自顺位的作用上看,顺位体现为权利内容的一项要素"[④],顺位对于物权的实现

---

[①]　针对当前国内学者多将物权请求权归入物权效力,孙宪忠教授认为,物权请求权不应归入物权效力范畴,而应归入物权保护制度。原因在于:物权的效力指的是,就一个特定物而言,物权针对其他权利的效力。依法理,权利即意味着正当和受法律保护,但是,因为物权与债权等权利的性质不同,因此,在特定物上,物权和其他权利相比较或者与"类权利"相比较,会呈现出效力的特征。物权的效力和这些权利相互比较才能够看出其自身的特点。但是,物权请求权是向侵害人提起的权利,而侵害人是无权利人。对于无权利人的侵害,任何权利人均有依法排除的效力,不独物权才有这一效力。参见孙宪忠:《中国物权法总论》,法律出版社 2014 年版,第 432 页。

[②]　See J.W.Harris,*Property and Justice*,Oxford University Press,1996,p.5.

[③]　参见[日]近江幸治:《民法讲义Ⅱ·物权法》,王茵译,北京大学出版社 2006 年版,第 20 页。

[④]　[德]鲍尔、施蒂尔纳:《德国物权法》上册,张双根译,法律出版社 2004 年版,第 337—338 页。

至关重要,是并存物权效力竞争的结果。

物权优先效力,为物权效力的核心,也是物权法特殊的问题。"如果将物权的效力确定为权利人对标的物的支配力,则物权的实际效力,表现为某个特定物权对其他物权的效力,以及该物权对物权之外的其他权利甚至非物权(纯粹事实状态的占有)的效力。"①物权优先效力,是同一物上有两个或两个以上可以相容物权存在,或者同一物上同时存在物权与债权,成立在先的物权优先于后设立的物权、物权效力优先于债权的效力。确定物权效力的因素,既包括物权本身的性质,也包括物权成立的时间,还包括物权所受外在的限制,例如公法限制与私法限制。

《民法典》第 346 条中"不得损害已经设立的用益物权"之规定,意味着在确定土地上并存权利的效力顺序时,以设立的先后顺序为准,在先设立的用益物权具有优先性。这是物权相互之间优先效力的体现,即同一宗土地上存在两个以上不相互排斥的物权时,按照"时间在先、效力优先"规则确定其顺位。关于土地上并存物权之间的协调,《德国民法典》在土地物权通则部分的第879—881 条作出集中规定。② 在此三条主要条文之外,在地役权、限制的人

---

① 孙宪忠:《中国物权法总论》,法律出版社 2014 年版,第 94 页。

② 第 879 条为数项权利之次序关系:(1)同一土地上设有数项权利之负担而均登记于土地登记簿之同一项目者,其次序关系,依登记先后定之。其登记于不同项目者,依登记期日在先之权利优先;登记期日相同者,其次序相同。(2)依第 873 条规定,取得权利所必要之合意,于登记后始完成者,其次序关系,亦依登记为准。(3)不同于本条规定次序关系之约定,应登记于土地登记簿。第 880 条为权利次序之变更:(1)次序关系得于事后变更之。(2)次序只变更应经次序在先而拟退后之权利人及次序在后而拟提前之权利人以合意为之,并应于土地登记簿上为变更登记;第 873 条第 2 款及第 878 条规定于次序之变更适用之。抵押权、土地债务或定期土地债务因次序变更而退后者,并应得所有人同意。同意应向土地登记机关或当事人之一方表示;同意不得撤回。(3)因变更次序而退后之权利,曾为第三人之权利设定负担者,准用第 876 条规定。(4)次序在先之权利因让与其次序而退后,并使次序在后之权利为之提前者,此让与之次序,不因该退后之权利经依法律行为加以废止,而随同丧失。(5)权利介于先后次序变更之权利之间者,不因该次序变更而受影响。第 881 条规定了次序保留:(1)土地所有人于就土地设定权利负担时,得预先保留使范围确定之他项权利登记为优先次序之权限。(2)前项保留应登记于土地登记簿,该项登记,应于登记应退后之权利时一并为之。(3)经保留之权限随同土地之转让与而移转予受让人。(4)在保留有优先次序之权利为登记前,土地设定未附有类似保留权利者,如原先附有保留而登记之权利因该中间介入之土地负担,至超越保留范围,而受不利益影响时,在此范围内,曾经保留之优先次序不生效力。参见台湾大学法律学院、台大法学基金会编译:《德国民法典》,北京大学出版社 2017 年版,第 781—783 页。

役权、抵押权等部分也规定并存权利的关系协调。其中,第 1024 条所规定的数个使用权之并合,对于化解土地立体化利用中的权利冲突具有重要意义,即"地役权与他地役权或土地其他使用权同时并存,致相互间不能行使其权利,或不能为完全行使,而其权利之顺序又复相同者,各权利人得请求依公平衡量,为全体权利人利益,就权利之行使加以规律"①。

按照物权设立时间顺序确定物权优先效力,亦有例外情形。一是他物权优先于所有权。这是所有权弹力性的体现,所有权人为他人设立他物权,使得所有权因权能分离而受到限制,当他物权终止时,所有权上的限制随之消灭,所有权重新回复到其未受限制的圆满状态。二是法律明确规定了特殊的物权顺位次序时,则依该法律规定。这种情形通常是存在有比普通物权代表更高价值位阶的权利时。三是若数个物权并非平行地存在于同一物上,而是前后相继地设立在同一物,根据各个物权的属性与效力,后设立的物权优先于先设立的物权。例如,在已经设立建设用地使用权的土地上再设立限制建筑物高度的地役权,尽管地役权设立在后,但由于其对物之支配不具有独占性,因此仍具有优先于在先建设用地使用权的法律地位。

崔建远教授在分析物权法的原则时,提出和谐原则,"和谐原则要求各类物权之间的协调一致。每种定限物权要么不并存于同一个标的物上,即使并存于同一标的物上,也基于一定的规则确定出效力顺序,使得每种定限物权的行使有序进行,同样呈现出和谐性。"②和谐原则实际上即为物权诸效力的协调。具体而言,并存物权关系的处理形式不同:在自物权和他物权并存关系中,是对立统一的和谐;在用益物权和担保物权并存关系中,是各自追求标的物的不同价值;在用益物权之间并存关系中,通过排他性解决问题,即内容不相容的两个用益物权不得同时存在,内容可相容的两个用益物权可并存于同一物上;担保物权之间的并存关系,通过设立顺序实现和谐。

① 参见台湾大学法律学院、台大法学基金会编译:《德国民法典》,北京大学出版社 2017 年版,第 857 页。
② 崔建远:《物权法》,法律出版社 2017 年版,第 9 页。

# 二、化解权利冲突的方法论

## （一）利益衡量是化解权利冲突的核心

关于权利冲突的实质，主要有以下观点，评析如下：

义务冲突说。权利冲突的实质是义务的冲突，即权利所隐含的义务不能同时共存。① 权利主体行使权利，原则上无须以履行义务为条件。但特定情形下，法律也会规定行使权利须以履行某种义务为前提或者须同时履行某种义务，《民法典》相邻关系规范几乎均为此类规定。此为权利义务相一致的体现，属于权利行使自由原则之例外。法律上的义务，是法律加之于当事人的作为或不作为的拘束，其目的具有利他性。这意味着权利的内涵除了权益、权能之外，还包括权限，其标明了一项权利所赋予权利主体的合法自由行动空间的最大范围。然而权利内涵的复合性，决定了权利冲突的本质并非纯粹的义务冲突。正如霍菲尔德所分析的权利结构，权利除了所隐含的义务，还包括其他构成要素，这些构成要素同样可能产生冲突。② 将权利冲突等同于义务冲突，使得权利冲突的内涵过于狭隘，忽视了权利构造的复杂性。

"利益冲突+效力冲突"说。有学者将不动产物权冲突区分为两类：一种是以相邻关系为代表的"利益冲突"类型，另一种是以用益物权和担保物权为代表的"效力冲突"类型。③ 前一类型中，相互冲突的权利之间没有明显的效力强弱之分与优先次序，需要根据各权利所承载的价值大小以及利

---

① See Jeremy Waldron, "Rights in Conflict", *Ethics*, Vol.99, No.3, 1989, pp.503-519.

② 根据霍菲尔德的权利分析理论，"权利"概念可分解成一组既可以被定义为相互对立，也可以被定义为相互关联的范畴，包括权利(right)、无权利(absence of right)、特权(privilege)、义务(duty)、权力(power)、无权力(disability)、豁免(immunity)、责任(liability)，财产权亦适用于这种分析。Walter Wheeler Cook 将霍菲尔德的财产权分析理论概括为，"财产所有者享有的是一系列权利、特权、权力和豁免等的复杂的集合"。与之相对应，不享有财产权的人则为无权利、无权力，并须承担义务和责任。See Wesley N.Hohfeld(Walter Wheeler Cook, ed.), *Fundamental Legal Conceptions as Applied in Judicial Reasoning*, Yale University Press, 1919, p.14.

③ 参见陈洪:《不动产物权冲突研究》，载易继明主编:《私法》第1辑第2卷，北京大学出版社2002年版，第168页。

益正当性强弱进行裁量。后一类型中,法律已经赋予各权利不同的效力,解决冲突时只需依照成文规则所确定的效力次序,用法律"三段论"式的推理,从严格规则中寻求冲突的解决办法。① 由于权利的效力是权利产生的法律效果和拘束力,就并存权利之间的关系而言,"利益评判已经以具有法律拘束力的方式做出"②,因此,效力冲突事实上是权利冲突的表现状态,而非本质。

关于权利的本质,萨维尼等法学家认为权利是个人意思自由活动或个人意思所能支配的范围。耶林提出此项意思支配力的赋予在于满足特定的利益,权利的本质是法律保护的利益。③ 后者为目前之通说。权利之所以具有不同的效力,在于各权利所承载的利益不同,法律为其提供的保障力有别。因此,即便是前述"效力冲突"型冲突,其仍为权利冲突的外在表现,究其本质仍然是利益冲突。法律适用的形式为逻辑三段论法,其实质则为评价(价值判断、利益衡量),即对其前提(包括法律规范及案例事实)为必要的判断。④ 例如,50 米以下的深度空间是否是《民法典》第 345 条规定的"地下"? 此须对其要件所适用的概念加以定义,始能进行涵摄,此乃法律适用的重要任务。第346 条中"不得损害"的解释,亦在探究法律规定所蕴含的利益衡量和价值判断。"不同的权利为不同利益的载体,不同利益的实现,需要借助于不同的保障方式。由此,各种权利即具有其各自内容不完全相同的具体效力。民法理论分析各种权利的效力,实质上就是分析不同的权利人在不同的法律关系中实现其不同利益所获得的各种不同的法律保障力,由此揭示权利的特性和权利的具体内容。"⑤效力冲突是不动产物权所承载利益冲突的外在表现。土地立体化利用中权利冲突的实质是利益冲突。

---

① 参见陈洪:《不动产物权冲突研究》,载易继明主编:《私法》第 1 辑第 2 卷,北京大学出版社 2002 年版,第 168—169 页。

② [德]迪特尔·施瓦布:《民法导论》,郑冲译,法律出版社 2006 年版,第 176 页。

③ 在梅迪库斯看来,这一争议没有多大意义,其在实践中的最大分歧,主要反映在滥用权利学说上。如果强调目的,则违反目的地行使权利就显得不合法了。参见[德]梅迪库斯:《德国民法总论》,邵建东译,法律出版社 2001 年版,第 63 页。

④ 参见王泽鉴:《民法总则》,北京大学出版社 2022 年版,第 56 页。

⑤ 尹田:《物权法理论评析与思考》,中国人民大学出版社 2008 年版,第 146—147 页。

利益和价值冲突说。权利是利益和价值的体现和产物,权利冲突是利益和价值的冲突。① 权利冲突并非简单的概念、逻辑等技术性问题,其本质实质上是价值冲突问题。② 法律根据不同的价值观界定权利的界限,然而现实情况是,各种价值之间的冲突永远不可避免,因此,权利的界限就是流动性的,权利体系也永远处于冲突之中。③ 利益既是权利的内容,也是权利的目的所在。正如耶林所言,"每个权利,都表达了立法者依据他当时的观点认为值得加以保护及需要加以保护之利益,利益构成了权利的目的与前提"④。各权利之所以产生的法律效力不同,正是其承载利益所代表的价值之间的差序。民法中诸多制度均是利益衡量的产物,权利冲突即为利益冲突。权利是一个人相对于他人的、以之可以追求和实现特定利益的决定权能(或一束决定权能)。⑤ 这一关于权利的定义既体现了权利的内在本质在于利益,还体现了权利自身的涉他性与效力,一项权利的效力范围以他人的权利为终点。满足特定的利益这一目的不仅涉及权利人的利益,而且涉及他人的利益,个人权利应受约束,相应地,权利的效力有其作用范围。

土地立体化利用中权利冲突所涉利益,是因土地利用而客观存在的利益,包括固有利益和延伸利益。固有利益,属于不动产物理实体构成部分的利益,如果缺乏这些利益就会影响该不动产的客观存在和基本功用。⑥ 例如,地下空间需要借助地表进出、通风,如果不赋予地下空间权利人通行、通风的权利,则地下空间的功能将无法发挥。延伸利益,是为满足不动产的特殊功用而产生或存在的利益。例如,为了保障地下铁道建设和安全运营,修建地铁需要在其通行路线周边一定区域内设置保护区,在该保护区范围内不得从

---

① 参见刘作翔:《权利冲突:案例、理论与解决机制》,社会科学文献出版社 2014 年版,第 216 页。

② See Duncan Kennedy, "Form and Substace in Private Law Adjucation", *Harvard Law Review*, Vol.89, No.8, 1976, p.1685.

③ 参见程燎原、王人博:《权利论》,广西师范大学出版社 2014 年版,第 238 页。

④ 吴从周:《概念法学、利益法学与价值法学:探索一部民法方法论的演变史》,(台北)元照出版公司 2007 年版,第 127 页。

⑤ 参见[德]迪特尔·施瓦布:《民法导论》,郑冲译,法律出版社 2006 年版,第 134 页。

⑥ 参见韩光明:《财产权利与容忍义务:不动产相邻关系规则分析》,知识产权出版社 2010 年版,第 38 页。

事特定行为。

利益是权利的内在目的,法律是权利的外衣。对不同权利之间的权衡,实质上是对作为权利根据的平衡,就是对相互冲突的权利所代表利益的平衡。化解权利冲突的过程就是一个利益衡量的过程。诚如海克(Heck)所言:"每一个法律诫命都决定了一个利益冲突,每一个法律诫命都以在一个相互对立的利益为基础,仿佛述说着这种冲突利益角力的结果。"①在财产权领域亦是如此,任何社会的财产制度所反映的,与其说是自由的成就或奴役的顶点,不如说是该社会在众多抱负中所取出的一种暂时的平衡。②

仍需注意的是,首先,利益的内涵具有广泛性,权利的本质是为法律所保护的正当利益,因此权利冲突的本质仅指正当利益之间的冲突。其次,应当将利益衡量与据以衡量利益的评价标准区分开来,后者就是法律规范所追求的价值,前者则是后者评价的对象。任何实定法背后都对应着一定价值取向。"法律因而不单纯只是'决断利益冲突的规定',同时也是一个'评价'的具体化或普遍评价的显露。"③价值即是在相互利益发生冲突时,据以评价何者优先、何者让步的依据。最后,由于社会生活的复杂性,所涉利益与价值的多元性,将权利冲突的实质归为抽象的利益和价值冲突,难以预先确定一套明确的解决权利冲突的制度路径,仍需结合具体情形进行衡量。对此,需要一定的法律方法,考量不同利益受到保护及受损的可能情况,决定相关价值适用上的优先性。利益衡量的结果并非固定,仅为个案中利益受保护顺序的证成。亦即,"利益衡量是法学判断上的起步,但并非法学判断上的最后"④。利益衡量的过程,需要对经济社会中人们的行为、组织和运行规律具有正确的认识。

在土地立体化利用实践日趋多元化的当下,形成了同一土地上多种权利并存的复杂关系,地上、地表、地下建设用地使用权人可以是同一主体,也可能

---

① 吴从周:《概念法学、利益法学与价值法学:探索一部民法方法论的演变史》,(台北)元照出版公司 2007 年版,第 254—255 页。

② 参见[英]阿兰·赖恩:《财产》,顾蓓晔译,(台北)桂冠图书股份有限公司 1991 年版,第 169 页。

③ 吴从周:《概念法学、利益法学与价值法学:探索一部民法方法论的演变史》,(台北)元照出版公司 2007 年版,第 433 页。

④ 杨日然:《法理学论文集》,(台北)月旦出版社 1986 年版,第 249—251 页。

是各不相同的主体。土地立体化利用中的权利冲突,是权利行使中发生了外部损害,表现为权利之间效力不相容的状态,实质是权利所承载正当利益之间的冲突。如果用海克的理论来表述,其产生自立法时已产生的"第一次漏洞"、立法后因为生活关系变迁而产生的"第二次漏洞"以及规范评价矛盾而产生的"碰撞漏洞"。① 那么,化解权利冲突的方式就是根据利益衡量确定相互冲突权利之各自效力。权利冲突关系中,当事人各方的主张均有法律支持或至少未被法律明文禁止,为此,在化解权利冲突中,实质推理应超越法律的规范构成,表现为对权利的目的进行评价。尤其是在立法未能及时回应实践的条件下,依据特定的评价标准进行利益衡量是重要方法。

### (二) 立法与司法中的利益衡量

走出困境必须依靠方法,仍需通过具有规范意义的路径,克服以利益衡量为导向的法律解释的主观性。从实证法的角度来看,权利存在于法律制度当中。化解权利冲突的具体方案,一方面是完善立法,法律规范本身即为利益评价之结果,可以通过立法实现多元利益的衡量;另一方面则是对现有实证法进行解释适用,依据一定的原则和规则对权利冲突中所涉利益进行衡量,弥合立法与实践的脱节,在妥善解决个案纠纷的同时,形成相对具体的利益衡量规则。

#### 1. 立法中的利益衡量

立法的目的在于,因着利益冲突的多样复杂性,法律共同体才追求一个秩序,以便个人能够将它的力量运用到对整体社会有价值的工作上,而不是一再浪费在相互对抗、冲击与防御上。② 按照海克的利益衡量方法,在立法过程中,利益衡量包括以下三个阶段:

第一,信息收集阶段。立法者首先需要意识到经济社会中存在的利益冲突,这是法律规范形成的基础。利益冲突可能主要存在三种形态,其一,私权

---

① 参见吴从周:《概念法学、利益法学与价值法学:探索一部民法方法论的演变史》,(台北)元照出版公司 2007 年版,第 308—309 页。
② 参见吴从周:《概念法学、利益法学与价值法学:探索一部民法方法论的演变史》,(台北)元照出版公司 2007 年版,第 264 页。

冲突,此时立法者需要以自己的利益考量作为衡量标准;其二,立法者内部的冲突,立法的价值目标多元,立法者亦需要在多个可能相互冲突的价值之间进行衡量选择;其三,公权与私权的冲突,立法者需要确定,在何种程度内需要为了公共利益而牺牲私权利益。

第二,评价与判断阶段。立法者根据一定的价值标准,对相互冲突的利益进行衡量决定。特定的价值理念成为衡量利益冲突的标准。海克指出:"衡量相互对立的利益是以决定性利益、较深层存在的共同体利益为基础,它们决定了价值判断,而此时又是再一次的利益的考量。在私法领域内的决定性利益,最终涉及到的就是共同体的整体利益。"①亦即,"共同体利益"是决定价值判断的标准。申言之,这一阶段既涉及作为衡量利益冲突的价值标准的选择,也涉及利益冲突的衡量。尽管在并存的价值之间进行选择时,往往面临两难,但价值目标之间互相补充较互相竞争的多。并且"基本价值之间的关系不是静态的,它取决于为实现这些价值而采用的手段和追求这些价值时所持有的时间视野——若具有长期的视野,冲突往往转化为互补"②。

第三,立法表达阶段。完成上述实质判断之后,立法者需将利益衡量的结果通过法律概念、法律语言予以形式化描述。

### 2. 司法中的利益衡量

法律对经济社会生活发生影响的主要方式是判决,司法活动中的法律适用是法学方法论的中心。法院适用法律时,以利益衡量的方法化解权利冲突,可根据是否存在实证法依据,区分为两类:

一类是在有法律规范的情况下,法官对法律规范的解释适用,即严格遵循规则理性。此时,实证法以及物权法结构原则已经明确并存权利之间的效力强弱顺序,因此适用司法裁判的三段论。将作为大前提的法律规范,涵摄作为小前提的案件事实,从而得出适用结果。就我国《民法典》而言,可以直接用来规制土地立体化利用中权利冲突的规范,有相邻关系规范与建设用地使用权设立规范。其一,《民法典》第 290 条第 1 款、第 291 条、第 292 条规定了相

---

① 吴从周:《概念法学、利益法学与价值法学:探索一部民法方法论的演变史》,(台北)元照出版公司 2007 年版,第 270 页。

② [德]柯武钢、史漫飞:《制度经济学》,韩朝华译,商务印书馆 2004 年版,第 88 页。

邻他方在用水、排水、通行、营缮关系中可以对他人不动产进行利用,后者负有容忍义务。这些规定实质上具有权益冲突规范的属性,为权益冲突的解决提供了规则。① 其二,尽管《民法典》第345、346 条规定了建设用地使用权分层设立规范,遵循时间次序逻辑,但第345 条为辅助规范,第346 条是宣导性规范,条文内容仍十分概括,无法独立适用。《民法典》第414 条虽然规定了担保物权并存情形下的权益冲突问题,但土地立体化利用中的权利冲突主要表现为所有权与用益物权、用益物权之间的冲突,该规则难以参照适用。因此,要明确同一宗土地上并存用益物权之间的效力顺序,仍应结合个案,以法律规范为基础扩展到法律所关照到的利益,进而依据一定的价值理念进行利益衡量。

另一类是在无直接法律规范的情况下,需要通过法律解释的方法,对相互冲突的利益进行衡量,确定各权利的实现位序。在此情形中,法官具有裁量空间,必须考量土地权利人自由行使其权利是否具有值得保护的利益,并衡量相邻土地权利人是否有得以干预他人土地权利行使的优势利益,进而进行合理必要的利益衡量。但是,此时法官仍应以现行法律体系为基础,在遵循法律原则的基础上,善尽说理论证义务,从一群规范中根据体系解释提取立法者的评价。具体而言,可分为两个步骤,一是判断权利冲突中所涉利益,是否一方存在明显的价值优越性。如生存利益高于商业利益,社会公共利益高于个体财产利益。二是如果权利冲突所涉利益位阶相当,则需进行利益与损害的衡量。即一方权利人行使权利所产生的利益,与相对人及国家社会所受损害进行比较,判断是否会造成利益与损害不成比例之结果。这一过程需要根据个案具体情形进行说理论证,始足以正当化某项利益在个案中具有优于他方利益之结果。具体可考量的因素包括土地面积大小、价值高低、用途目的等等。此时,法律经济学的理论能够提供有益的启发。从经济学的角度而言,土地立体化利用中的权利冲突,实质是各层土地权利的行使发生了负外部性,即权利人行使权利的私人成本小于社会成本,导致资源未能有效配置。换言之,就是权利人在追求效用最大化的同时造成了相邻者的成本负担。如果权利行使的外

① 参见王利明:《论民事权益位阶:以〈民法典〉为中心》,《中国法学》2022 年第 1 期。

部性无法避免,则法律规制权利冲突的关键在于衡量不同界权方案的交易成本和社会收益,从而选择得大于失的方案。

总体而言,立法者在利益衡量基础上创造法律,与法官在裁判案件中进行利益衡量,是不同的。法官裁判是一种认识的过程,即识别制定法的意思内涵,并受制定法所包含价值判断的拘束,不可单纯从法律政策作出裁判。立法者的工作则是根据一个目的来确定法律规范内容,以创造特定的社会秩序。由于所涉利益的性质不同,协调权利冲突的模式包含多元路径,选择何者的关键仍在于利益衡量与成本评估。从规范分析意义上,实现利益衡量的路径包括原则与规则,二者是逻辑结构不同的规范。接下来两章将分别从原则与规则两个层面,探讨土地立体化利用权利冲突的法律规制模式。

# 第五章　土地立体化利用权利
## 冲突的规制原则

　　权利冲突的规制需要利益衡量,而利益衡量的基础则是存在基本的社会共识。法律原则是人类社会对利益位阶与社会秩序的共识,①是整个制定法的评价标准与评价基础,规则由原则导出。从实证法层面,以《民法典》为核心的私法规范侧重于权利的得丧变更,往往并不会对权利之间的界限作出明确规定,而是通过法律原则的方式进行调节。具体到土地立体化利用权利冲突之衡量,其原则共识包括宏观法秩序层面上的价值性原则,与具体层面的物权结构性原则与权利行使界限原则。

## 一、价值性原则

　　法律价值决定了法律规范的功能定位和作用,是对法律规范背后相互冲突的利益进行评价的标准。价值是行动的先导,当我们在谈论土地立体化利用中权利冲突的法律规制时,必须清楚我们谈论的目的是什么? 在当前时代背景下,所要实现的目标是什么? 权利冲突法律规制的结果,往往是其中一项权利得以优先实现,另一项权利承担一定的容忍义务。如何作出选择,需要进行价值衡量。"权利并不纯粹是一个实体范畴,所以权利更是一个价值范畴。

---

　　① "这种共识是人类社会对社会秩序的共识,是抽象的共识,体现为自由、秩序、正义与效率等价值共识,也体现为对利益位阶的基本共识,还体现为人类基本行为规范的共识。"参见梁上上:《异质利益衡量的公度性难题及其求解:以法律适用为场域展开》,《政法论坛》2014 年第 4 期。

这样就可以以'价值'为砝码,将两个权利放在天平上衡量孰轻孰重。"①价值作为评价标准,是在不同利益发生冲突时,据以判断何者优先、何者居后的依据。土地立体化利用因涉及公权力以及多方权利主体,存在诸多互相冲突的价值目标,且各方主体行动目标有别,因此化解其相互之间的权利冲突应树立正确的价值理念。

一方面,价值衡量应当体现时代性,在于"任何法律概念均负载一定价值,因此在解释法律时,应注意法律价值的伦理性,及社会变迁后所生的社会共同价值,以实现社会变迁后的法律价值"②。另一方面,价值衡量亦应体现本土性。由于各个国家的民主体制、文化传统等存在差异,各个国家权利的界限也存在不同,这种差异源自国家社会的价值取向。"规则仅是法律的组成部分而不是全部内容,人们认识法律必须与一定的时间、空间和文明联系起来。"③"权利作为一个民主社会的价值取向是与这个社会的其他价值目标息息相通的。这就决定了法律在确定权利界限时,必须考虑这些价值目标提出的要求。"④

创新、协调、绿色、开放、共享的新发展理念是新时代法治中国建设的思想指引,也是化解我国法治发展中问题与挑战的价值指引。对土地立体化利用中的权利冲突进行法律规制,应当坚持以新发展理念为引领,提高我国土地治理体系与治理能力现代化。新发展理念属于政治话语体系,而对土地立体化利用中权利冲突进行规制的法律路径则是法律话语体系,要实现新发展理念的引领作用,应当实现政治话语体系与法律话语体系的有效连接。对此,法律价值可以发挥媒介作用。法律的价值是法律精神的集中表现,尤其是法律制定必须遵循的指导原则和基本方针,其决定着法律应发挥的作用范围。

## (一) 效率原则

创新、开放理念,旨在为促进经济社会发展、优化经济结构、转换增长动力

---

① [德]鲁道夫·冯·耶林:《为权利而斗争》,胡宝海译,载梁慧星主编:《民商法论丛》第2卷,法律出版社1994年版,第12页。
② 陈聪富:《民法总则》,(台北)元照出版公司2016年版,第34页。
③ 陈金钊:《法律解释的哲学》,山东人民出版社1999年版,第217页。
④ 程燎原、王人博:《权利论》,广西师范大学出版社2014年版,第225页。

提供动能,这和法律中的效率原则具有对应性。"就效率而言,不但要提高当事人之间从事交易获得的效率,也应当提高广泛参与公众的整体利益。"①在资源稀缺的约束条件下,如何更有效率地配置资源,从而实现社会财富最大化,无疑是财产法的重要价值追求。对于相互冲突的权利而言,法律应最大限度地化解冲突,在保障权利实现秩序性的同时,将所产生的消极影响降到最低。

  土地立体化利用是节约集约利用土地的具体表现,是促进土地利用方式转变的有效措施,其本身即体现了效率原则。但由于土地立体化利用关系中,相邻权利人之间往往形成双边垄断关系。地下建设用地使用权人需要借助地表土地通行、通风等,其只有唯一的交易对象可以选择,在此情形下当事人要么能形成合作关系要么不能形成合作关系,交易成本极高。高昂的交易成本,将使随后通过市场交易纠正错误的权利初始分配成为不可能。高昂的交易成本也会促使当事人放弃交易。在这种情况下,社会损失就不是等同于交易成本,而是等同于被放弃的交易的价值。② 尽管有些情形下,双方当事人可能通过花费大量协商成本,达成令彼此都满意的交易价格。但由于双方当事人都想独占尽可能多的交易利润而引起的社会成本是一种社会浪费,所以双边垄断仍然是一个严重的社会问题。它们改变了当事人的相对财富,但并没有使社会总财富增长。③ 对此,有必要通过立法或司法对当事人之间的权利配置作出妥当规定,形成协议难以达成时的替代规则。对土地立体化利用权利冲突的法律规制而言,效率原则的启示意义在于:其一,清晰界定土地各层空间的权利边界,使得权利主体享有充分的排他性权利,从而为其高效利用土地提供行为激励。权利边界清晰化要求以理性化、系统化以及高度的可预见性为特征的形式合理性的法律。④ 其二,健全产权权能,使得权利主体可以自主决

---

  ①  梁上上:《异质利益衡量的公度性难题及其求解:以法律适用为场域展开》,《政法论坛》2014 年第 4 期。

  ②  参见[美]理查德·A.波斯纳:《法律的经济分析》(上),蒋兆康译,中国大百科全书出版社 1997 年版,第 76 页。

  ③  参见[美]理查德·A.波斯纳:《法律的经济分析》(上),蒋兆康译,中国大百科全书出版社 1997 年版,第 76 页。

  ④  参见[德]马克斯·韦伯:《论经济与社会中的法律》,张乃根译,中国大百科全书出版社 1998 年版,第 307 页。

定资源的使用、处分方式,使得资源在流转中实现优化配置。其三,土地立体化利用中的权利冲突难以避免,我们能够做的是,一方面在事前尽量避免权利冲突的发生,主要是规划引领,合理确定地上、地下空间规划建设规模、时序和发展模式,另一方面是当冲突发生后,选择成本最低的化解方式,使权利配置的社会成本降至最低。

### （二）公平原则

协调理念意味着对不平衡、不协调状态的矫正。当前我国土地立体化开发利用主要发生在城市,无论是中央立法还是地方立法均主要针对城市,而集体土地的分层利用尚欠缺专门的法律规定,集体土地空间权益未能得到有效保障,有可能产生显失公平的后果。对此,协调发展理念与公平理念具有对应性。《民法典》第6条规定了公平原则。[1] 公平原则是衡量民事主体之间损益得失的尺度,旨在防止某一方利用自身优势地位取得明显不成比例的利益。[2]公平原则不仅是土地立体化利用行为所应遵循的基本准则,也是发生权利冲突时,化解权利冲突的裁判标尺。民法中的公平原则,体现了分配正义。如果说效率原则体现的是对社会福利最大化的追求,其不强调福利在人们之间是如何分配的,分配正义则强调福利在不同的人与群体之间的公平分配。例如,对于城市建成区建设项目增加公共利益地下空间的,可结合实际情况制定相应的空间激励政策。此外,民法中体现分配正义的典型机制是损害赔偿制度。其赋予了受害者请求赔偿的权利,尽管本质上权利的设计是为了纠正私人的错误行为,但是现代的发展说明它们同样可以服务于集体目的:赔偿责任能使那些境遇较好的人通过保险或者通过产品与服务的价格,将损失由社会中更多的人来分摊。[3]

---

① 《民法典》第6条规定:"民事主体从事民事活动,应当遵循公平原则,合理确定各方的权利和义务。"

② 参见谭启平主编:《中国民法学》,法律出版社2018年版,第57页。

③ 参见[英]安东尼·奥格斯:《规制:法律形式与经济学理论》,骆梅英译,中国人民大学出版社2008年版,第50页。

### （三）绿色原则

如果从代际公平角度而言,绿色原则实质上是公平原则的具体内容,其体现了现在与未来人类之间的分配正义。"土地属于一个多数人已经死去、少数人还活着、无数人还没有诞生这样的庞大的家族所有。"①在环境问题突出、人地矛盾严重的背景下,地上、地下空间的资源保障作用愈发凸显。1981 年 5 月联合国自然资源委员会将地下空间确定为重要的自然资源,对世界各国的开发利用给予支持;1983 年联合国经济和社会理事会通过了利用地下空间的决议,决定把地下空间的利用包括在该组织下属的自然资源委员会的工作计划之中。② 空间资源的开发具有不可逆性,应当遵循开发与保护相结合的原则。既包括保护生态环境,也包括历史文化保护。《民法典》第 9 条规定了绿色原则,③成为我国民事法律的基本原则。这一原则基于资源耗尽的必然性假设,通过限制民事活动对资源的浪费、对环境的破坏,从而维持人类可持续发展。④ "民事主体的权利行使行为(事实行为)造成环境严重损害或者资源严重浪费的,将构成权利滥用行为而被法庭依据《民法典》第 132 条禁止权利滥用原则,禁止其权利行使行为或者追究其侵权责任。"⑤为贯彻绿色原则,相较于《物权法》第 136 条,《民法典》第 346 条将绿色原则作为土地分层利用的基本原则,而且条文中使用"应当符合"这种严格表述,使得绿色原则具有强制约束力。在我国《民法典》相邻关系规范仍较为简单的条件下,根据绿色原则对相邻关系规范进行创新解释,发展适当的裁判规范,能够在一定程度上克服相邻关系纠纷中利益冲突的现实困境。⑥

---

① ［美］魏伊丝:《公平的对待未来人类:国际法、共同遗产与世代间公平》,汪劲等译,法律出版社 2000 年版,第 20 页。

② 参见钱七虎、陈志龙、王玉北、刘宏编著:《地下空间科学开发与利用》,凤凰出版传媒集团、江苏科学技术出版社 2007 年版,第 98 页。

③ 《民法典》第 9 条规定:"民事主体从事民事活动,应当有利于节约资源、保护生态环境。"

④ 参见徐国栋:《民法哲学》,中国法制出版社 2009 年版,第 431 页。

⑤ 梁慧星:《民法总则讲义》,法律出版社 2021 年版,第 19 页。

⑥ 参见刘长兴:《我国相邻权规范的绿色解释:以相邻采光为例》,《政治与法律》2020 年第 10 期。

### （四）平等原则

共享发展理念是一种包容性发展思路,对权利冲突的化解而言,具有以下启示意义:首先,从治理结构上,共享发展理念打破传统等级制管理结构,实现政府、企业、公众等多元主体共治。其次,从治理方式上,共享发展理念体现了从传统侧重"命令—服从"的管理方式,向协商、合作的规制治理方式转变。"规制治理对传统理论的核心挑战在于在转向私人发挥更多作用的治理过程中,如何让法律与规制能依然有效发挥作用,并让政府在其间继续起到重要的协调作用。"①例如,作为民法上协调不动产之间利益关系重要制度之一的地役权,其"之所以被创设是因为当事人相信,它将实现他们的共同利益。他们希望供役地的所有权人遭受的成本或不便要小于役权授予受益人的好处。"②最后,从利益实现上,共享发展理念体现了从传统的国家利益至上,向各类主体多元利益共存、整合转变。大都市区构成了一个由城市集体劳动创造出的巨大的共享资源;使用这个共享资源的权利必然属于所有创造这份共享资源的人们。③

由上可见,共享发展理念与法律的平等价值相对应。平等原则是我国民法的一项基本原则,④其包括三层含义,一是参与民事生活的当事人平等地享有主体资格;二是民事主体法律地位平等,平等地享有参与社会生活的机会,任何人不得将自己的意志强加给他人;三是民事主体的权利义务对等,即同一民事主体取得权利与承担义务上具有牵连性,原则上不得只享有权利而不承担义务,或者只承担义务而不享有权利。根据平等原则,土地立体化利用中,私人之间的权利冲突,一般按照设立时间先后次序确定顺位规则;即便在公益与私益发生冲突时,公益的实现具有优先性,但仍应对私人所受损失予以必要补偿。

①　[美]奥利·洛贝尔:《作为规制治理的新治理》,宋华琳、徐小琪译,载冯中越主编:《社会性规制评论》第 2 辑,中国财政经济出版社 2014 年版,第 127—145 页。

②　[美]詹姆斯·戈德雷:《私法的基础:侵权、合同和不当得利》,张家勇译,法律出版社 2007 年版,第 128 页。

③　参见[美]戴维·哈维:《叛逆的城市:从城市权利到城市革命》,叶齐茂、倪晓辉译,商务印书馆 2014 年版,第 79 页。

④　《民法典》第 4 条规定:"民事主体在民事活动中的法律地位一律平等。"

# 二、物权结构性原则

土地立体化利用是人类对土地利用方式的拓展,是土地权利体系在现代社会的发展,从"二维"到"三维"的转变虽然对权利结构影响重大,但对地上、地下空间的权利配置仍应在现有土地所有权、他物权框架体系下进行。物权法关于土地物权结构关系的基本原理,是解决土地立体化利用中权利冲突的基本原则。物权法的结构原则以物权的排他性为基础,包括一物一权原则、物权法定原则、公示公信原则。

## (一) 一物一权原则

一物一权原则,又称客体特定原则,是指作为物权客体之物应当具有特定性和独立性,一物之上不得同时存在两个互不相容的所有权或他物权。换言之,物权只能堆叠,决不能容忍任何权能的重叠。[①] 客体特定原则是物权排他性的体现,意味着物权客体与其他物可以确定区分,旨在保障权利主体对物享有直接支配的排他性权利。客体特定原则具有经济上的效率意义,一方面在于,清晰划定权利边界,避免产权纠纷,促进物权在转让中实现资源优化配置;另一方面在于,物权人可以根据自己的意思对标的物进行占有、使用、收益或处分,无须他人意思或行为介入,即可享受物之利益,可以激励权利主体对标的物进行效用最大化的利用。客体特定原则对于预防权利冲突的发生具有重要意义。

土地立体化利用中,对客体特定原则的理解也应当注重对"物"的判断。传统物权法中,土地所有权根据土地的平面边界进行划分,一块土地上的所有权人享有的权利范围"上至天寰、下至地心",确定"一物"的边界相对简单,主要根据物理上的特定性和独立性来认定物权客体。但随着人们对地上、地下

---

① 参见苏永钦:《物权堆叠的规范问题:建议修法明订以次序为轴心的堆叠原则》,载田士永等主编:《中德私法研究》第 3 卷,北京大学出版社 2007 年版,第 141 页。

空间的开发利用,"一物"的法律观念不再完全局限于物理观念,即便一物不具有物理上的独立性和特定性,但具有观念上的独立性并被法律所确认,即可成为物权客体。亦即,权利客体之间存在事实上的关联,不妨害物权的设定。例如,同一宗土地的各层空间,可以通过登记方法确定其空间范围,因此可分别作为物权客体,并分别设立物权。

这要求我们转变"物"的观念,只要特定财产具有边界的独立性、使用价值的独立性以及登记技术上的可描述性,即可单独作为"一物",从而设立单独的物权。申言之,当存在公共利益、经济激励和实用技术能力将地下或地上特定空间视为一个单独的功能单元时,其即可成为独立的物权客体。《民法典》第 348 条(原《物权法》第 138 条)第 3 项规定建设用地使用权出让合同应记载"建筑物、构筑物及其附属设施占用的空间"。《最高人民法院关于审理建筑物区分所有权纠纷案件适用法律若干问题的解释》第 2 条认定专有部分的条件可以同样适用于认定空间能否作为独立客体,其一,具有构造上的独立性,能够明确区分;其二,具有利用上的独立性,可以排他使用;其三,能够登记成为特定主体物权的客体。我国不动产登记实践,也是如此认定不动产登记单元。①

客体特定性的含义和表现形式在不同类型的物权中不尽相同。② 物权客体不必自物权设立之时就具备特定性。例如,地下空间不同于传统的物权客体,具有开放性与不确定性,但一旦开发完成,即可通过三维登记技术准确确定其边界并予以公示,此时地下建设用地使用权的客体空间具有独立性与特定性。

### (二) 物权法定原则

物权法定原则是指,物权作为绝对权,其种类和内容由法律作出规定。③ 物权法定之"法"既包括作为民法普通法的《民法典》,也包括作为民法特别法

---

① 自然资源部《不动产登记操作规范(试行)》(自然资函〔2021〕242 号)1.3.1 明确规定:"不动产登记应当以不动产单元为基本单位进行登记。不动产单元是指权属界线封闭且具有独立使用价值的空间。独立使用价值的空间应当足以实现相应的用途,并可以独立利用。"该条第 3 项进一步明确"有地下车库、商铺等具有独立使用价值的特定空间或者码头、油库、隧道、桥梁等构筑物的,以该特定空间或者构筑物与土地、海域权属界线封闭的空间为不动产单元。"

② 参见崔建远:《物权:规范与学说》上册,清华大学出版社 2011 年版,第 42 页。

③ 《民法典》第 116 条规定:"物权的种类和内容,由法律规定。"

的诸特别法。物权类型法定使得当事人知悉各种物权的标准构造,并可根据意思自治,在各类型物权之间选择适合自己的类型,从而减少财产关系中的信息成本;物权内容法定则可降低当事人的缔约成本。物权法定原则通过固定物权的种类,限制当事人在物上设定限制的边界,避免对权利自由转让造成过多妨碍。① 物权法定原则也有助于物权公示公信原则的执行,由法律对各类物权的变动方式作出统一规定,并赋予该公示方法普遍的社会公信力。物权法定原则对于处理权利冲突极具意义,其功能就在于赋予一种权利以优先的效力和对世的效力。②

随着人们对物支配、利用方式的增加,对物权形态的需求相应增长。土地立体化利用,也对物权类型和内容产生新的需求。实践中,穿越他人房屋上空架设高压电线,往往发生地表土地权利人与高压电线通行权之间的冲突,由此引发诸多纠纷案件,矛盾焦点之一即为高压电线通行权是否是物权? 如果是物权的话,属于建设用地使用权还是地役权? 这些问题决定着并存权利之间的优先效力如何确定。

### (三) 公示公信原则

在处理土地上并存物权效力时,必须考虑物权的排他性。"而未进行公示(如不动产物权的登记)、未取得完全排他性的物权,其优先效力不会得到认可。"③确定并存物权顺位应当以公示公信为基本原则。物权公示公信原则,包括物权的公示方式、对抗力、公信力三方面的内容。

物权的公示方式,即应当以法律规定的方式确认和表现物权归属状态及变动状况,使得社会主体知悉该物权。"物权公示原则的意思,是把物权的支配力和一种公开的现实关系,即每个人均可以认定的日常生活现实联结起来。"④如

---

① 参见周林彬:《物权法新论:一种法律经济分析的观点》,北京大学出版社 2002 年版,第239 页。

② 参见王涌:《私权的分析与建构:民法的分析法学基础》,北京大学出版社 2019 年版,第197 页。

③ [日]田山辉明:《物权法》,陆庆胜译,法律出版社 2001 年版,第 15 页。

④ [德]弗里德里希·克瓦克:《德国物权法的结构及其原则》,孙宪忠译,载梁慧星主编:《民商法论丛》第 12 卷,法律出版社 1999 年版,第 510 页。

果未按照法律规定进行公示,则要么不发生物权变动的法律效果,要么虽能发生物权变动,但变动后的物权不得对抗第三人。

物权的对抗力,即经公示的物权可以对抗第三人,使得物权具有绝对排他效力。如果物权的存在没有法定的公示形式,则不得对抗善意第三人。根据《民法典》第 374 条之规定,地役权的设立采登记对抗主义,体现了物权自治,虽然降低了当事人物权设立成本,但当事人相应地也要承担未登记的地役权所带来的信息成本。对抗效力是物权法上公示制度的法律效果,经公示的不动产物权人可以对抗任何第三人,即物权的"对世效力"。这意味着未登记的物权在当事人之间虽然成立物权变动,但不能向外予以主张,第三人仅能信赖"不存在与公示所表现出的权利相反的权利"①。

物权的公信力,即依法定方式进行公示的物权具有社会公信力。根据已公示物权而进行的交易,法律予以保护,以确保交易安全。换言之,即使由于登记错误、遗漏等原因而造成公示的物权与实际的物权状态不一致,尽管公示的物权人无处分权,信赖公示并进行交易的善意第三人仍能取得物权。在此情形下,在真正权利人利益与善意第三人利益之间,法律选择保护后者,即在物权静态归属安全与物权动态交易安全发生冲突时,法律以权利外观替代权利实体,优先保护动态交易安全。

登记为土地立体化利用提供了制度基础,使同一宗土地的地上、地表、地下可以成立数个建设用地使用权。这也对登记技术提出新要求,地上、地下空间具有三维属性,不动产登记技术应突破传统平面式描述,采取三维地籍管理手段,使得三维空间能够准确地在不动产登记簿上进行登记。

# 三、权利行使界限原则

物权法旨在建构对物和其他有限资源的法律规范秩序,其所要处理的问

---

① ［日］舟桥谆一:《物权法》,(日本)斐阁 1960 年版,第 156 页,转引自王轶:《物权变动三论》,《法律适用》2008 年第 1 期。

题涉及两个基本原则:自由和效率。① 但随着私有制的发展,个体权利与社会公共利益之间的矛盾日渐突出,各国物权法呈现出社会化的趋势,产权不仅仅意味着权利,还意味着责任。由不受限制的个人所有权,转向作为既定经济空间中的社会功能的土地所有权,这种观念变迁,在私法中没有任何一处比在这里得到更典型的表达。② 申言之,限制权利并非目的,而是为了更好地实现权利,是权利所承载的价值理想与其他价值目标相互协调的必要手段。

《民法典》第 130 条虽然规定了权利行使自由原则,③但条文中"不受干涉"应理解为"不受非法干涉",且条文强调民事权利应当"依法行使",遵循法律规定的各类民事权利的行使原则、条件及方法。即权利行使有其界限,超越该边界即为不正当。权利边界的划定方式无非有二,一是契约约定,二是法律规定。但是,权利的具体界限具有不完全界定性,仍需要一般性的法律原则对权利行使行为进行抽象限制。此类限制性原则的关注点在于权利的行使是否"非正当",而不在于是否"正当",换言之,对于权利行使的限制必以消极规则的面目出现。④ 具体包括三项原则,一是禁止违反公共利益,二是禁止权利滥用,三是诚信原则。

**(一) 禁止违反公益原则**

罗马法时期,公共利益即构成对权利的限制,"因为任何人不应滥用自己的财产,这是与公共利益有关的。"⑤《民法典》第 132 条虽然是禁止权利滥用的一般原则,⑥但其是广义上的。土地立体化利用中相当多情形是为了公益目的,实践中通常坚持公益优先,以保障市政基础设施和公共服务设施的建设。根据所损害利益的属性,可以将第 132 条一分为二,一为禁止违反公益原

---

① 参见王泽鉴:《民法物权》,北京大学出版社 2009 年版,第 11 页。
② 参见[德]弗朗茨·维亚克尔:《古典私法典的社会模式与现代社会的发展》,傅广宇译,商务印书馆 2021 年版,第 46 页。
③ 《民法典》第 130 条规定:"民事主体按照自己的意愿依法行使民事权利,不受干涉。"
④ 参见朱庆育:《民法总论》,北京大学出版社 2016 年版,第 521 页。
⑤ [罗马]查士丁尼:《法学总论——法学阶梯》,张企泰译,商务印书馆 1989 年版,第 18 页。
⑥ 《民法典》第 132 条规定:"民事主体不得滥用民事权利损害国家利益、社会公共利益或者他人合法权益。"

则,一为狭义的禁止权利滥用原则。前者是私权与公共利益之间的衡量,后者则为当事人之间的利益衡量。禁止违反公益原则是权利社会化的具体表现。行使权利若违反公共利益,则不发生当事人预期的效力。尽管权利冲突的化解体现了权利的社会性,但仍应注意的是,在民事关系中"公共利益"优先的适用条件。诚如台湾地区学者所指出,"权利之社会化固应强调,但个人权利之保护仍为现行民法之基本原则,为公共利益而限制私权,其他特别法设有规定,故吾人对此不确定法律概念之适用,应力求严谨审慎,妥为衡量公益与私益之冲突,就个案予以具体化,并积累案例形成类型,使法律之适用趋于合理、客观。"①

### （二）禁止权利滥用原则

禁止权利滥用原则是私法体系中用于界定权利边界的基本原则。在土地立体化利用相邻关系中,禁止权利滥用原则发挥着基础调整作用。权利滥用,为虽有权利之外观,但行使行为超越权利的社会性,从而构成不当。本书第一章已对权利滥用的内涵进行界定,在适用中,仍需明确其适用条件。《民法典》第 132 条未明确权利滥用的主观要件。学说与实践对此亦有分歧,即权利滥用之构成,是否须以权利人存在损害他人或社会利益之故意。主观论者认为,权利滥用须具有损害他人利益之主观目的,立法例如《德国民法典》第 226 条。客观论者认为,权利滥用的判定不以行为人存在主观害意为必要条件。②值得注意的是,《最高人民法院关于适用〈中华人民共和国民法典〉总则编若干问题的解释》(法释〔2022〕6 号)第 3 条第 1 款规定:"对于民法典第一百三十二条所称的滥用民事权利,人民法院可以根据权利行使的对象、目的、时间、方式、造成当事人之间利益失衡的程度等因素作出认定。"本条采用多元要素

---

① 陈瑞堂:《土地所有权人请求拆除侵占其土地之公共建设,是否构成权利滥用》,载杨与龄主编:《民法总则争议问题研究》,清华大学出版社 2004 年版,第 330 页。

② 我国司法实践通常不以过错为权利滥用的构成要件。主观论下的权利滥用构成要件过于严苛,若权利人行使权利并非专以损害他人利益为主要目的,即便造成损害后果,并不构成权利滥用;若仅有权利人具备损害他人的主观意图,亦不构成权利滥用。在德国法上,正是由于其权利滥用规则的适用条件极其严苛,在实务上意义甚微,实务中主要是通过适用诚信原则为权利行使划定界限,由此形成其《民法典》第 226 条权利滥用条款"继续空转"的现象。参见朱庆育:《民法总论》,北京大学出版社 2013 年版,第 529 页。

认定权利滥用之构成,权利人行使权利的目的可作为考量因素。

根据被滥用的权利性质的不同,禁止权利滥用原则在法律适用中的法律效力亦有不同,包括不发生权利行使的效果、无排除他人侵害的效力、相对人可因此寻求救济、某些权利将因此而消灭等效力。例如,在土地立体化利用中,若地下建设用地使用权人滥用权利,对地表既有用益物权人的财产安全造成妨害或有妨害之虞,则地表既有用益物权人可请求排除或防止妨害。但若在既有地表用益物权人对地下空间欠缺自有利益的情形下,其对地下建设用地使用权人的开发利用行为提出妨害防止或妨害排除请求权,纵然该地下空间是在其宗地下方,但其物权请求权因被评价为权利滥用或于社会经济利益有妨碍,而不得行使。

### (三) 诚实信用原则

诚信原则被称为现代民法的"帝王条款"。[①] 诚信是一种主观概念,即内心的诚实与信用,蕴含着价值判断。在适用时,应特别强调禁反言及相互体谅原则。亦即,应遵守公平交易的合理标准,并适当尊重他方当事人之利益,而非仅以实现自己利益为唯一考量。[②] 诚信原则是物权行使行为的基本遵循,构成物权的内在界限,要求权利人行使权利时顾及他人,以正当合理的方式行使权利。例如《民法典》第 288 条规定了处理相邻关系的基本原则,[③]第 376 条规定地役权之行使应尽量减少对供役地权利人物权的限制。化解土地立体化利用中的权利冲突,需要当事人主观上相互体谅。

诚信原则是现代民法的最高指导原则,滥用权利以及行使权利违反公益构成违反诚实信用原则的具体形态。在个案的法律适用中,应优先适用权利不得滥用规则,然在判断权利之行使是否违反公益以及是否构成权利滥用时,仍应考量诚信因素。上述三项原则适用于个案时,通行的方法是利益衡量。

---

① 《民法典》第 7 条规定:"民事主体从事民事活动,应当遵循诚信原则,秉持诚实,恪守承诺。"

② 参见陈聪富:《民法总则》,(台北)元照出版公司 2016 年版,第 434 页。

③ 《民法典》第 288 条规定:"权利人应当按照有利生产、方便生活、团结互助、公平合理的原则,正确处理相邻关系。"

　　综上,价值性原则、物权结构性原则、权利行使界限原则,共同构成化解土地立体化利用权利冲突的原则体系。从功能主义角度,三者在发挥土地立体化利用权利冲突规制方面的作用各有侧重,价值性原则亦为理念性原则,其从理想应然层面包含了规制系统所引发的社会效益,蕴含着最佳化命令,属于目标性原则;物权结构性原则反映了土地立体化利用中所涉权利类型的独特构造,可谓之独特性原则;权利行使界限原则普遍适用于各类民事权利,是民事权利行使中应当共同遵循的底线性原则。区分三类原则,对于接下来确定土地立体化利用权利冲突的规制规则,也具有方法论指导意义,首先,应当遵循权利行使界限原则作为底线性原则的地位;其次,应当强调物权结构性原则的独特性地位,使得土地立体化利用中并存权利之间的关系符合物权制度的基本法理;最后,树立价值性原则的目标导向地位,对法律系统的效果进行评估与调适。

# 第六章　土地立体化利用权利
## 冲突的规制规则

　　法律制度的内容,既包括内在于该制度、体现其精神的基本价值,还包括具体的规则构造,它们共同形成内容连贯的规则体系。规则或者积极地服务于原则,或者限定性地服务于原则。在讨论了土地立体化利用中权利冲突法律规制的困境及其实质、所应遵循的上位阶法律原则之后,本部分根据土地立体化利用中权利冲突所涉利益的属性,识别用以调整权利冲突的基本维度,并围绕它们确立调整不同冲突形态的规制规则,实现土地立体化利用中权利冲突规制方案的公私法体系效应。

　　各个权利都应得到尊重,但是权利的内容既各自不同又相互冲突,如何解决这一两难问题?麦考密克提出"权利功利主义"的方法,根据承认各个权利时的归结性协调的程度来编排权利的序列,这意味着一项裁定取决于当事人状况,是因地制宜、随时变通的,是相对的。① 就土地立体化利用权利冲突之化解,有时,时间是确定物权效力的唯一标准,例如《民法典》第 346 条之规定;有时,则以价值位阶直接作为确定某类物权具有优先效力的标准,具有公益性的权利优先于纯粹私益性权利;有时,还要考量主体的情形,例如在对既有建筑物的地下空间进行出让时,为了避免同一宗土地上权利主体过多而导致的低效利用问题,法律可以赋予既有的地表建设用地使用权人享有优先取得地下建设用地使用权的权利。

---

　　① 参见季卫东:《"应然"与"实然"的制度性结合》,载[英]麦考密克、[奥]魏因贝格尔:《制度法论》,周叶谦译,中国政法大学出版社 2004 年版,第 5 页,代译序。

# 一、时间次序规则

时间次序规则,即按照权利设定的时间先后来确定其效力顺位,先设定的物权优先于后设定的物权。时间次序规则的法理基础是物权的排他性,是一种形式主义的顺位规则。该规则属于法律对权利的初始界定,是人们交往的基础规则。英国衡平法亦有格言:"两种衡平法上的权利相等时,时间上在先的衡平法上权利居上。"①

## (一) 时间在先、效力优先

根据时间次序规则,设立在先的物权之所以具有优先性,主要是由于物权公示的功效:根据物权公示原则,一项物权的发生,除要求当事人就权利的发生达成一致外,尚须具备一表现在外从而可为不特定第三人观察到的要件,即动产的交付或不动产的登记;正是由于预设在先发生的物权已可为在后的物权取得人所知晓,法律方可确定在先物权的优先性。②

土地所有权人在设定用益物权之时,基于物权客体特定原则,通常不会在同一客体设定两项用益物权,而是会厘清各用益物权之间的客体边界,地表建设用地使用权与空间建设用地使用权的客体原则上不会发生重叠,但由于权利行使的动态性,权利行使时难免会发生权利行使范围的重叠,在此情形下,应当根据权利设定的先后顺序进行判断,在先设定的权利具有优先性,后设定的建设用地使用权不得损害在先设定的权利。即便是在对他人土地进行非独占性利用而设定地役权的情形,例如设置地下建筑出入口、通风口等,仍以物权设定时间次序,定其优先使用次序。③ 当地役权先于地表建设用地使用权设立,后设定的建设用地使用权若与之冲突,地役权享有优先使用的权利,也

---

① 沈达明:《衡平法初论》,对外经济贸易大学出版社 1997 年版,第 6 页。
② 参见刘家安:《物权法论》,中国政法大学出版社 2015 年版,第 41 页。
③ 《民法典》对地役权与其他用益物权之间的顺位关系未作明确规定,第 378 条规定:"土地所有权人享有地役权或者负担地役权的,设立土地承包经营权、宅基地使用权等用益物权时,该用益物权人继续享有或者负担已经设立的地役权。"

可基于物权请求权排除对地役权的妨害。在我国《民法典》物权公示制度下，地役权的设立采登记对抗规则，若地役权未登记，则不得对抗善意第三人，仅在地役权合同当事人之间享有优先权。

尽管《民法典》采用的表述是"不得损害在先设立的用益物权"，而有的单行法规定，当两项权利发生冲突时，并不按权利的设立时间确定优先顺序，而是按照开工的时间确定优先顺序，例如，《石油天然气管道保护法》第44条，①司法实践中，法院亦按此思路裁判。② 单行法的特殊规定表明，尽管民法是私法的核心，但以民法为基础形成的调整特殊领域的特别法扩张了民法的规范与功能。实际上，开工时间相当于以占有作为公示手段，"开工时间在先、效力优先"仍属于"时间在先、效力优先"的范畴，依然体现了物权公示的功效。

### （二）"不得损害在先物权"的内涵

比较法上，有立法例要求后设立地上、地下土地使用权者，应取得在先土地权利人的认可。③ 我国学界亦有观点认为，应当参照日本立法，从法律层面

---

① 《石油天然气管道保护法》第44条规定："管道建设工程与其他建设工程的相遇关系，依照法律的规定处理；法律没有规定的，由建设工程双方按照下列原则协商处理，并为对方提供必要的便利：（一）后开工的建设工程服从先开工或者已建成的建设工程；（二）同时开工的建设工程，后批准的建设工程服从先批准的建设工程。依照前款规定，后开工或者后批准的建设工程，应当符合先开工、已建成或者先批准的建设工程的安全防护要求；需要先开工、已建成或者先批准的建设工程改建、搬迁或者增加防护设施的，后开工或者后批准的建设工程一方应当承担由此增加的费用。管道建设工程与其他建设工程相遇的，建设工程双方应当协商确定施工作业方案并签订安全防护协议，指派专门人员现场监督、指导对方施工。"

② 例如，在一起采矿权与输油管道建设用地使用权权利冲突纠纷案件中，最高人民法院认定，作为煤矿经营者应该清楚采矿的相关安全规定，其在整合扩建工程开始前应主动与在先工程的中石化公司进行沟通，避免在后的整合扩建工程损害在先的天然气管道隧道；如在确保天然气管道隧道安全的前提下煤矿已不具备开采价值，则采矿权人应向主管部门反映情况，依法解决权利冲突问题。而采矿权人在明知管道工程在先、应知权利冲突的情况下，没有依法妥善处理，其整合扩建工程安全设施设计也未获通过，在此情形下其投入整合扩建形成的损失与在先的隧道工程无关，其要求油气公司赔偿的请求无法支持。参见最高人民法院（2020）最高法民终1062号民事判决书。

③ 例如，《日本民法典》第269条之二规定："地下或空间，因定上下范围及有工作物，可以以之作为地上权的标的。于此情形，为行使地上权，可以以设定行为对土地的使用加以限制。前款的地上权，即使在第三人有土地使用或收益权利情形，在得到该权利者或者以该权利为标的权利者全体承诺后，仍可予以设定。于此情形，有土地收益、使用权利者，不得妨碍前款地上权的行使。"

规定在立体利用中再设立空间建设用地使用权须得到普通建设用地使用权人的同意。① 对此,尽管该规则通过当事人在事前达成协议,可最大限度避免纠纷的发生。但对土地所有权人的处分权限制过大,在土地分层利用关系中,各层空间的利用具有相对独立性,在土地所有人采取适当措施的情形下,后设立的地上权不妨碍在先权利的行使,事先同意方得设立的规则相较于其所欲实现的目的而言不合比例。

文义解释为法律解释之根本。根据《民法典》第346条,土地所有权人在地上空间或地下空间设立建设用地使用权,无须经在先的地表建设用地使用权人的同意,但是如果后设立的建设用地使用权给在先权利者造成损失,则应予以赔偿。该条中的“不得损害”并不意味着设立建设用地使用权需要征得“已经设立的用益物权”权利人同意。但仍有特殊情况,“原则上两个区分地上权客体之间完全不重叠时,无须既存地上权人之同意。但既存地上权有土地使用限制之特约时,其特约的范围与新设区分地上权有抵触时,或与此相反时,即有必要得既存区分地上权人之同意”②。这意味着,在先设定的建设用地使用权如果存在扩大其空间利用的特殊约定的情形下,后设立的建设用地使用权则有必要征得在先建设用地使用权人同意,但适用同意有一个前提条件,就是后设立的建设用地使用权人明知该特殊约定的存在。如果后设立的建设用地使用权人不知该特殊约定,那么在该特殊约定未办理地役权登记的情形下,则不可对其产生对抗效力,即无须征得在先建设用地使用权人的同意。

“不得损害”意味着两项或两项以上权利可以并存于同一宗土地上,但根据时间次序规则,在后设立的权利的行使不得妨害在先权利,如果后设立权利的行使有害在先权利,则不得行使。具体而言,如果违反《民法典》第346条“不得损害已经设立的用益物权”之规定,其法律效果有两层含义:一是在先设立的用益物权优先享受权利,例如在已设立土地承包经营权的土地下方铺

---

① 参见王权典、欧仁山、吕翾:《城市土地立体化开发利用法律调控规制:结合深圳前海综合交通枢纽建设之探索》,法律出版社2017年版,第237页。

② 陈铭利:《区分地上权应用及展望之研究》,台北大学法律学院2006年博士学位论文,第315页。

设输水管道,则该后设立的建设用地使用权之行使需受制于地表土地用途。二是在先成立的用益物权构成后设立建设用地使用权的限制因素,如果后设立的建设用地使用权有损于先成立的用益物权,则该建设用地使用权会因为先设立的用益物权的实行而被排斥。保障在先物权得以实现的私法工具为物权请求权。

# 二、权益位阶规则

权益位阶规则,指的是对权利所涉法益的衡量。如果说时间次序规则是一种形式主义顺位规则,权益位阶规则则是一种实质主义顺位规则。对于土地立体化利用中的权利冲突而言,其所涉权利大多为民事权利。《民法典》规定了平等保护原则,但平等保护的内涵是对同类物权予以同等保护,而非不同权利均不加区分地平等对待。因此权利的法律效力亦有不同。如上文所述,此时权利冲突的解决需要进行价值判断。

权益位阶规则的具体内容,即公益性权利优先于无此属性的权利,公益属性强的权利优先于公益属性弱的权利。"作为私法核心的民法,虽然在一般情形下并不承担积极推动公共利益实现的使命,但仍须发挥保护公共利益的功能,以避免民事主体作出损害公共利益的利益安排。"①不得损害公共利益,是行使民事权利所应遵守的基本原则,而非行使民事权利的例外。土地立体化利用亦需遵守该原则。公益优先规则构成时间先后规则的例外,即原则上土地立体化利用中同一土地上共存的多项用益物权按照设立先后排列顺位,设立在先者优先于设立在后者,但法律规定的具有公益性的用益物权除外,后位的公益性物权可以取得优先的次序。适用权益位阶规则,来规制权利冲突的后果有以下两种。

---

① 王轶:《民法典的规范类型及其配置关系》,《清华法学》2016 年第 6 期。

## （一）一方承担容忍义务

在两项权利具有相容性时,必须按照各权利都能实现的原则进行配置,确定哪些权利应当优先实现,哪些权利应当劣后实现,后者承担一定的容忍义务。此时,两项权利并存,但权利实现存在优先顺序,承载优势利益的权利优先实现,另一方权利人在容忍义务限度内,不得请求排除妨碍、消除危险。[1]

物权界定了权利的静态边界,容忍义务则界定了不动产物权的动态边界,其为权利行使划定了界限。德国民法学家冯·图尔对容忍义务做出了准确的解释:"关于容忍义务,从概念上只是说,指某人有义务不提反对或异议,这种反对或异议他本来是有权提出的。"[2]关于如何界定容忍义务,界定到何种程度,仍需对当事人之间的利益进行衡量。容忍义务的理论基础是财产权的社会限制,其直接的法律效果体现在排除了物权人的排除妨害请求权,使得相邻人的妨害行为具有合法性。[3] 我国司法实践中,对容忍义务界限的判断,往往采取"一般人的忍受限度"标准,应"根据相邻不动产的地域性、妨害的程度、土地利用的前后关系、损害避免的可能性、加害行为的形态以及加害不动产之有无公共性等情形作为判断依据"[4]。相邻各方之间发生利益冲突时,需要在

---

① "在邻人利用其所有权而对外产生影响时,法律对所有物保全请求权的一扬一抑,也就间接划定了邻人的自由利用空间。"参见[德]鲍尔、施蒂尔纳:《德国物权法》上册,张双根译,法律出版社 2006 年版,第 538 页。

② [德]卡尔·拉伦茨:《德国民法通论》上册,王晓晔等译,法律出版社 2013 年版,第 269 页。

③ 例如,《德国民法典》第 912 条规定了土地所有人对相邻土地上越界建筑的容忍义务,"(1)土地所有人在建造建筑物时越界建筑,而无故意或重大过失的,邻地所有人必须容忍该越界建筑,但邻地所有人已在越界前提出异议,或在越界后立即提出的除外。(2)邻地所有人必须以金钱定期金得到补偿。对于定期金的数额,越界的期间是决定性的"。参见《德国民法典》,陈卫佐译注,法律出版社 2015 年版,第 341 页。

④ 国家法官学院案例开发研究中心编:《中国法院 2012 年度案例:物权纠纷》,中国法制出版社 2012 年版,第 215 页。法院通常会考量妨碍的程度,例如在一起因架设电线而发生的相邻妨害纠纷案中,法院认为"原告虽依据惠州电力勘察设计院有限公司设计图拉设电线,但其未与被告协商便在被告土地上立杆安装变压器、挖排污渠的行为,有损双方团结关系。且经惠州电力勘察设计院有限公司回复确认,原告公司电网升级改造工作中变压器和线路选址不是唯一的,可以更改。即使现有设计无论从经济性还是从施工难易程度均为较优方案,但原告为了自身利益,完全将线路置于被告土地上,占用被告土地有违公平合理原则,故一审法院对原告的诉讼请求不予支持"。参见广东省惠州市博罗县人民法院(2021)粤 1322 民初 2948 号民事判决书。

冲突的利益之间进行平衡、协调,确定哪一方利益应当受到优先保护,哪一方利益应当受到适当的限制,这就是说,哪一方应当负有容忍义务。① 容忍义务限度的判断标准,可通过利益衡量原则确定。利益衡量原则实为比例原则之体现。对容忍义务限度之确定,应当符合比例原则。② 例如,美国法院在审理地下空间开发利用行为是否构成对地表土地所有权的侵入(trepass)时,通常不会将地下干扰径行认定为侵入,而是考量被告行为的社会经济价值、行为在特定地区的普遍性、原告遭受损失的严重性。在大多数案例中,被告行为都极具社会价值,比如污染治理、生态修复等。"两种相互冲突的法益的边界必须被划定出来,从而使两者都能发挥其最佳功效。在具体的案件中划定边界需要符合比例原则;其目的在于使两种法益能够协调统一,但是当这一点已达到必要程度后便不能再越雷池一步了。"③当然,仍需区分侵占人的主观状态,如果侵占人无主观过失但造成侵占的后果,则法院通常会基于成本效益的考量,限制不动产权利人可以得到的救济措施,即拒绝颁发禁令,而代之以赔偿损失;如果侵占人主观上存在故意,则无论成本效益情况如何,不动产权利人均得请求拆除侵占物。

两项权利发生冲突时,尽管经利益衡量有一方承担容忍义务,但并非承担所有不利后果,权利平等保护原则要求对另一方所受到的损害进行适当补偿。排除妨害请求权的行使,在因私人利益或公共利益而受到拒绝时,会转换成补偿请求权行使,从而再次显现出来。当然这种转换,仅在所涉及者存在"特别牺牲"时,才有可能发生。④ "就现代相邻关系的调整而言,补偿金制度成为相邻各方利益冲突协调手段的最好归结,其支撑性价值是法律的公平、正义的实现以及安全、效率观念的维持。"⑤容忍义务一方可以请求获得合理的金钱补

---

① 参见王利明:《论相邻关系中的容忍义务》,《社会科学研究》2020 年第 4 期。
② 参见[德]康拉德·黑塞:《联邦德国宪法纲要》,李辉译,商务印书馆 2007 年版,第 50 页。
③ Joseph A.Schremmer, "Getting Past Possession:Subsurface Property Disputes as Nuisances", *Washington Law Review*, Vol.95, No.1, 2020, pp.315-376.
④ 参见[德]鲍尔、施蒂尔纳:《德国物权法》上册,张双根译,法律出版社 2004 年版,第 232 页。
⑤ 陈洪:《不动产物权冲突研究》,载易继明主编:《私法》第 1 辑第 2 卷,北京大学出版社 2002 年版,第 262 页。

偿,其请求权基础并非侵权损害赔偿,而是基于相邻关系的容忍义务。

当外部性出现时,一方承担补偿责任,意味着另一方享有不受损害的权利。在此意义上,法律对补偿的承担方式作出规定本身也属于产权界定。产权界定得越清晰,外部性可以得以内在化,外部损害会被产权主体或当事人纳入其内在成本的考量范畴,他就会自我约束,尽量减少这种成本,从而保障了资源配置效率。关于补偿金的计算标准,可以市场价格为标准,计算受影响方不动产市场价格的减损金额。[1]

### (二) 一方权利消灭

当两种权利不能并存,只有一方权利能够被法律确认存续的情形,能够为法律确认存续的利益体现了社会的整体偏好与价值判断,该方权利得以存续,另一方权利则归于消灭。典型如因公共利益需要利用集体土地地上空间修建轻轨,从而对集体土地进行征收。此时一方权利消灭的原因在于公共利益优先,需要以集体财产利益的牺牲为代价保障公共利益的实现。

在比较法上,因公益用地与私人土地所有权发生冲突时,一种方式是征收特定空间的所有权。例如,在以色列最高法院审理的 Akunas 案中,政府计划进行地下交通项目建设,实施该项目的方法是征收整条线路的专有权,为期九十九年,征收通知并未准确说明隧道的尺寸或深度。根据以色列法律所规定的传统所有权"上至天寰、下至地心"原则,征收遭到了地表土地所有者的反对。反对意见围绕两个主要问题,一是土地所有权人担心其地表财产使用会受到直接的实际损害;二是反对国家行使征收权力。今后可能会遇到更多此类关于地下空间利用的纠纷案件,其中包含的主要问题是如何确定向地表土地所有人支付补偿的范围。[2] 本案中,以色列最高法院需要就地下隧道项目征收决定的合法性作出判决。法院回应了这样一个观点,即以色列法律中所

---

[1]　吴光明教授认为,就袋地的法定通行权而言,偿金之数额判定,应斟酌因通行所受利益及邻地因之所受损害之程度,并以双方之经济状况为衡量之标准。参见吴光明:《新物权法论》,(台北)三民书局股份有限公司 2009 年版,第 127—128 页。王泽鉴教授在认可这一观点的基础上,进一步指出,应区分损害有无继续性或确定性而定,损害有继续性但其损害总额不能预先确定时,应以定期支付为宜。参见王泽鉴:《民法物权》,北京大学出版社 2009 年版,第 153 页。

[2]　See Akunas v.State of Israel,57(1) PD.817.

表达的传统原则不允许将地下地块的所有权与地表地块分开征收。法院认为,这种征收不存在法律障碍,它的依据是允许征收不动产特定部分的法定条款。征收地下空间权力的基础不仅仅在于占有、使用权可以被征收,而且所有权也可以被征收。事实上,它判令国家用征收特定空间部分的所有权取代征收九十九年的占有和使用权;并进一步建议土地登记处应就相关地块注明警告通知。然而,法院避免对如何办理被征收地块的所有权登记发表意见,因为在这一点上尚没有论据。①

因公益用途对土地进行立体化开发利用,除了征收土地所有权之外,还可征收土地使用权。即如果当事人协商订立地下空间通行地役权协议失败,另一种选择可能是征收地下空间地役权或者地上权。例如美国《伊利诺伊州宪法》规定,政府有权根据征收法获得地役权;但是,政府必须就所征地役权的公允价值向所有者支付补偿。《伊利诺伊州宪法》第 2 条第 13 节规定,邻接的业主有权就公共设施对其财产造成的损害获得赔偿。在 Nixon v. City of Chicago'M 案中,法院裁定,在政府许可将街道或其下方空间用于公共目的而导致私人财产受损时,尽管损害可能是由侧向支撑撤出所引起的,政府仍应对该损害承担赔偿责任。② 当然,公共利益优先并非意味着可以公共利益的名义任意剥夺私人财产利益。某种利益优先的合理性应建立在说理证成之上,行使征收权的公权力机关应当承担论证义务,证明公共利益目的之存在,以及因公益利益限制私人利益符合比例原则,进而遵循法定程序对被征收人支付补偿。

当公益性与私益性建设用地使用权之间发生冲突时,有观点认为,公益性建设用地使用权优先于私益性建设用地使用权,当公益性建设用地使用权之间发生冲突时,鉴于有关事项由不同行政机关主管,可以考虑向共同上级机关提交争议并确定优先顺序。③ 对此相左观点则认为,首先,公益性建设用地使

---

① See Haim Sandberg, "Three – Dimensional Partition and Registration of Subsurface Land Space", *Israel Law Review*, Vol.37, No.1, 2003, pp.119–168.

② See Nixon v. City of Chicago'M, 212 ILL.App.365.

③ 参见朱岩、王亦白:《分层建设用地使用权的权利冲突及其解决》,《中国土地科学》2017年第 10 期。

用权并不必然优先于私益性建设用地使用权,必须对公共利益的程度进行衡量。如果确实需要优先于基于私人利益而设定的权利,则应给予必要的补偿。其次,公益性建设用地使用权之间的冲突,应根据权利设定的先后顺序来确定优先顺位。根据物权公示公信原则,上级机关也无权确定权利冲突的先后顺序。①　相较而言,前一观点体现了财产权的社会性,后一观点则严格贯彻私法上的财产权顺位规则。根据我国实证法,普遍采用的规则是公益性物权与私益性物权发生冲突时,公益性物权优先。我国地方立法中,通常也都规定了因公共利益需要,征收、征用地下空间的规定,地下空间建设用地使用权人应当为城市基础设施及公共服务设施建设提供便利。②

　　管制本身也有成本,通过政府管制的权利配置方式,不具有市场交易的自主性与平等性,未必会带来比市场交易和组织更有效的结果,有时其成本更高。政府管制所引发的交易成本的增加或错误分配可能超过管制所带来收益,此时即构成"管制失灵"。因此,应当对其进行约束。首先,政府管制路径的运用必须是为了公共利益目的。其次,应遵循法律保留原则。公益优于私益规则体现了权利之间的效力优先顺序。"权利位阶否定了权利之间的实质平等,也在一定程度上折射出不同主体之间的不平等关系。为了尽量保障当事人权利,实现平等对待当事人的理想,权利位阶规则应适用'法律保留原则',即采用立法方式确定权利位阶,以使立法者能基于整体法秩序的考虑,对于相互冲突的权利何者优先作出综合性的判断。"③最后,应遵循比例原则,应当有正当理由方可为更高的价值或公益而对私人物权人为强制或干预。比例原则要求国家对基本权利的限制与由此得以实现的目的之间必须有合理

---

①　参见赵秀梅:《土地空间权法律问题研究》,法律出版社 2019 年版,第 143 页。

②　例如《广州市地下空间开发利用管理办法》(广州市人民政府令第 168 号)第 37 条规定:"政府可以依法征收、征用地下空间,地下空间权利人应当予以积极配合。因国防、人民防空、防灾减灾、应急处置、通信等城市基础设施和公共服务设施建设的需要,地下建设用地使用权人应当依法为建设单位提供便利,并不得损坏相关设施。平战结合的地下工程所有人和使用人应当保证各项防护设施的状态良好,并确保战时能迅速投入使用,战备需要时应当无条件服从统一调度,不得阻挠和干涉。"《深圳市地下空间开发利用管理办法》(深圳市人民政府令第 337 号)第 48 条规定:"为了公共利益的需要,依照法定的权限、条件和程序收回地下建设用地使用权、征收地下空间建(构)筑物的,应当依法给予补偿。"

③　张平华:《私法视野里的权利冲突导论》,科学出版社 2008 年版,第 168—169 页。

的、平衡的、成比例的关系,不得过当、过度限制基本权利,也就是"禁止过度"原则。① 其具有实体价值和方法论两个方面,依次涵摄了一个预备阶段和适当性原则、必要性原则、均衡性原则三个子阶段或原则。比例原则是行政法上的一项基本原则,适用于所有限制基本权利的行政活动,是实现国家权力结构的平衡,调和公益与私利,达到实质正义的一种理性思考法则。②

# 三、权利整合规则

权利整合规则,即采用一种替代性的经济组织形式,将并存的多个权利整合至一个主体名下,从而以低于市场交易成本的方式达到相同的结果。科斯指出,企业是市场交易的替代物,在企业内部,生产要素不同组合中的讨价还价被取消了,企业内部决策代替了市场交易。③ 企业的本质,实质上是人与人之间为降低市场交易成本而构建的合约结构。当交易成本过高阻碍交易达成之时,法律可以直接对权利作出安排,以实现社会产值最大化。在土地立体化利用中,于事前或事后将各层土地使用权整合为单一主体,或者形成共有关系,无疑是避免或化解权利冲突的可选择路径。

## (一) 单一产权主体

由于空间开发形式的特殊性,权利冲突有其特殊的类型与表现,这对权利冲突的化解也提出了新的要求。原国土资源部颁布的《节约集约利用土地规定》提出,对于不同用途高度关联、需要整体规划建设、确实难以分割供应的综合用途建设项目用地,市、县国土资源主管部门可按照一宗土地实行整体出

---

① 参见杨登杰:《执中行权的宪法比例原则:兼与美国多元审查基准比较》,《中外法学》2015 年第 2 期。

② 参见于凤瑞:《"成片开发"征收决定公益目的的司法审查:比例原则的应用》,《中国政法大学学报》2019 年第 5 期。

③ 参见[美]R.科斯、A.阿尔钦、D.诺斯:《财产权利与制度变迁:产权学派与新制度学派译文集》,刘守英等译,上海三联书店、上海人民出版社 1994 年版,第 21 页。

让供应,综合确定出让地价。但若其中的非经营性空间占比过大,可能"带不动"非经营性空间,陷入无人竞买之境地,并面临公共空间零碎化、私有化等问题。①

对此应对的方案有二:一是对于存量建设用地的地上、地下空间开发而言,可以明确地表建设用地使用权人对其建设用地范围内之地上、地下建设用地使用权,在同等条件下有优先取得权,不仅可以避免因各层土地权利主体不一致而发生权利冲突,还有利于鼓励地表建设用地使用权人充分利用存量建设用地,缓解土地供需矛盾。我国已有地方立法规定类似规则。② 二是对于新增建设用地的开发而言,可以采取立体空间一级开发,开发后可以整体供应,或者设立三维宗地后分别供应。③

### (二) 共有

相较于对各层空间的产权进行细分模式下权利人对特定单元享有独占财产权,共有规则是一种合作模式,它介入各方按照自己意愿利用财产单元的能力,并强制执行一个规定了合作措施的特定框架。共有规则作为权利整合规则之一,将两项相互冲突的权利转化为一项双方共有的权利,从而实现权利行使外部性的内部化。共有人共同分享一项物权,根据法定或约定的份额对共有物行使权能,在共有人协议的基础上对共有物进行管理。在此意义上,共有产权的本质也是合约,其不同于市场的合约之处在于,共有关系中,共有物为尚未分割的统一财产,各个共有人的权利义务及于共有物的全部。共有的内部关系具有相对性,共有人之间互为权利主体与义务主体,共有人行使权利受到其他共有人的牵制;共有的外部关系具有绝对性,不特定的第三人为义务主体。

共有是一种权利分享机制,可以"从利益磨合和实际需要中走出一条既

---

① 参见罗平、罗婷文等:《土地管理三维思维:土地立体化利用管理技术》,科学出版社2018年版,第160页。

② 参见《长春市城市地下空间开发利用管理条例》第30条。

③ 参见《深圳市前海深港现代服务业合作区立体复合开发用地管理若干规定(试行)》(深前海规〔2021〕1号)。

发挥物的效用又兼顾权利人乃至相关人利益的道路"①。尽管人类社会产权发展的逻辑是将共有产权演进为私有产权,以提高经济效益。但不可否认,共有产权仍大量存在,原因在于:其一,建立和执行资源排他性权利时出现了与其价值相比过高的交易成本;其二,在特定区域内由政府颁布法规或由政府强制执行契约的交易成本很高。② 尽管共有可能造成"反公地悲剧",即"当多个所有者各自被赋予对稀缺资源的排他性权利时,没有人拥有有效的使用特权。当拥有排他权的所有者过多时,会导致资源的低效利用"③。Heller 同时也指出,反公地悲剧也可能发生在单独土地所有权中,就是当单独所有权的初始制度设计不允许其有效利用时。由此产生的独立单位的相互依存可能导致双边垄断,这种垄断所带来的问题与共同所有制模式存在的问题相似。产权细分的成功很大程度上取决于产权的初始禀赋。虽然单独所有权省却了共有人内部的协商成本而比共有较有效率,但一味地强调所有权的单一化并不必然增加经济效益。在某些情形下共有产权由于使各类资源得以组合并予以优化配置,使合作伙伴可以分散利用财产所涉及的风险,从而比单独所有权更有效率。各国民法典在处理相邻关系中即有该规则的应用,即为了解决相邻不动产之间用于分界的标的物的权利冲突,法律规定界墙的强制共有。④ 这种管制并没有否定相邻地块所有者财产的独立性,也没有消除他们之间的界限。

土地立体化利用中,如果各层土地之间难以界定清晰的产权界限,或者界

---

① 常鹏翱:《物权法的基础与进阶》,中国社会科学出版社 2010 年版,第 339 页。

② 参见[冰岛]思拉恩·埃特格森:《经济行为与制度》,吴经邦、李耀、朱寒松、王志宏译,商务印书馆 2004 年版,第 38 页。

③ Michael A. Heller,"The Tragedy of the Anticommons:Property in the Transition from Marx to Markets",*Harvard Law Review*,Vol.111,No.3,1998,pp.621-688.

④ 例如,《意大利民法典》第 874 条规定:"与他人的墙壁相邻的土地所有人,可以就与其土地相邻的墙壁的全部高度或者部分高度提出共有请求。为取得共有,应当承担建造墙壁费用的半数或者建造共有部分墙壁的费用以及建造墙壁所占用的土地费用的半数。此外,为了不使邻人遭受损害,还应当进行必要的施工。"参见《意大利民法典》,费安玲、丁玫译,中国政法大学出版社 1997 年版,第 244 页。《德国民法典》第 921 条也规定了共同适用地界设施的共有推定:"因中间地、地埂、地角、沟渠、土壁、灌木篱、板壁或其他有利于两块土地的设置物,致使这两块土地被相互分离的,以外部标志不指明该设置物仅属于相邻人之一为限,推定这两块土地的所有人共同有权适用该设置物。"参见《德国民法典》,陈卫佐译注,法律出版社 2015 年版,第 342 页。

定产权的成本过高,则可参考建筑物区分所有权制度,在各层之间形成按份共有关系。各层物权主体对各层空间专有部分享有所有权,对专有部分以外的通风、水电、通道、消防、承重结构、地基等共有部分享有共有和共同管理的权利。各共有人行使共同管理权的份额,按照约定,在没有约定或约定不明情形下,可按照专有部分面积占总建筑面积比例确定。共有物管理实行多数决,后者是"社团结构的第一要素"①,共有同时蕴含了物法、债法以及组织法三重面向。托依布纳指出,现代法律的发展趋势,在既有的行政管制与私人自治两种模式之外,发展出另一模式,即社会自律法(reflexive law)。相较于管制法与自治法,社会自律法是控制自我调整的机制,是一种协调社会合作的形式,内在构成注重程序导向,通过决议以实现自律。② 土地立体化利用中权利冲突的法律规制,涉及多个权利主体关系的协调,关乎效率、公平、自治等价值的平衡,事实上此时权利人之间也形成一个共同体,可通过建立自我调整机制,协调外部与内部的各种关系。

# 四、意思自治规则

土地立体化利用权利冲突的协调规则,除受物权法定原则约束外,也受一般法律行为的规范。前述时间次序规则、公益优先规则,系根据物权的性质,所确定的物权优先效力标准。权利整合规则,虽难谓优先效力,仍为按照法律规定确定多项权利之间秩序的规则。而意思自治规则则系权利人按照自己的意思行使权利,从而确定与其他权利人之间的关系。在不违反法律强制性规定与公序良俗的条件下,权利人之间可以协商改变前述优先规则。

## (一) 约定优于法定

根据科斯第一定律,在交易费用为零的情形下,无论产权如何配置,通过

---

①　[德]卡尔·拉伦茨:《法学方法论》,陈爱娥译,商务印书馆 2003 年版,第 345 页。
②　See Teubner, "Substantive and Reflexive Elements in Modern Law", *Law and Society Review*, Vol.17, No.2, 1983, pp.239-285.

自由交易就可以达到资源优化配置。由此可以进一步延伸为,即便法律或政府对产权配置是错误的或低效率的,人们也可以通过合约的方式进行纠正。按照这一思路,立法者固然应追求对产权的合理界定,但亦不必过于执着于此,通过降低交易成本,促进交易的达成,同样能够实现资源优化配置。协商规则是当事人根据意思自治进行产权交易,以实现资源的有效配置。"假如某个人对一项资产(无论它是汽车、小麦、劳动力,还是污染权)的估价高于该资产的所有者的估价,那么就会有通过交换达到互利的余地。"①在当事人能够达成交易的情形下,对于行使权利产生的外部损害而言,完全可以通过谈判协商重新配置,而无须政府干预,其资源配置效果是不变的,受影响的只是权利冲突双方当事人之间的利益格局。产权的可转让性确保了资源的使用是最有价值的。这种权利冲突的化解方式以权利具有可交易性为前提条件。权利交易的结果可以是双方互相让步、一方让步的同时另一方承担容忍义务。

根据《民法典》第 346 条,既有的地表用益物权人享有排除地上或地下空间使用权人影响其地表利用的权利,同时他可以将该权利出卖获得一定的对价,只要出价高于如果他不享有该权利则他需要支付给地上或地下空间使用权人以换取其停止妨碍行为的金钱的数额。既有用益物权人同意权之行使,是其衡量利害损失后,自愿限制本身原先享有的支配利益,使后设立的空间建设用地使用权人得利用该空间范围。即便既有用益物权人基于设立在先,应优先于在后物权,但在其同意之后,则受到局部停止,后物权将优先于先物权。倘若既有用益物权人同意后,又可再主张物权优先效力,则空间建设用地使用权之设定并无实益。简言之,尽管立法无明文要求,但《民法典》第 346 条"不得损害"本身意味着:在未经先权利人同意的情形下后位权利不得妨害先位权利;若后权利之设定经过在先权利人同意,即可排除其物上请求权。

法律可分为强行法与任意法,以界定私人自由的限度。强行法,是不得以当事人的意思排除适用的规范。任意法,则是当事人可以其意思表示排除适用的法律规范,但是在当事人未排除适用的情形下,则依然具有强行性而应适

---

① [美]罗伯特・考特、托马斯・尤伦:《法和经济学》,张军译,上海三联书店 1994 年版,第 7 页。

用。据以区分强行法与任意法的依据，为法律规范的目的。"民法规范常以规定权利义务为其内容，往往借助'应当''禁止''不得'等语词表述，但这并不表示，此等语词乃是强制规范的标志。判断规范性质，应以规范目的为据。"①《民法典》相邻关系规范的九条规范中，"应当"出现七次，"不得"出现四次，法律未明确违反这些规定的私法行为的效力，法院需依利益衡量的方法进行裁判。相邻各方的不动产物权须受一定程度的限制，这种限制必然影响物权的绝对性，故以必要为限。尽管民法中的相邻关系规则涉及公益，具有一定的强制性，但其仍有意思自治的空间。"民法相邻关系的物权调整规范，以及对应的债权安排，目的仅在强制相关物权人作成合理的土地适用交易，立法者无意强制物权人为一定方式的利用，如果当事人合意在民法所调整的基础上另为不同的物权或债权安排可使土地依个别情况发挥最大的经济效益，正好是立法意旨所在，当然没有不许其生效的理由。"②当事人就相邻关系作出变更民法相邻关系条款之约定，并不违反权利行使之公益原则，在于相邻关系所涉之公益多为间接，应当为当事人的私法自治留下空间。并且，现行法律、行政法规亦未规定禁止当事人约定排除。当事人在平等协商、意思自治的基础上，可以作出与相邻关系规范内容有所不同的约定，以维护相邻不动产利用的秩序。只有在当事人之间的约定损害公共利益的情形，该约定方为无效。

　　循着强行法与任意法区分的思路，《民法典》第 346 条的规定仅具有"半强行性"。在于其规定中仅有一部分具有强行性，即前半句"设立建设用地使用权，应当符合节约资源、保护生态环境的要求，遵守法律、行政法规关于土地用途的规定"具有强行性，其中"应当"意味着"必须"，要求当事人必须按照特定的行为模式设立建设用地使用权，不得约定排除适用。后半句"不得损害已经设立的用益物权"，则为权限规范。其功能在于建立自治的基础结构，为裁判者提供裁判争议的依据，不再影响人民的行为，故人民若以不行使方式实质上对其加以调整，仍不抵触私法自治理念。③ 据此，该条规定虽然限制了当

---

　　①　朱庆育：《民法总论》，北京大学出版社 2016 年版，第 51 页。
　　②　苏永钦：《私法自治中的经济理性》，中国人民大学出版社 2004 年版，第 235 页。
　　③　参见苏永钦：《私法自治中的国家强制：从功能法的角度看民事规范的类型与立法释法方向》，《中外法学》2001 年第 1 期。

事人的权限,但并未对当事人的行为施以任何强制,该款的适用,可区分情形。首先,如果设立建设用地使用权的当事人与已有用益物权人协商约定,后设立的建设用地使用权可以损害既有用益物权,并就损害支付补偿,若此时当事人的约定不损害公共利益,法律无理由禁止,并不因条文中"不得损害已经设立的用益物权"而导致约定无效;其次,如果设立建设用地使用权的当事人未与已有用益物权人协商,若损害了已有用益物权人权益,既有用益物权人权益属于建设用地使用权设立关系以外的特定第三人利益,既有用益物权人可以根据具体情形,向后设立的建设用地使用权人主张妨害防止、妨害排除或损害赔偿,但对于划拨设立建设用地使用权情形,由于涉及公共利益,既有用益物权应当承担容忍义务,但可依法获得补偿。

### (二) 意定地役权

地役权制度是当事人通过事前约定相邻关系的构造,避免土地立体化利用中并存权利之间发生冲突的重要方式。其与普通债权契约的不同在于实现了债权约定的物权化,从而具有长期性与对抗力。例如,如果空间建设用地使用权人对空间的开发利用,需要借助普通建设用地使用权提供纵向支撑,可就该支撑关系设立地役权。在矿产开发等情形中,需要通过他人土地地下空间的情形下,理想的方式即是通过当事人协商订立地役权协议或者其他类型的用地协议。

地役权在整体上是为自由市场经济服务的财产权安排,它允许个人在限制规则的范围内将其利益在时间和空间上予以细分。《深圳市前海深港现代服务业合作区立体复合开发用地管理若干规定(试行)》规定了相邻空间权利人之间的整体约定,①根据该规定的政策解读,"该相邻空间利用关系约定规则是地役权的补充,凡是与立体复合开发用地空间的设立、运行过程中有关的

---

① 《深圳市前海深港现代服务业合作区立体复合开发用地管理若干规定(试行)》(深前海规〔2021〕1号)第22条规定:"相邻空间的建设用地使用权人之间可以就通行、给水、排水、采光、支撑等建设用地使用权行使过程中的相互利用和相互限制情形,进行整体互惠性的书面约定,但约定不得违反法律的强制性规定,不得损害公共利益,不得侵犯第三人的合法权益。建设用地使用权人之间的管理责任原则上依据确权登记的权利空间范围进行划分,但建设用地使用权人之间对管理责任划分有约定的,应当从其约定。"

需要利用或者限制相邻空间的情形,均可以进行约定"①。这一规则与地役权具有同等功能。从事前的角度,可采取出让协议附条件方式协调权利冲突技术。申言之,在空间建设用地使用权设立之时,即在出让合同中确定对地表的利用或限制。该约定本身具有地役权的性质,从属于需役地,这对于贯彻建设用地使用权分层设立思路,事前协调空间建设用地使用权权利冲突,具有重要意义。此时地表建设用地使用权人与空间建设用地使用权人之间的地役权,不同于传统民法中一方为纯粹的供役地人,另一方为纯粹的需役地人的单向地役权,而是表现为双向地役权,即双方当事人均享有地役权,均负有保障对方地役权实现的义务,该权利义务是相互的。

受各种因素影响,地役权在我国经济社会实践中的应用情况差强人意。地役权作为一种协调不动产关系的法技术,广泛应用于美国土地立体化利用。最著名的例子之一是纽约的联合国广场,该项目包括在一个商业中心上建造两座住宅塔楼。这两座塔楼和商业中心从一开始就被设计和登记为独立的"空中街区"(air blocks),它们之间的关系是通过一系列地役权和互惠协议确定的。这种产权分割的主要原因是要在每个产权单元上设立留置权(lien)。产权单元分割的途径是在当地契据登记处办理设权契据登记。契据上附有三维图,根据"曼哈顿基准水平"(Manhattan Datum Level),描述了单元高度。地役权的内容和项目各地块之间拟定的互惠协议,反映了垂直地层相互依存的领域。互惠协议授予顶层单元的权利包括各种"进/出"权,有关支持顶层结构、管道、排水、竖井、电梯的权利,以及用于未来维护和建设的进入权。底层单元被授予通过上面建筑物的地役权、通风权和通过上面的塔楼排放气体的权利、通向屋顶的权利和进入的权利。②

综上,土地立体化利用中的权利冲突,是一项物权的支配力与另一物权的排他力发生效力上的冲突,也就是不动产物权积极权能与消极权能之间的冲

①　《深圳市前海深港现代服务业合作区立体复合开发用地管理若干规定(试行)》(深前海规〔2021〕1号)的政策解读,深圳市前海深港现代服务业合作区管理局网站,http://qh.sz.gov.cn/gkmlpt/content/8/8528/mpost_8528229.html#2352,最后访问日期:2022年11月30日。

②　See Haim Sandberg, "Three-Dimensional Partition and Registration of Subsurface Land Space", *Israel Law Review*, Vol.37, No.1, 2003, pp.119-168.

突。在现有法律框架下，必须通过法益权衡，寻求并存权利之间的协调机制。法律在确定物权优先效力时，所考量的因素并非完全整齐划一，而是在不同情形下，按照时间先后、价值位阶、主体情形等因素分别予以判断。上述各种化解权利冲突的方式并非截然区分，这种区分思路解释了以特定方式化解权利冲突的理由。在相当多场合下，权利冲突的化解方案需要根据所涉利益动态衔接，促成并存权利体系效应的最大化实现。例如，既有用益物权受到时间次序规则保护，但在涉及公益时，则需要适用公益优先规则。整体而言，时间次序规则，是依据物权绝对原则确定物权效力的具体体现。公益优先规则、权利整合规则、协商规则，均构成对时间次序规则的例外，体现了物权人利益与公共利益、他人利益之间的相互协调。行文至此，本书的上篇提供了解决土地立体化利用权利冲突的分析框架。由于土地立体化利用形式的多样性，若要形成之于个案有效的法律规制方案，仍需立足实践中权利冲突的具体类型与矛盾焦点，展开进一步的论题式研究。

下　篇
# 实　践　类　型

土地立体化利用所涉权利类型多样,权利冲突形态多元。"法律制度的构造是复杂的,还需要对其内部进行解构;最好的解构工具就是类型化。"①为了研究的深入性,本书遵循问题导向,下篇将对实践中突出的权利冲突类型进行专题研究,包括以下具体类型:一是地表建设用地使用权与地上、地下建设用地使用权之间的权利冲突;二是集体土地分层利用中所涉集体土地所有权与国家公权力之间的冲突;三是辅助性空间利用权与既有用益物权之间的权利冲突;四是商业空间立体布局中的权利冲突;五是既有住宅增设电梯中多数业主与少数业主之间的权利冲突。概言之,本书上篇体现的是系统思维,下篇体现的则是论题思维。

选择这五种权利冲突展开类型化研究,并非随意之举,原因有二:一是根据对司法案例的整理以及调研访谈,这五种权利冲突是土地立体化利用中最突出的类型。二是上篇中提出的权利冲突的规制规则,可以在这五种权利冲突的规制中得到验证,具体而言,化解地表、地上、地下建设用地使用权之间权利冲突的规范路径在于时间次序规则、权利主体整合规则;化解集体土地分层利用中与国家所有权冲突的规范路径在于公益优先规则;化解辅助性空间利用与既有用益物权冲突的规范路径在于公益优先规则与地役权的叠加适用;化解商业空间立体布局中权利冲突的规范路径在于意定地役权;化解多数决规则下多数业主与少数业主之间权利冲突的规范路径在于权利整合规则的解释适用。当然,上述各种化解权利冲突的方式并非非此即彼,区分各种规则仅仅解释了以特定方式化解权利冲突的理由。在相当多场合下,权利冲突的化解方案需要根据所涉利益动态衔接,采用相互修正的方式适用,以促成并存权利体系效应的最大化实现。

---

① 梁上上:《利益衡量论》,北京大学出版社 2021 年版,第 164 页。

# 第七章　建设用地使用权分层设立中的
　　　　　权利冲突及其规制

　　土地立体化利用是实现土地集约高效利用的重要方式,但土地分层开发具有相互关联性,地下空间开发还具有不可逆性,这使得空间建设用地使用权的法律构造具有不同于普通建设用地使用权的特殊性,也形成了实践中并存权利之间的交叉困局,欲对其予以有效规制,仍需对《民法典》第345条、第346条进行解释适用。

## 一、实践问题与理论困惑

　　从平面土地利用向土地立体利用方式转型,不仅意味着从土地资源到空间资源范式的全新转换,也意味着土地产权表达技术、法律界定与管理方式的系统变革。[1]《物权法》第136条将空间权纳入建设用地使用权范畴,尽管该条确定了土地立体化利用中权利交叉时的处理原则,但过于简约,难以有效回应土地立体化利用中的新情况新问题。实践中,地下空间开发利用的法律秩序由地方性法规分散地建立起来。《民法典》第345条、第346条在承继《物权法》第136条的同时,对其予以适当改造,于第346条增加规定设立建设用地使用权应当遵循环保限制与用途管制,殊值肯定。据此,我国采用了建设用

---

　　① 参见杜茎深、陈箫、于凤瑞:《土地立体利用的产权管理路径分析》,《中国土地科学》2020年第2期。

地使用权分层设立的立法调整模式,将空间纳入到土地概念之中。由于土地及其地上、地下空间具有纵向延续关系,对空间的开发利用以一定的土地权利为前提,且受制于土地所有权与使用权,形成了土地上多种权利并存的复杂关系。权利交叉并非妨碍土地权利行使之侵权关系,也不是权利滥用的结果,其存在于"正当利益之间或者主体的正当行为之间"①。实践中的权利交叉问题主要表现如下,也是本书开展分析的缘由。

第一,何种情形的空间利用可以分层设立建设用地使用权? 空间的利用形式具有多样性,根据空间上是否形成排他性占有,其权源基础可以是债权或物权,物权中亦可区分情形分别设立建设用地使用权、地役权等。那么,地上、地下空间是否无论范围大小均可设立建设用地使用权? 或言地上、地下空间的客体范围要符合什么条件,方可设立建设用地使用权? 司法实践中,法院适用《物权法》第 136 条的案件多为架设电力、通信设施以及铺设输油管道、天然气管道等情形,法院判决中使用的"地下空间使用权"②"空中利用权"③是否即为《民法典》中分层设立的建设用地使用权? 地表建设用地使用权人可否就其客体范围内未利用的剩余空间,分割转让给他人?

第二,建设用地使用权应如何"分别设立"方可避免"损害已设立的用益物权"? 尽管土地立体化利用中并存的物权是法定权利,具有合法性和正当性,但由于"地上、地下空间与地表之间具有支撑与被支撑的对抗性"④,土地各层空间的开发具有相互关联性,尽管同一宗土地上以不同层次空间为客体的权利能够同时存在,但一旦置于动态情形中,各层建设用地使用权的行使将会发生交叉。"地权群内部存在着结构问题,其结果必然发生效力冲突。"⑤我国土地公有制条件下,土地立体化利用中同时存在着所有权人与用益物权人,这进一步增加了并存权利之间的结构性问题,这对建设用地使用权分别设立的方式提出了挑战。此外,法律对集体土地上的

---

① 彭诚信:《主体性与私权制度研究》,中国人民大学出版社 2005 年版,第 257 页。
② 参见湖南省株洲市芦淞区人民法院(2015)芦法民一初字第 2149 号民事判决书。
③ 参见广东省广州市番禺区人民法院(2008)番法民一初字第 924 号民事判决书。
④ 杨立新、王竹:《不动产支撑利益及其法律规则》,《法学研究》2008 年第 3 期。
⑤ 崔建远:《土地上的权利群研究》,法律出版社 2004 年版,第 1 页。

空间权利构成未作出明确规定,集体土地上空间利用无须经权利人同意,依然具有"公地"属性。

第三,建设用地使用权分层设立时应如何解释适用"不得损害"? 一方面,如何理解"不得损害"? 新设立建设用地使用权,是否需要征得在先用益物权人同意? 应按照什么标准化解并存各项物权之间的权利冲突? 另一方面,应如何认定"损害"? 现代财产权的行使具有较强的社会关联性,司法实务中地表建设用地使用权人的排除妨害请求权往往被转化为空间利用规划许可的合法性审查,形成了"空间利用经许可即合法,从而不侵权"的裁判规范,[①]空间使用权人取得规划许可,是否构成物权妨害之豁免?

上述困局很大程度上源自法律规则的抽象性。因此,对法律条文予以解释,明确建设用地使用权分层设立的权利构造,以实现法律规范的具体化,是化解权利交叉难题的逻辑起点。本书立足土地立体化利用实践及地方立法经验,围绕《民法典》第 345 条及第 346 条的规范意旨,分别从"地上、地表或者地下""分别设立""不得损害"的规范内涵揭示现行法规范整体之内容与关联,探索土地分层利用中权利交叉问题的规制之道。

# 二、客体规则

## (一) 地上、地下建设用地使用权的客体条件

"民事客体理论往往落后于民事权利的发展,新的民事权利通常是基于社会的发展、伦理道德或者经济目的,而各种民事客体理论界却随后产生。"[②]客体范围的界定是建设用地使用权分层设立的前提。尽管学者均认为物权法上的空间是指土地上下一定范围的立体上的位置。[③] 但关于该"一定范围"如何界定尚不明确。有观点认为,为充分利用土地的各部分,就同一空间范围并

---

① 参见广东省广州市中级人民法院(2009)穗中法民一终字第 3014 号民事判决书,湖南省长沙市中级人民法院(2017)湘 01 民终 1744 号民事判决书。

② 李建华:《回归民法体系的民事客体层级理论》,《法律科学》2019 年第 4 期。

③ 参见王利明:《空间权:一种新型的财产权利》,《法律科学》2007 年第 2 期。

非仅可设立一个用益物权,若二者权利范围发生重叠,先设定者优先于后设定者,后设定者进入睡眠状态。① 本研究认为这一观点在协调权利冲突的法效果上具有合理性,但其在允许并存权利之客体空间范围重叠的层面上有违一物一权原则,与物权作为支配权的排他效力不符。物权是绝对权,物权绝对原则是并存的多个物权和谐相处的基础前提,即权利人得依其意志独立支配物,而不受他人意志的干涉。② 在同一空间范围上已存在的物权排除再在该物上成立与其内容不相容的物权。某一空间范围一旦设定了建设用地使用权,他人即不能再为同样的支配。

地上、地下建设用地使用权的客体范围必须以不动产单元为基本单位。根据国务院《不动产登记条例实施细则》第5条第1款"《条例》第八条规定的不动产单元,是指权属界线封闭且具有独立使用价值的空间",以及原国土资源部印发的《不动产登记操作规范》(国土资规〔2016〕6号)第1.3条第3项,③判断是否构成不动产单元并得以设立建设用地使用权的要件有二:一是权属界线封闭,二是具有独立使用价值。其中,权属界线是否封闭,可以借助三维地籍技术予以确定。但是如何判断是否具有独立使用价值,立法缺乏明确的规则指引。实践中有的地方立法对设立地下建设用地使用权的垂直高度作出明确规定,即净高度须大于2.2米。④ 实质上,该高度要求是确保空间具有独立利用价值的物理条件,旨在保障其空间范围能够满足相应用途的基本建筑层高要求。除此之外,空间能否作为独立不动产单元,还需要通过其是否具备独立的出入条件,是否具备给水、供电、通信、通风等市政接口条件,是否满足消防、人防、建筑规范等市政建设要求进行综合判断。

对于不满足独立不动产单元的空间利用,例如需要穿越市政道路、公共绿地、公共广场等公共用地的地下公共连通空间,或连接两宗已设定产权地块的

---

① 参见陈华彬:《空间建设用地使用权探微》,《法学》2015年第7期。
② 参见孙宪忠:《中国物权法总论》,法律出版社2014年版,第269页。
③ 该项规定:"有地下车库、商铺等具有独立使用价值的特定空间或者码头、油库、隧道、桥梁等构筑物的,以该特定空间或者构筑物与土地、海域权属界线封闭的空间为不动产单元。"
④ 参见《西宁市城市地下空间规划建设管理办法》(宁政办〔2021〕21号)第3条。

地下公共连通空间,以及与城市地下公共交通设施配套同步建设、不能分割实施的地下空间等情形,则应划入相应地表宗地,作为地表建设用地使用权的权利客体。以地铁建设为例,地铁出口利用的是地表,由于其与出口连接的电梯、扶梯等构筑物一并开发,形成一个整体,应当划入地表宗地,设立的是地表建设用地使用权;对于与地下轨道相连接的候车区域,则与地下轨道形成一个整体,划入地下空间宗地,设立地下建设用地使用权;对于出风口、通风口和排水口等配套设施和构筑物的用地权源,可有两种方式,一是取得需利用地表的建设用地使用权,二是当地表已存在建设用地使用权人之时,可与其订立地役权合同。

　　对于高压电线架设、油气输送管道、电信光缆铺设等用地形式中司法实践所使用的"空间使用权"①,不宜解释为建设用地使用权。在高压电线、输送管道、电信光缆不具有封闭的权属界线,且其所占用空间不具有独立利用性的情形下,不构成单独的不动产单元,而应当划入相应宗地。实务中,铺设地下管线工程,用地单位取得建设工程规划许可、线路工程设计符合安全标准、通过环境评估测试后,即可开展建设,无须取得建设用地使用权。② 在上述情形中,用地单位可以通过协商的方式与沿途不动产权利人设立地役权,鉴于在某些情形下涉及不动产权利人众多,谈判成本高昂,缔约难度大,可通过地役权的特殊形式——法定地役权予以调整。法定地役权,是依据法律的规定而强制设立的地役权。尽管我国法律体系中并没有"法定地役权"的直接规定,但实际上《石油天然气管道保护法》《电力法》《电信条例》等法律法规对财产权的限制机制构成事实上的"法定地役权"。③ 法定地役权的根本目的是满足某种公共利益,涉及资源的合理利用和配置。因此,法律对其设立进行必要的干预,在公共利益所需要的范围内,用地单位享有强制缔结地役权合同的权利,

---

　　① 参见广东省广州市中级人民法院(2009)穗中法民一终字第 3014 号民事判决书,湖南省长沙市中级人民法院(2017)湘 01 民终 1744 号民事判决书。

　　② 例如《上海市城市地下空间建设用地审批和房地产登记规定》(沪府发〔2013〕87 号)第2 条第 1 款规定:"本规定适用于本市国有土地范围内地下空间开发建设用地审批和房地产登记,但因管线铺设、桩基工程等情形利用地下空间的除外。"

　　③ 例如我国《石油天然气管道保护法》第 15 条、《电信条例》第 46 条之规定。

既有不动产权利人则负担有同意设立地役权的义务。①

### （二）地表建设用地使用权的客体空间范围及其分割转让

地表建设用地使用权的圆满实现需要对地表上下一定的空间进行利用。根据物权的排他效力,建设用地使用权在地上、地下分别设立的前提条件之一是既有地表建设用地使用权垂直空间范围的界定,该问题不仅事关地表建设用地使用权人之权利保障与地籍管理,在当前落实最严格的节约集约用地制度的背景下,更是区分存量、增量用地进而适用不同规则的基础。

《物权法》出台之前的建设用地使用权出让合同中鲜有关于空间范围的记载。据调研了解,实践中已经出现地下建设用地使用权经公开出让之后,权利人在设计地下工程项目时,发现该项目与既有地下排水设施存在冲突,地下工程项目无法实施而申请解除出让合同的情形。一种观点认为,《物权法》颁布之前出让合同中未明确记载地表建设用地使用权空间范围,其空间范围应当同于土地所有权。② 实践中还有做法是,地表建设用地使用权所覆盖的地下空间范围通常以地表以下至建筑物最深基础平面以上的地下空间为限;地上空间则以建设用地使用权出让合同的约定以及建筑规划设计的限高为限。③ 第一种观点值得商榷,首先,建设用地使用权的设立需受规划条件限制,依据《土地管理法》第58条以及《城乡规划法》第38条、第39条、第43条之规定,土地使用权的垂直空间范围应符合出让地块的位置、使用性质、开发强度等规划条件要求,建设单位确需变更规划条件的,必须向自然资源及规划主管部门提出申请。因此,地表建设用地使用权出让之时,国家作为所有权人只是将一定范围的土地开发权转让给使用权人,并非全部。如果土地出让合同中未明确记载地表建设用地使用权空间范围,应当依据出让合同中约定的用途、容积率等规划条件确定其开发深度及建筑量规模。即便是在采土地私

---

① 参见于凤瑞:《民法典编纂中法定地役权的制度构造与体系融入》,《新疆社会科学》2020年第1期。

② 参见于海涌:《国土空间的分层开发保护问题研究(下)》,《澳门法学》2019年第1期。

③ 参见陈耀东、罗瑞芳:《我国空间权制度法治化历程与问题研究》,《南开学报(哲学社会科学版)》2009年第6期。

有的国家,其土地所有权的范围亦非上至天宇,而是需受到诸多限制。根据土地占有率(C.O.S)与密度的合法极限(P.L.D),法国城市规划的准则限制了建筑权利和建筑物的高度。① 其次,对于地下空间而言,由于其开发具有不可逆性,从空间资源合理利用和便于城市重大公共工程实施出发,地表建设用地使用权规划条件范围以外的未利用空间归国家或集体所有更符合公共利益。相较而言,第二种做法较为合理,但由于物权人在实际行使权利时的空间范围并不限于建筑空间,根据建筑空间来框定物权客体空间的做法也不尽准确。这一方面需要完善不动产登记方法,引入三维地籍管理技术,开展土地三维产权登记,精细化描述三维宗地的空间范围;另一方面通过三维土地核查技术,进行空间界址或界面核查,开展空间冲突检测的技术、标准和流程研究,以厘清产权边界与物理边界之间的关系。

如果地表建设用地使用权人在开发土地过程中实际建设工程的规模小于出让合同约定的规划条件,其可否将未利用的客体空间转让给他人,以实现空间资源的再利用? 所谓分割转让,是指非整宗地的土地使用权转让行为,即将一宗地分为二宗或二宗以上后,再行转让土地使用权的行为。② 判断建设用地使用权分割转让之正当性,需回答四个问题:一是该未利用部分的空间是否构成“物”;二是是否违反“一物一权原则”;三是是否违反“物权法定原则”? 四是地表建设用地使用权人是否有处分权? 首先,如果建设用地使用权未利用的客体空间具备独立的使用价值以及排他支配可能性的要件,则构成物权法上的“物”。在出让合同中无禁止分割转让约定的前提下,可以分宗转让该空间部分的建设用地使用权。其次,建设用地使用权分割转让后,并无两个建设用地使用权同时存在同一空间,故不违反一物一权原则。再次,由于地上、地下建设用地使用权与普通建设用地使用权均依附于土地,仅有空间范围的差异,除有特别规定的情形,应适用建设用地使用权的规定。建设用地使用权分层转让后仍为建设用地使用权,故不违反物权法定原则。最后,根据《民法典》第 241 条之规定,设定用益物权的主体为土地所有权人,但土地所有权人

① 参见尹田:《法国物权法》,法律出版社 2009 年版,第 150 页。
② 参见 1990 年《国家土地管理局关于如何理解分割转让形式的答复》(已失效)。

在为他人设定地表建设用地使用权后,其对土地的使用收益权能已经不存在,已不可能在同一物上再设定建设用地使用权于他人。地表建设用地使用权人就未利用空间部分的处分系属建设用地使用权的部分转让。对于受让人而言,为建设用地使用权的继受取得,在权利内容上为主体的变更,即受让人因建设用地使用权之部分转让而与土地所有权人之间成立物之用益关系。在办理变更登记后,受让人对特定空间享有建设用地使用权。

由于建设用地使用权人将其权利范围内未利用空间部分转让给他人,涉及地表建设用地使用权开发强度的变化及规划的变更,依据我国现行法律规定,除应当经规划和土地主管部门的审批之外,①还应当按照出让合同约定进行投资开发,属于房屋建设工程的,完成开发投资总额的百分之二十五以上,属于成片开发土地的,形成工业用地或者其他建设用地条件。② 否则,建设用地使用权转让合同无效。③ 这无形中制约了存量空间资源的盘活利用。该条件的制度目的是保障土地的及时开发利用,遏制土地投机交易,避免造成土地闲置浪费。目前我国土地有偿出让制度已经基本完善,土地一级市场已经实现了公开和透明,所有意向用地者都可以直接通过一级市场来直接获取建设用地使用权,一级市场上的市场价格已经充分体现了土地价值,再行转让的利润空间已经被大大压缩。④《关于完善建设用地使用权转让、出租、抵押二级市场的试点方案》(国土资发〔2017〕12 号)提出,"完善土地分割转让政策。探索土地分割转让措施,明确分割条件,规范分割流程,促进存量土地盘活利用。"为实现这一目标,可以在现行制度条件下,探索如何妥善处理建设用地使用权分割转让与其公法义务之间的关系。一是对于未达到开发投资总额百分之二十五的建设用地,允许其对符合最小不动产登记单元的土地空间予以分割转让,在签订转让合同后,可通过预告登记的方式保障空间建设用地使用权人的权利,待开发投资总额达到法定条件时,再办理空间建设用地使用权不

---

① 参见《城乡规划法》第 38 条、第 43 条,《城镇国有土地使用权出让和转让暂行条例》第 25 条第 2 款。

② 参见《城市房地产管理法》第 39 条。

③ 参见《最高人民法院关于土地转让方未按规定完成土地的开发投资即签订土地使用权转让合同的效力问题的答复》(法函〔2003〕34 号)。

④ 参见房绍坤:《物权法用益物权编》,中国人民大学出版社 2007 年版,第 178 页。

动产登记。预告登记证明可作为办理规划、建设等相关审批手续的依据。二是政府优先购买。对于地表建设用地使用权的未利用空间，地方政府作为土地所有权的行使主体，可以主张回购该部分空间的建设用地使用权，以进行土地空间储备或者用于公共设施建设。

### （三）建设用地使用权出让程序的完善

普通建设用地使用权出让的行政程序，对于地下空间开发利用具有不适应性，容易导致权利冲突。在南京地铁建设中，基于此问题发生过一起典型案例，涉及地铁配建物业出租所引发的租赁合同纠纷。① 虽然该案件表现为租赁合同是否有效，但实质焦点在于地铁附建商业物业是否取得建设工程规划许可证。二审判决严格按照是否取得规划许可证这一形式要件认定租赁合同无效，一审和再审判决则采实质标准，虽然未取得形式上的规划许可证，但该

---

① 甲与南京地铁公司签订地铁配建商铺租赁合同，合同签订后，因商铺未能正常经营而产生纠纷，甲以涉案商铺无规划许可证、无施工许可证、无竣工验收证明、无房产权证、无消防合格证明，涉案商铺为违法建筑为由，主张依据《最高人民法院关于审理城镇房屋租赁合同纠纷案件具体应用法律若干问题的解释》第2条"出租人就未取得建设工程规划许可证或者未按照建设工程规划许可证的规定建设的房屋，与承租人订立的租赁合同无效。但在一审法庭辩论终结前取得建设工程规划许可证或者经主管部门批准建设的，人民法院应当认定有效"，要求确认租赁合同无效。一审法院查明，配套商业物业设施符合城乡规划，可以申领《建设工程规划许可证》。尽管尚没有取得《建设工程规划许可证》，但符合城乡规划，不是违法建筑，与"违建"是两个概念。至于为何至今没有取得《建设工程规划许可证》，是因为地铁公司没有取得土地使用权证，需要提交土地使用权证才能申领《建设工程规划许可证》。一审法院判决租赁合同有效。二审法院则以本案一审辩论终结前，各方当事人均无充分证据证明涉案商业配套房屋已取得建设工程规划许可证或系经主管部门批准建设为由，判决租赁合同无效。该案再审程序中，再审法院查明，南京市规划局于2008年3月28日向南京地下铁道有限责任公司颁发的《建设工程规划许可证》虽未明确将地铁小龙湾站上盖物业列入规划许可范围，但此前南京市江宁区规划局出具的"地铁小龙湾站商业综合楼"规划设计方案审查意见《南京市江宁区规划局建设项目审查意见通知书》以及江苏省发展和改革委员会向南京市发展改革委出具《省发展改革委关于南京地铁一号线南延线小龙湾站调整建设规模的批复》（苏发改投资发〔2007〕1458号），以及2015年10月8日，南京市规划局江宁分局向南京地铁资源开发有限责任公司出具的《关于恳请出具1号线南延线小龙湾站商业物业相关规划证明的复函》等批复文件，表明地铁小龙湾站上盖物业建设规划已经过相关行政部门的审批同意，而上述行政部门均系案涉建设工程的主管部门，南京市规划局及南京市江宁区规划局系案涉物业建设规划主管部门，据此可以认定，在本案一审法庭辩论终结前，地铁公司地铁小龙湾站上盖物业建设已得到主管部门批准。再审撤销二审法院判决，认定租赁合同有效。参见江苏省南京市中级人民法院(2017)苏01民再122号判决书。

建设工程所取得一系列批复文件表明该工程已获得事实上的认可,未来可以取得建设工程规划许可证。传统的建设项目规划许可行政程序是平面思维的土地开发管理技术思路。在现行《城乡规划法》《土地管理法》等法律制度框架下,建设项目报建必须按以下程序进行:首先,建设单位按照法定程序取得由城乡规划主管部门核发的选址意见书;其次,项目单位必须通过土地划拨或出让程序取得建设用地使用权,领取建设用地规划许可证;再次,开展施工图设计,取得建设工程规划许可证和施工许可证;最后,进入施工建设,通过竣工验收,办理地下建设用地使用权及建(构)筑物所有权首次登记。

从形式上看,该管理链条按照工程建设时序逐级控制,确保项目单位严格按规划条件和出让合同施工建设。然其缺乏对土地立体利用的不确定性、复杂性、渐进性、不可逆性考量,存在明显不适应性。空间利用的特殊性,使得建设地使用权设立程序相应的具有特殊性,这表明《民法典》虽然规定了建设用地使用权的分层设立,但配套制度的完善仍任重道远。值得注意的是,《国务院办公厅关于开展工程建设项目审批制度改革试点的通知》(国办发〔2018〕33号)第12条关于"调整审批时序"的规定明确指出,可以将用地预审意见作为使用土地证明文件申请办理建设工程规划许可证,用地批准手续在施工许可前完成即可。

# 三、权利设立规则

## (一)设立地上、地下建设用地使用权的特殊规则

围绕着同一个空间,只要存在多个利害关系人,首先就会发生权源(title)分配的问题。[①] 赋权是资源得以有效利用的必要条件,在交易费用大于零的情况下,权利赋予不同的主体会带来差异化的制度绩效。有观点基于相邻空间利用关系的综合利用、双向利用等特点,提出应当创立相邻空间利用关系约

---

① 参见[日]角松生史:《都市空间的法律结构与司法权的作用》,朱芒、崔香梅译,《交大法学》2016年第3期。

定制度,允许相邻不动产权利人事前、整体性地自行商定相互间权利义务。①
该制度对于化解空间利用中的权利冲突具有重要参考意义。但是从交易成本
的角度考虑,在设计法律规则或解释法律时,应尽量使得物权无须通过后续交
易,而是通过法律规定即可达到配置效率。土地立体化利用中各层空间之间
具有相互关联的建筑结构,为协调各层空间的开发利用,建设用地使用权的分
层设立应有其特殊方式。

第一,在先权人优先取得规则。地上、地下建设用地使用权的设立应当按
照地表建设用地使用权相关法律、法规的规定执行,根据不同的情形分别采取
划拨或出让方式。但由于各层土地相互关联,地上、地下建设用地使用权得以
协议的方式设立。一些地方立法赋予地表建设用地使用权人在同等条件下优
先获得其建设用地范围内的地下建设用地使用权。② 我国现行法律虽未单独
规定取得权这一类型的物权,但其实际上确实存在,例如共有人的优先购买
权、预告登记均具有取得权的效力。各种取得权虽有差异,但也有共性,即权
利人在满足一定条件时,享有取得物上所有权(或其他某种权利)的权利。③
此其一。明确地表建设用地使用权人对其建设用地范围内之地上、地下建设
用地使用权的优先取得权,有利于鼓励地表建设用地使用权人充分利用存量
建设用地,缓解土地供需矛盾。此其二。建设用地使用权的分层设立,使得同
一土地上下同时存在多个物权,在对一项资源进行使用、收益的过程中,参与
的主体越多,资源利用中的利益责任关系越混乱,从而给行事者带来的成本也
越大。在某些情形下,成本会高至行事者无法实现其目标。且由于地面建筑
与地下建筑物形成的特殊性和利用的整体性,如果采取招拍挂的方式出让地
下建设用地使用权,不能确保既有地表建设用地使用权人获得该地下空间的
使用权,无法发挥地表、地下一体化开发建设的统筹协调优势。因此法律应当
对产权主体进行整合,此其三。为进一步增强地表建设用地使用权人优先取
得权的正当性,可明确该优先取得权制度目的的公共利益导向,地上建设用地

---

① 参见张鹏:《论我国相邻空间利用关系约定制度的构建》,《法商研究》2013 年第 1 期。
② 参见《长春市城市地下空间开发利用管理条例》第 30 条。
③ 参见[德]鲍尔、施蒂尔纳:《德国物权法》上册,张双根译,法律出版社 2004 年版,第
44—45 页。

使用权人申请开发其建设用地范围内的地下空间,原则上应用于建设停车场、文化活动、体育锻炼等市政、交通和公共服务设施。

第二,一体出让中的分别登记规则。地下空间开发利用包括结建式和单建式两种,结建地下空间是同一主体结合地面建筑一并开发建设的地下空间,单建地下空间是独立开发建设的地下空间。实践中对空间利用的主要形式为结建式。地方实践对结建式地下空间开发的供地手续采取简化处理方案,即与地上建筑物属同一建设项目的地下空间开发利用,地下建筑部分不单独办理供地手续。据此,地下空间利用被地表建设用地使用权吸收,丧失独立性。结建式地下空间利用中,地表、地下建设用地使用权由同一主体享有,避免了权利冲突,但其只有在物权静止的情形下方可奏效。当地表建设用地使用权与地下建设用地使用权再次分离,权利冲突将会显现,在未对地下建设用地使用权登记的情形下,面临着权利处分行为不发生物权变动效力的问题。因此,地表、地下建设用地使用权一并出让模式并没有从根源上化解权利冲突。财产权的可转让性能够促进稀缺资源在流动中实现合理配置,从而提高经济绩效。尽管结建式地下工程的地下建设用地使用权与地表建设用地使用权一并供应,但是并不意味着对二者不进行分宗,仍然需要根据地表、地下工程分别进行规划设计,达到分宗供应的基本条件,并在建设项目竣工、通过用地复核验收后分别办理建设用地使用权登记。

第三,地下空间分层利用中的共有规则。地下空间可进一步分层利用并分别设立建设用地使用权。即在地下空间竖向划分层次的基础上,分别安排相应地下工程和地下设施,从而实现土地资源的集约节约利用,比较法上将之称为"地中权"①。由于地下空间开发具有不可逆性,为促进地下空间资源的合理布局,各地积极推行整体设计、统一建设的开发模式。此时各层空间的开发利用需要共同使用地表的出入口、通风口和排水口等配套设施和构筑物,产生了各层权利人对共用配套设施和构筑物的权利性质问题。对此,各层权利人之间可以适用共有关系规则,各层建设用地使用权出让合同中应对配套设施、

---

① 参见王刚:《国外城市土地分层利用制度及其启示》,《重庆大学学报(社会科学版)》2014 年第 3 期。

构筑物各自权利比例作出明确约定,权利比重的确定可参考《民法典》建筑物区分所有权部分的规定,将地下建筑物的建筑面积计入整体建筑总面积,之后按各层权利人各自拥有的建筑面积占整体建筑面积的比例分摊地表土地面积。

在具体登记工作中,目前各地地下空间产权登记方法尚不统一,主要有整体登记和分层登记两种模式。有的地方原则上采整体登记,例外采分层登记①;有的地方则只规定了分层登记②。整体登记,就是对土地分层利用进行整体性登记,建设用地使用权分层设立时,按照各层建筑面积比例分摊地表土地面积。分层登记则是各层空间的开发不再分摊地表面积,而是作为独立的空间客体进行登记。前者虽然有助于体现土地各层利用的关联性,通常适用于地下建筑物与地上建筑物连为一体时的结建地下工程,但弊端在于,地上、地下空间的开发利用,造成已有地表权利人的土地权利因被分摊而减少。后者则有助于产权明晰,保障既有地表土地权利人的权益,但各层之间就通行、给水、排水、采光、支撑等共用设施的权利行使机制仍需进一步明确。

## (二) 集体建设用地使用权的分层设立与规则衔接

《民法典》关于建设用地使用权的规定指的是国有土地上的建设用地使用权,依据第 361 条,集体所有的土地作为建设用地的,应当依照土地管理的法律规定办理。然而《土地管理法》体现空间思维不足,其第 4 条关于土地用途管制的规定,将土地分为农用地、建设用地和未利用地,这是从土地平面利用的角度作出的划分。我国实行的建设用地总量控制与耕地保护制度也是以面积为核算标准。各地关于地下空间开发利用的立法通常将其适用范围限定在城市规划区内;少数地方立法规定适用范围为行政区划范围内,或者规定

---

① 例如,《浙江省地下建筑物登记暂行办法》(浙建〔2013〕1 号)第 8 条第 1 款规定:"地下建筑物按照基本单元进行登记。基本单元可以是地下空间整体,也可以是层、套、间,依据建设工程竣工规划核实确认书并结合建设项目的性质、用途等因素确定。"《邯郸市地下空间开发利用管理办法》(邯郸市人民政府令第 180 号)第 31 条第 1 款规定:"地下空间建设用地使用权原则上实行整体登记,也可分层登记。分层登记的,将不同深度的地下空间作为独立宗地进行登记,并在宗地图上注明每一层的层次和标高范围。"

② 例如,《洛阳市地下空间开发利用管理办法》(洛政办〔2019〕58 号)第 27 条规定:"地下建设用地使用权实行分层登记,地下每一层均作为一个独立宗地进行登记。登记时须注明所在每一层的层次和标高范围。"

"集体土地地下空间开发建设参照本规定执行"①,但其条文均围绕国有建设用地使用权,集体土地可参考适用的空间有限。土地法制空间理念的不足造成诸多现实问题,一是我国各地村庄规划尚不健全的情形下,其中所体现的空间思维更为有限,导致村庄建设空间秩序失调、违章建筑频现;二是集体财产权益受到影响,亟待定分止争。管线铺设实践鲜有给予农民集体以补偿,农地的地上、地下空间所有权似乎是不依附于农地所有权的,具有公共空间属性。②

集体土地之地上、地下建设用地使用权的出让权应当由农民集体享有。首先,从建设用地使用权分层设立的规范逻辑而言,《民法典》关于建设用地使用权分别设立的规范,其逻辑前提是将土地之地上、地表、地下作为一个完整的土地所有权,进而通过分层设立建设用地使用权的方式为利用。据此,集体土地所有权人可以在地表、地上、地下分别设立集体建设用地使用权。实践中有的地方直接将集体土地地下、地上空间建设用地使用权确权为国有,③这种做法不仅与法理不符,也与我国集体土地与国有土地同地同价同权的改革目标相悖。其次,从集体土地开发权的归属而言,土地立体化利用中的权利配置围绕着土地空间开发容量展开,对集体土地地下空间的开发利用,表现为土地发展权。农村土地从平面利用向立体化的空间利用转化所产生的价值分配问题,是土地发展权范畴的问题。④ 土地发展权是土地所有权的重要组成部分,是一种通过城乡规划等管制措施而凸显的财产权。⑤ 依据物权平等原则,国家所有权与集体所有权及其所衍生权利的内涵与地位应当具有一致性与平等性。国家拥有国有土地的开发权,农民集体相应地拥有集体土地的发展权。在符合规划和用途管制的前提下,土地承包经营权、宅基地使用权、集体建设用地使用权客体范围之外的空间开发权归农民集体所有。

---

① 《福建省地下空间建设用地管理和土地登记暂行规定》(闽政〔2014〕8 号)第 19 条、《昆明市城市地下空间开发利用管理规定》(昆明市人民政府令第 145 号)第 40 条。

② 参见陈小君:《农地侵权行为解析及其责任适用》,《东方法学》2020 年第 2 期。

③ 参见南京地铁用地物权研究课题组:《空间建设用地物权研究:南京地铁建设用地物权权属调查与土地登记》,江苏人民出版社 2015 年版,第 114 页。

④ 参见韩松:《宅基地立法政策与宅基使用权制度改革》,《法学研究》2019 年第 6 期。

⑤ 参见程雪阳:《土地发展权与土地增值收益的分配》,《法学研究》2014 年第 5 期。

　　对于集体经营性建设用地地上、地下空间的利用,新修正的《土地管理法》规定了集体经营性建设用地的出让参照同类用途的国有建设用地执行,而非必须先征收为国家所有后再出让。因此,对集体土地地上、地下空间进行利用时,其法权关系应当区分不同情形。对于经营性的空间开发,应通过出让方式取得地上或地下集体建设用地使用权。对于因公益目的需要使用集体土地地上、地下空间,设立建设用地使用权的方式有二,一是通过招拍挂或协议出让方式,二是通过征收方式。在市场对土地资源的配置发挥决定作用的条件下,出让方式应当具有优先性,但为了保障公共利益的实现,亦应当对出让的优先性予以必要限制。① 例如,如果在一定时间内集体不能就建设用地使用权入市形成方案或者怠于行使入市权利,致使公益目的之空间开发目标无法实现的,政府有权对地上或地下集体建设用地予以征收。

# 四、相邻妨害规则

## （一）规制权利交叉的两个维度

　　土地立体化利用中并存权利之间发生交叉是一种相对的权利冲突,它随具体事实情境的变化而产生、变化或消失。调整土地立体化利用中多项权利之间关系的规则也具有相对性,其蕴含着意定与法定并行的规制逻辑。法律对不同样态的权利并存关系的规制支点和构造不同,需综合考虑建设用地使用权分层设立中并存权利的属性、样态,以确立相应的法律规则。结合实证法律经验,据以调整权利交叉的两个维度为管制维度与时间维度。②

　　第一,管制维度上,《民法典》第 346 条将"符合节约资源、保护生态环境的要求,遵守法律、行政法规关于土地用途的规定"作为设立建设用地使用权的边界范围和前提条件,彰显了物权所承担的公益维护义务,因此,负有管制功能的权利优于无此功能的权利,并存的权利均负有管制功能时,则根据管制

---

① 参见韩松:《城镇化进程中入市集体经营性建设用地所有权归属及其与土地征收制度的协调》,《当代法学》2016 年第 6 期。

② 参见常鹏翱:《物权法上的权利冲突规则》,《政治与法律》2007 年第 5 期。

目的与手段的强弱来确定权利的优先顺序。例如,诸多地方立法规定地下空间开发应当遵循公共利益优先原则,即应急防灾、人民防空和国防建设等城市基础设施和公共服务设施优先。① 因城市基础设施和公共服务设施建设的需要而设立的建设用地使用权,无论其设立顺序在先还是在后,非公益用地的建设用地使用权人均应当依法为其提供便利,并不得损坏相关设施。

　　第二,时间维度上,在管制维度起作用之外的领域,围绕时间次序确立以登记为基础的顺位规制模式、以合意为基础的顺位规制模式。具体而言,首先,我国建设用地使用权分层设立的逻辑前提是将土地之地上、地表、地下作为一个完整的土地所有权,土地所有权人只是将土地上下一定的空间范围出让给地表建设用地使用权人,该空间范围以外的土地空间,土地所有权人仍享有所有权,其再设立地上或地下建设用地使用权不必征得已有用益物权人的同意。具体而言,在土地上已设定地上或地下建设用地使用权的情形下,明知土地上的权利状况仍愿在同一宗土地上设定地表建设用地使用权者,乃为自愿受地上或地下建设用地使用权之限制;在地表建设用地使用权设定在先的情形下,仍应解释为地表建设用地使用权人愿意受设定在后之地上或地下建设用地使用权之限制,因为若不为此解释,将导致《民法典》第 345 条、第 346 条无解释上的实益。因此,《民法典》第 346 条的规范意旨并非赋予已有用益物权人同意权,而是在于确立土地上权利冲突的规制路径。其次,建设用地使用权本身作为用益物权能够在土地立体化利用中引入市场机制,通过当事人自由协商实现资源的有效配置,在交易成本较低的情形下,不同层次建设用地使用权人之间可以协商设定地役权来调整彼此之间的不动产利用关系,当地役权的价格高于在先用益物权人的损失,又低于在后建设用地使用权因此实现的效用之时,当事人的福利均得以提高,其能够达成约定。最后,在交易成本较高,当事人不能够达成约定的情况下,不同层次的建设用地使用权人之间则退而适用法定的相邻关系规则,设立在后的建设用地使用权人在行使权利时应尽量避免或减少对其他层次建设用地使用权的妨害。有观点认为,土地

---

　　① 参见《上海市地下空间规划建设条例》第 4 条,《天津市地下空间规划管理条例》第 3 条、第 4 条。

所有权人在为第三人设定地上或地下建设用地使用权时,如果对地表建设用地使用权造成妨害,若该妨害无法排除,该地上或地下建设用地使用权因为违反《物权法》第 136 条之"新设立的建设用地使用权不得损害已设立的用益物权"而无效。[①] 对此,物权的排他效力固然是物权的本质属性,但该观点仍过于绝对。物权排他效力因物权种类的不同而强弱不同。建设用地使用权分层设立的目的在于促进物尽其用,土地上下各层空间相互关联,并存用益物权的排他效力应作弹性解释,不应将"不得损害"解释为效力性强制性规定。如果在后设立的建设用地使用权之行使无法避免外部成本,此时各物权的排他性降低了土地分层利用的总体效用,增大了社会成本,应当通过损害赔偿规则来调整权利人之间的关系,即在先权利人必须接受在后设立之建设用地使用权对其造成的影响,但后者必须支付损害赔偿,从而实现外部成本的内部化。

### (二) 规划许可对损害认定的影响

在我国土地公有制条件下,政府在土地一级供应市场占据主导地位,土地利用关系之调整存在着大量行政法规和强制性规范,土地立体化利用中并存权利之间的关系具有规划许可形塑私权效力的特点,在认定建设用地使用权之分层设立是否对已有用益物权造成损害之时,根据对相关司法裁判文书的整理,主要面临的问题是:对土地空间的利用需要获得规划许可审批,法院在裁判纠纷之时,需要判断规划许可与物权妨害之间的关系,即取得建设用地规划许可是否意味着获得了妨害豁免?尽管有观点认为空间秩序冲突应通过公法上的建筑计划法、建筑规划来解决,[②]但当纠纷进入司法阶段,法院仍需要从事后对空间利益分配中的利益冲突进行审视并作出规范性判断。首先要明确的是,规划许可与物权妨害属于不同主体之间、具有不同属性的法律关系。规划许可是建设用地使用权人与城乡规划主管部门之间的行政法律关系,国土空间规划是重要的公共政策,是否作出规划许可主要基于公共利益的考虑。物权妨害则是建设用地使用权人与相邻不动产物权人之间的民事法律关系,

---

① 参见王晓明:《空间建设用地使用权的理论问题研究》,《中州学刊》2011 年第 2 期。

② 参见肖军:《论城市规划法上的空中空间利用制度》,《法学家》2015 年第 5 期。

是否构成物权妨害属于司法判断的问题。其次,规划许可的内涵是基于城乡经济和社会发展目标,认定对特定空间的开发是可以接受的,其仅仅是改变了权利人之间相邻关系的内涵,并未授予建设用地使用权人对相邻物权妨害的豁免权。因此,规划许可不能使得妨害行为合法化。① 但是,由于规划许可改变了权利人之间相邻关系的内涵,因此在认定是否构成妨害之时应当将其作为参考因素。在认定规划和开发许可对妨害的影响时,要区分无法避免的影响和其他可以避免的影响,②从而建立兼顾目的、手段、后果的法律适用方法,以实质性衡量权利冲突所涉多元利益,在实现物尽其用的同时将外部成本降至最低。

对于无法避免的影响,在符合规划编制程序的条件下不应认定为妨害。例如,地铁公司取得地下建设用地使用权后,地铁通行所产生的噪音和震动是无法避免的必然结果,如果附近居民以其构成妨害要求损害赔偿,则首先需要判断该规划编制程序的正当性。规划以实现公共利益为目的,"在高度发展的社会中,行政权公共性的保障由在民主选举的立法机关下执行法律扩展为在执行过程中如何确保社会成员的参与机会"③。因此,若认定此时的外部影响不构成"损害",则需要符合一项前置条件,即在规划编制阶段或者规划许可作出之前执行了财产权保障机制,充分考虑、评估空间开发利用对相邻权利人的影响,从而使得规划对相邻关系内涵的改变具有充分的正当性。如果相邻权利人认为构成妨害,可以在此阶段提出异议并要求补偿,这有助于企业评估地下项目开发成本,以决定是否开展地下项目的建设。若相邻权利人在此阶段无异议,地下项目建设后又要求损害赔偿,则是空间项目权利人不可承受之重。

对于可以避免的影响,由于其超出了相邻权利人一般的合理承受水平,而构成妨害。例如地铁通行所产生的噪音和震动超出了一般的合理容忍范围,此时即便取得规划许可,亦不排除相邻权利人的损害赔偿请求权。原因在于,一是尽管空间开发项目需要符合城乡规划建设许可、经环境影响评价,但其均

---

① See Michael Purdue, "Human Rights and Planning Law: The UK Experience", *Asia Pacific Law Review*, Vol.10, No.2, 2002, pp.195-210.

② 参见李凤章:《"土地开发权国有"之辩误》,《东方法学》2018 年第 5 期。

③ 朱芒:《功能视角中的行政法》,北京大学出版社 2004 年版,第 169 页。

发生在实际建设活动之前,此时作为行政许可利害关系人的相邻权利人难以确切知晓其权益是否受影响以及受影响的程度,现行法的规定对于相邻权利人权益的保障较为有限。二是如果认定规划许可排除相邻权利人的损害赔偿请求权,将有违法律保留原则之嫌。基于法律保留原则,在法律未明定行政许可可以排除第三人行使民事请求权之时,立法上均应有对财产权受影响之第三人进行补偿的配套规定。如果基于行政许可而直接排除相邻不动产权利人主张损害赔偿请求权,意味着物权人的请求权可以未经任何补偿地遭到牺牲。行政许可与民事损害赔偿之间制度功能与运作原理的差异决定了二者不能互相取代。

从土地平面利用到土地立体化利用,体现了土地观从二维到三维的转变。为科学、有效地解决土地分层利用中的权利交叉难题,亟须拓展蕴含三维内涵的土地思维模式,对建设用地使用权分层设立的规范结构进行妥善解释。土地分层开发具有相互关联性,地下空间开发还具有不可逆性,这使得分层建设用地使用权的法律构造具有不同于普通建设用地使用权的特殊性,为应对现行法律不尽完善而产生的法律适用难题,适应现代土地立体开发利用的需求,仍有必要从立法层面细化建设用地使用权分层设立时的权利行使规范,为《民法典》的有效实施提供配套规则支撑,在土地分层利用领域形成相对稳定的共同预期,减少纠纷发生。

科技的发展使得人们对物的控制能力大大增强,不动产用益形态日益立体化、精致化。实践中,已经出现了在城市建设用地之地上或地下开展农业种植,近年来海底隧道、水下酒店、水下电影院等工程已经使人类对空间的利用从陆地发展到水体、海域。地上、地下空间利用呈现出独立化的发展趋势,而不再是地表设施的附属。尽管建设用地是土地立体化利用的主要权利形态,若仅将土地分层利用限定于建设用地则无疑大大限缩了土地立体化利用的空间与形式。用益物权的内容因社会经济的变迁而发生变动,《民法典》调整的社会关系具有基础性与全局性,对其规范的解释应当保持适当的开放性,各层土地的用途不必一致,以最大限度地满足不同主体对土地资源的不同利用需求。鉴于《民法典》之条文现状,以及土地空间利用的诸多特殊之处,实现空间的有序开发利用,需要创新建设用地使用权出让方式、地役权设立规则、土地三维登记规则等,这涉及《不动产登记暂行条例》《城镇国有土地使用权出让和转让暂行条例》等多项法律、法规、部门规章,内容涵括实体法与程序法,所涉法律关系横跨公法、私法领域。对此,可发挥《民法典》第 326 条作为转介条款的作用,将专门立法的规范与《民法典》相衔接,从而保持《民法典》内容的稳定性与灵活性,以回应土地分层利用实践需求。这需要系统整理《民法典》物权编与其他法律法规之间的体系关联与功能分配。一方面,关于地下、地上建设用地使用权登记的程序性规定,由《不动产登记暂行条例》及其实施细则予以规定,并在未来全国人大制定《不动产登记法》时,予以系统整合;另一方面,在对原建设部《城市地下空间开发利用管理规定》和地方立法的实效进行评估的基础上,制定土地分层开发利用专门立法。

# 第八章　集体土地分层利用中的
## 权利冲突及其规制

　　集体土地空间利用,是对集体土地地上、地下空间的分层开发和多功能利用,是促进国土空间资源高效利用的重要方式。近年来,我国以地铁为主导的地下轨道交通、综合管廊为主导的地下市政等快速发展,当穿行于集体土地空间,必然涉及与地表土地权利之间的关系,但目前我国尚未建立集体土地分层利用规则,实践中土地上并存权利之间的冲突频现。现有研究多关注国有建设用地使用权的分层设立,而对集体土地空间利用规则缺乏关注。本章研究集体土地分层利用中的权利配置,明确集体土地上并存权利之间以及权力与权利之间的关系,以此为解决集体土地空间上权利交叉、缺位问题和深化农村土地制度改革提供理论支撑。

## 一、实践问题与理论困惑

### (一) 实践问题

　　无论是《民法典》还是《土地管理法》,均未明确规定土地所有权的空间范围。《民法典》第 345 条规定了建设用地使用权的分层设立,确立了我国空间利用的法律调整模式,空间是土地的成分,无须再借由空间权予以实现。现行立法仅对国有土地上建设用地使用权的分层设立作出明确规定,集体土地分层利用规则仍不明确,当涉及集体土地空间利用时,由谁行使处分权? 这要求我们首先必须明确集体土地地上、地下空间的归属。

地下空间开发实践中,基本按照归国家所有执行,直接由地方政府通过划拨的方式为地铁公司设立建设用地使用权,无须经地表土地权利人同意,亦无须补偿,只有在造成损害时予以赔偿。[①] "在我国实行土地空间公有制的大背景下,对于地下空间利用权制度的构建存一定优势的促进作用。"[②]但实践中,引发了地表集体土地所有权与地下空间使用权之间的冲突。例如,某市地铁公司利用地铁轨道交通形成的地下空间建成停车场,该停车场属于尚未履行建设用地使用权出让程序的土建预留工程,其地表为某集体公共设施用地,农民集体认为该地下空间应当为集体所有,地铁公司则认为其空间利用行为已取得规划许可,地下车库应当归其所有。还有的地方因无法律明确规定而无从审批出具用地意见,大量地铁用地未办理建设用地使用权证。除地铁通行部分,站厅也有相同问题,地方实践通常只征收出入口部分的集体土地,但出入口以下站厅的通风口等部位会扩大到出入口以外。对此,地表集体土地所有权人认为地铁穿过地下,对其土地之地表、地上利用造成限制,应当予以征收或者支付适当补偿,才能让渡所有权或者限制所有权。[③]

**(二)理论分歧**

学界对空间权的研究集中在国有土地,对集体土地空间权利配置的关注较少,多为在讨论相关问题时的附带说明,但观点上的分歧仍颇为明显:

第一,集体土地上下空间归国家所有,[④]空间使用人通过划拨等方式取得使用权。这种观点为我国目前地铁设施建设实践所执行,但未阐释集体地上地下空间归国家所有的法理基础。

第二,区分集体土地上下空间的不同层次,确定相应的产权归属及使用权

---

① 参见南京地铁用地物权研究课题组:《空间建设用地物权研究:南京地铁建设用地物权权属调查与土地登记》,江苏人民出版社2015年版,第30页。地方立法如《西安市城市轨道交通条例》第18条第1款规定:"城市轨道交通的地下建设,不受其上方土地所有权、使用权归属的限制,但应当保障上方和周边已有建筑物、构筑物的安全。"

② 贾宏斌:《我国地下空间利用权制度构建》,人民法院出版社2019年版,第105页。

③ 参见广东省广州市中级人民法院(2021)粤01民终21473号民事判决书。

④ 参见彭诚信:《我国土地公有制对相邻关系的影响》,《法商研究》2000年第1期;王守智:《我国地下空间开发利用的"公益优先"原则探析》,《中国土地》2022年第2期。

设立方式。对于浅层空间,可参考国有建设用地使用权分层设立规则;对于深层空间,由于其已超越集体可支配范围,不属于集体所有权客体范围,对其利用无须集体同意,也不应补偿。[①] 该思路具有一定合理性,但其对支配能力的判断,未体现土地所有权人支配能力的差异性与发展性;且未提出区分浅层、深层空间的标准,欠缺可操作性。

第三,集体土地上下空间归集体所有,集体可分层设立空间使用权。未经农民集体同意,任何主体不得对其土地上下空间进行开发利用。[②] 集体土地上设定宅基地使用权等用益物权之后,用益物权人对其权利设定目的范围内的附属于地表的空间享有合理使用的权利,但该空间范围以外的地上地下空间仍属于集体土地所有权的客体范畴。[③] 该观点尊重集体土地所有权人的主体地位,有利于保障集体土地权益,但对于如何构建具体的集体土地空间利用规则,仍欠缺系统研究。

### （三）亟须解决的问题

上述实践困惑与理论歧见蕴含着国家土地管理权与集体土地所有权的冲突。在立法未对集体土地所有权空间范围作出明确规定条件下,虽然公权力径行处分集体土地地下、地上空间已是既成事实,但并非意味着集体土地地上地下空间归国家所有。理顺集体土地空间利用权利配置,以下问题亟待解决:

第一,集体土地所有权在纵向空间上的边界应如何界定?集体土地所有权是否因公有制属性而承担较重容忍义务,或因主体开发能力有限,国家即可径行就集体土地上下空间为他人设立建设用地使用权,且不构成物权妨害?

第二,对于地铁等设施利用集体土地地下空间,虽然是既存事实,但如果要使其成为受法律保护之权利,仍需明确该权利的生成逻辑及法律属性为何?

---

① 参见靳相木:《集体土地的地下空间产权设置问题》,《中国土地》2021年第8期。

② 参见赵秀梅:《土地空间权法律问题研究》,法律出版社2019年版,第90页。

③ 参见韩松:《宅基地立法政策与宅基地使用权制度改革》,《法学研究》2019年第6期。

# 二、集体土地空间所有权的配置

关于集体土地空间利用规则的争论,实质上集中在土地所有权可分性、集体土地空间的公物属性等几个关键理论问题的分歧,廓清这些理论问题,是准确理解和界定集体土地所有权空间范围的前提,是实现集体土地所有权空间利益的理论基础。

## (一) 土地所有权空间范围的两种界定模式

罗马法与普通法均有土地所有权"上至天寰、下至地心"(Cujus est solum, ejus est usque ad coelum et ad inferos)理念,该格言的起源尚不清楚,根据美国财产法学家斯普兰克林教授的考察,cujus est solum 规则是英国和美国法律的一部分,可以追溯到 1766 年,当时威廉·布莱克斯通在《英格兰法律评注》中提出这一点。① 斯普兰克林解释说,在此之前,英国对地下所有权的态度"既狭隘又现实",土地所有者"仅拥有与地表直接相连的地下空间,他可以将该部分地下空间用于生产",例如挖掘砾石或黏土。② 在英国,1285 年该规则就被记录在诺里奇的房屋销售合同中,并出现在 Bury v. Pope 案的法律报告中。该案还确立了土地上空可以单独成为所有权客体原则。③ 随着现代科技的发展,所有权绝对的观念受到限制。在 Commissioner for the Railways v. Valuer General 案中,Wilberforce 勋爵评论说,在任何情况下,都没有权威性声明说"土地"是指从地心到天空的整个空间:如此笼统、不科学和不切实际的学说不可能诉诸普通法思想。④《牛津法律大辞典》认为,土地所有权的效力及于土地的上空和地表下面直至地球中心的底土,但地表之下底土中的采矿层可

---

① See John G. Sprankling, "Owning the Center of the Earth", *UCLA Law Review*, Vol. 55, No. 4, 2008, pp. 979, 986.

② See John G. Sprankling, "Owning the Center of the Earth", *UCLA Law Review*, Vol. 55, No. 4, 2008, p. 983.

③ (1586) 1 Cro Eliz 118.

④ [1974] AC 328, 351 [PC].

以出卖、出租或以其他方式而属于地面所有人以外的其他人。而且,飞行器飞越土地所有权人土地上空不构成非法侵入。① 在 Bocardo SA v.Star Energy On-shore Ltd 案中,上诉法院的 Aikens L.J.法官认为土地所有权"上至天寰、下至地心"并非英国法的规则,但最高法院的 Hope 勋爵则认为,该格言在英国法仍然具有价值,因为它以简单的语言概括了一个已获得普遍接受的法律命题。② 事实上,虽然土地所有权"上至天寰、下至地心"传统规则建立在理论之上,但并非必然得出它是一个没有任何价值的规则的结论。在利用地下空间能力方面的新兴革命要求我们比以往任何时候都更实际地研究财产法。Merrill 和 Smith 教授认为,该学说之"形式主义"属性,是物权法律制度倾向于以可接受的成本传达物权效力范围信息的结果。③ Stuart S.Ball 教授亦指出:"上至天寰、下至地心"显然包含诸多荒谬和无意义。我们最深的矿井仅延伸到地表以下几英里,当然人类将来可能开发得更深。然而,在出现需要解决方案的情况之前,没有必要对法律承认的所有权深度进行限制。④ 以上表明,实证法中并无绝对土地所有权。罗马法上,土地所有权的限制分为两类:或者所有主应当容忍他人对物行使权利(pati),或者自己应当避免行使某些权利(non facere)。⑤ 所有权仍受到相邻利益、公共利益、宗教利益、人道主义和道德等方面的限制。⑥ 即便是《法国民法典》第 522 条赋予土地所有权以无限的空间范围,学者也认为该规定已远远超过单纯的假定,其试图在不考虑其他因素的情况下,确定一种"立体物"所有权,即确定"所有人的权利及于土地表面之上与之下的整个'立体'"这一基本原则;只不过,这种"立体"的权

---

① 参见[英]戴维·M.沃克:《牛津法律大辞典》,李双元等译,法律出版社 2003 年版,第 648 页。

② [2011] 1 AC 380,para 26.

③ See Thomas W.Merrill,Henry E.Smith,"The Property/Contract Interface",*Columbia Law Review*,Vol.101,No.4,2001,p.803.

④ See Stuart S.Ball,"Vertical Extent of Ownership in Land",*University of Pennsylvania Law Review and American Law Register*,Vol.76,No.6,1928,p.639.

⑤ 参见[意]彼得罗·彭梵得:《罗马法教科书》,黄风译,中国政法大学出版社 2018 年版,第 197 页。

⑥ 参见周枏:《罗马法原论》(上),商务印书馆 1996 年版,第 360 页。

利要受公共秩序的制约,在一定情况下有可能被限制或者被消灭。① 近年来,随着碳捕获、碳储存等能源环境技术的发展,进一步引发学界对土地所有权地下范围的思考。

根据是否认可土地所有权具有可分性,比较法上土地所有权空间范围的界定模式包括两类:

第一种模式认为土地所有权具有不可分性,地上、地下空间是一个整体,不可分割为不同的所有权客体。对土地的分层利用,则是通过对土地所有权予以限制的方式来实现。限制的方式有二,一是法律的限制,如《日本民法典》第 207 条规定"土地所有权于法令限制的范围内,及于土地的上下"。对于东京、名古屋和大阪周边土地利用密集的特定地区,专门制定《地下深处空间公共利用特别措施法》,规定在满足某些公共利益要求的情况下,即使未经地表所有者同意,也允许其他实体获得许可进入和使用地下大深度空间。② 二是行使利益范围的限制。实行土地私有制的大陆法系国家或地区大多采此立法模式,如德国、瑞士等国。③ 美国法上,在浅层空间利用中,法院通常认定土地所有权的效力及于为利用地表土地而必要的合理空间范围;④在深层空间利用中,空间开发深度越大,法院越倾向于不支持土地所有权人的妨害主张,⑤而且即便是土地所有权人要对其地下空间进行开发,亦需取得行政许可。鉴于相当多国家和地区规定土地所有者只能使用地表土地合理必要的地下空间,有观点进一步提出,边界线以下的土地是无主土地,将受制于其实际占有人的所有权,或者,对进入土地具有排他控制权的

---

① 参见尹田:《法国民法典》,法律出版社 2009 年版,第 150 页。

② 根据该法,大深度空间指距地表-40 米或距支撑土壤-10 米(通常是基础桩所在的位置)的空间。

③ 如《德国民法典》第 905 条规定:"土地所有人的权利及于地表上的空间和地表下的地壳。但所有人不得禁止在如此高度或深度,以致他对排除干涉无利益的地方所实施的干涉。"《瑞士民法典》第 667 条规定:"(1)只要行使权利有利益可言,土地所有权及于地面上方空间及地面下方之地身。(2)除法律保留的限制外,土地所有权及于全部建筑物、植物及泉水。"

④ See Nichols v.City of Evansdale,687 N.W.2d 562,566 (Iowa 2004).

⑤ See John G.Sprankling,"Owning the Center of the Earth",*UCLA Law Review*,Vol.55,No.4,2008,p.1004.

人是所有者。①

　　第二种模式认为土地所有权具有可分性,地表土地所有权所包括的空间范围以土地所有者利用土地之合理必要范围为限,在此之外的地上、地下空间归国家所有。马来西亚、新加坡以及澳大利亚、加拿大的某些州采取这种模式。马来西亚的土地制度类似于批租制,即土地归国家所有,私人如果使用土地,需要向国家申请。在 20 世纪 90 年代后修订其《国家土地法典》(National Land Code),第 5(A)部分规定了关于地下空间所有权的条款。根据其第 92B 条,当国家转让土地时,有权指定地表土地所有者可以主张的地下深度范围,该范围之外的地下空间仍归国有。这也适用于根据第 92E 条租赁储备地块(reserved land)②的情形。第 5(A)部分允许国家将地下土地与地表土地分开转让或出租。该法的配套法规进一步明确第 92B 条中地表土地所有权的最小深度范围,区分地表土地用途,农业、建筑和工业用途所对应的土地所有权最小深度分别为距离地表 6 米、10 米、15 米。③ 新加坡《国家土地法》(State Lands Act)于 2015 年修订,根据第 3B 条,地表土地所有者只能要求使用和享有合理必要的地下空间。第 3B(1)条规定,使用和享有的合理必要空间范围,指的是“国家规定的地下空间深度”,在国家未规定的情况下,土地所有权的深度范围为新加坡高度基准以下 30 米。④ 至于其如何得出 30 米作为使用和享有地表土地的合理必要范围,这个范围是在与行业、律师和学者协商后,并检查了现有已知的地下室深度确定的。⑤ 与马来西亚法律规定地表权利最小深度范围不同,该地下 30 米是地表土地所有权人可主张的最大深度范围。尽管如此,土地所有者仍拥有充足地下空间以备将来建

---

① See Adrian J. Bradbrook, "The Relevance of the Cujus Est Solum Doctrine to the Surface Landowner's Claims to Natural Resources Located above and beneath the Land", *Adelaide Law Review*, Vol.11, No.4, 1988, p.473.

② 储备地块,通常指留待未来开发建设的或禁止开发的规划控制用地。

③ See National Land Code (Underground Land) (Minimum Depth) Regulations 2006、PU(A) 414 of 2016, Malaysia.

④ 新加坡高度基准(SHD),对应于新加坡历史上确定的平均海平面高度。

⑤ See Second Reading Bills, State Lands (Amendment) Bill, 13-3-2015, https://sprs.parl. gov.sg/search/sprs3topic? reportid=bill-137,最后访问日期:2022 年 5 月 20 日。

造地下室。① 根据该法案第 4 条,地表土地所有者有权将他的桩基沉入到为其地表开发提供支持所需的深度,包括沉入到国家所有的地层深度,此时形成地役权关系。根据新加坡《侵占国有土地法》(*State Lands Encroachments Act*),行使该地役权的土地所有权人不会被认定为侵占国有土地。与马来西亚一样,新加坡的地下土地可以与地表土地分开由国家转让。② 与《国家土地法》修订相配套,新加坡《土地征收法》(*Land Acquisition Act*)也进行了相应的修订,允许征收土地特定的地上或地下空间,具体而言,包括以下方面:一是国家可只征收地上或地下的特定空间,并就该空间的征收予以补偿。这将使得政府能够灵活地仅获得所需的特定空间层,而不必在开发公共设施时获得包括地面和空域在内的整个土地。二是土地所有者的权利因国家临时占用或征收其地上、地下空间而遭受严重损害时,可要求政府征收其土地所有权。

此外,澳大利亚维多利亚州《土地法》明确规定,除了 1892 年之前已出让永业权的土地之外,国家拥有地表 50 英尺以下的土地。③ 加拿大艾尔伯特省 2010 年也颁布立法,规定艾尔伯特省所有地表以下的孔隙空间属于王室所有,并且王室在出让土地、矿山、矿产之时,并未将上述空间同时转让。更重要的是,它还规定了该宣告不属于对私人财产权的征收。④ 美国司法实践中,采取这一路径的判决较少,少数判决之一是 Boehringer v. Montalto 案,原告认为本案所涉 150 英尺深的公共下水道管道违反了反对产权负担的契约,纽约法院驳回了该主张。在讨论了 ad coelum 路径在地表以上空间的消亡之后,法院得出结论:"因此,土地所有权'上至天寰、下至地心'的旧理论已经是一项完

---

① 例如新加坡的 Orchard ION 大楼有四层地下室,延伸到 SHD 下方仅约 10 米;新加坡最深的地下室位于 Fusionopolis,位于 SHD 下方 15 米处。

② 新加坡土地法案虽然不像马来西亚那样,明确规定地表土地所有人地下空间范围以外的部分归国家所有,但事实上,地表 30 米范围以下的地下空间属于国有土地,尽管其立法中不包含"国有土地"概念,但对这一结论的最佳解释是历史事实,即新加坡所有土地的所有权最初来自东印度公司,后来由英国王室授予转让土地。See Elaine Chew, "Digging Deep into the Ownership of Underground Space-Recent Changes in Respect of Subterranean Land Use", *Singapore Journal of Legal Study*, Vol.2017, No.1, 2017, pp.1-17.

③ See Section 339 of the Lands Act 1958.

④ See Section 15 of the Mines and Minerals Act, as amended by the Carbon Capture and Storage Statutes Amendment Act 2010.

全不再被接受的原则。土地所有权的地上空间范围现在仅限于土地所有者可以合理使用的范围。以此类推,土地所有者的所有权不会延伸到这样的深度,即超过该深度时所有者可能无法合理利用土地。得出的结论是……下水道存在的深度已经超出了土地所有者可以有效利用的范围……"①Boehringer 案建议土地所有权的地下空间范围应当限制在地表以下 150 英尺深(约 45.7米),至少在住宅领域应当适用该标准。

　　与模式一相比,模式二的特点是在地表土地之下创建了一块地层,作为一项单独所有权的客体,而不是像日本那样仅仅为非所有者划出进入权(rights of access)。事实上,新加坡模式走得最远,即使是建筑物地基桩所在的土地也不一定属于地表土地所有者,而仅可能是支撑地役权的主体。

### (二) 两种界定模式的本质区别与选择

　　以上两种模式的本质区别在于默示规则的差别,模式一未明确规定地表土地所有权的客体范围,将土地上下空间推定为土地所有权范围,只是在特殊情形下通过立法予以限制;模式二则明确规定地表土地所有权范围,此外的空间为国家所有。前者关注的重点在于空间利用活动可能对地表土地所有者造成的损害,在此路径下,土地所有权的纵向范围得到最大化保障。根据第二种模式,土地所有权的纵向范围被划定在土地所有者使用地下空间实际能力不能及之处,据此所划定的土地所有权地下边界较浅;它否定地表土地所有者对该边界以下的土地进行使用、收益以及排除他人妨害的权利。

　　根据我国现行法律体系,不宜采取第二种模式。原因在于:一方面,《民法典》第 207 条在《物权法》第 4 条基础上增加"平等保护"表述,任何第三人对集体土地的占有、利用都应当尊重农民集体作为土地所有权人的主体地位。土地立体化利用中的权利配置围绕着土地空间开发容量展开,对集体地上地下空间的开发利用,表现为土地发展权。依据物权平等原则,国家所有权与集体所有权及其所衍生权利的地位应当具有一致性与平等性。国家拥有国有土

---

①　Boehringer,254 N.Y.S.at 278.

地的开发权,农民集体相应地拥有集体土地的发展权。① 在符合规划和用途管制的前提下,集体土地上既有的用益物权人只能在合同约定的空间内行使权利,或者在合理范围内对地表之上下空间进行利用,在此之外的空间仍为土地所有权人保留。这既是民法土地所有权整体性的内在逻辑,也是宪法财产权保障条款的应有之义。另一方面,尽管以特定高度或深度分层确定集体地上、地下空间分别归集体、国家所有,有助于促使产权清晰界定,但如何划定该产权分界线的位置难度异常。相较于新加坡、马来西亚等国家和地区,我国幅员辽阔,各地地形、地貌、地质情况不同,难以一刀切地确定精确的高度或深度范围。并且国内外对竖向分层标准的划分尚不统一。② 如果分界线划定在一个非常低的深度,以至于超出此范围的地下空间无法为人力所支配,则该界线无实际意义。

模式二确定了集体地上地下特定部分空间由公共使用而不受集体所有权影响,与公法中的公物路径有异曲同工之处。罗马法上即存在公物,指的是那些根据自身属性不可能成为私人所有权客体的物,如空气、阳光、海洋等。③ 公物路径认为,地下空间是对整个社会发展和生态保护价值重大的自然资源,而不是以满足特定个人的需求,因此应当采取公物路径来调整。④ 相较于民法路径侧重土地的资产属性,以土地所有权为基础构建法律调整模式;公物路径侧重于土地的自然资源属性,以国家的自然资源管理权为基础构建法律调整模式。尽管大部分公物的初始状态不受任何形式的管制,但为了保障公共

① 参见于凤瑞:《民法典建设用地使用权分层设立规则释论》,《重庆大学学报(社会科学版)》2021 年 7 月 26 日知网首发。

② 参见赵景伟、张晓玮:《现代城市地下空间开发:需求、控制、规划与设计》,清华大学出版社 2016 年版,第 135 页。

③ 罗马法上将物分为自家物与万家物,自家物即私有物,万家物包括四类:一是供人类共同享用而不限于罗马市民享用的共有物(res communes),如空气、阳光、海洋等;二是由全体罗马市民共同享有的共有物(res publicae),如河川、公路、牧场等;三是由市府团体拥有的市有物(res universitatis),如戏院、斗兽场等;四是无主物(nullius),即被人抛弃或从来未有所有人之物。参见[罗马]查士丁尼:《法学总论——法学阶梯》,张企泰译,商务印书馆 1989 年版,第 49 页。其中,前三类为不可交易的"人法物"。"由于不用于经济目的,不归任何人所有;法学家们称它们为'非财产物(nullius in bonis)'。国家对它们行使的保护,在我们看来,是在行使主权,这是与所有权平行的概念,因而产生某些相似的效力。"参见[意]彼得罗·彭梵得:《罗马法教科书》,黄风译,中国政法大学出版社 2018 年版,第 154—155 页。

④ 参见张牧遥:《论地下空间使用权法律模式的建构》,《法学论坛》2020 年第 5 期。

利益(例如航空路线或者控制污染),它们中有些需要服从于某种形式的限制或管制,这在某些情形下被认为创造了一种归属于国家的"公共财产权"。①公物概念在强调特定物直接供公目的之使用,其所有权归谁所有则在所不问,均须受特定公目的之约束。公物所承载的公目的使用,相当于公法役权,不受公物之物权变动影响。借助公物路径构建集体地下空间利用制度,有助于从判断空间归属难题中解脱出来,但纯粹按照公物路径之"公共役权+剩余权利"结构调整集体土地空间利用,仍存在局限性。首先,其逻辑前提是将地下空间归为自然资源范畴,尽管土地属于广义上的自然资源,但根据我国现行法体系,《民法典》第249条已明文规定土地所有权主体,第250条规定的自然资源应不包含土地在内,径行以土地的自然资源属性作为主要属性来确定集体地上地下空间法律调整模式,在法学方法上严谨度有所欠缺。现有观点未全面考察地下空间利用类型与深度范围,便得出按照公物路径建构地下空间利用法律调整模式之结论,未免稍显草率。其次,集体地上地下空间利用,包括公益用途与经营用途,尽管前者尚可透过公物路径,使得集体地上地下空间用于特定公目的,但"归属清晰、权责明确"是我国生态文明体制改革的首要原则,仍需清晰界定各类自然资源资产的产权主体,划清全民所有和集体所有边界,为生态文明体制改革提供产权支撑;对于后者,公物路径显然难以适用,仍需回归民法路径,明确其权利得丧变更规则。最后,我国物权法律制度未区分物权客体的性质,实证法上不存在公物与私物概念,而是采取一体调整体例,如何从实证法层面衔接公物与私物的法律适用,是一个体系性难题。比较法上要取得公物的法律地位,仍需从实体层面识别财产具有公用功能,并在程序层面由有权立法机关或行政机关通过正式立法或行政行为将该财产界定为供公共使用。该过程本身具有不确定性,难免发生行政权力因寻租而恣意界定公物。基于以上,从私法层面明确集体土地空间权利配置,仍是绕不开的问题。

## (三) 集体土地所有权的行使限度

在理解权利配置时,应区分权利归属与权利行使。集体对其地上地下空

---

① Kevin Gray,"Property in Thin Air",*Cambridge Law Journal*,Vol.50,No.2,1991,pp.252-307.

间享有所有权,该所有权本体是普遍对抗他人的一项法律依据,意味着"正当"。至于权利行使则是另一个问题,物权的限制是对权利行使方式的限制。"对所有权之归属与所有权之行使应予以区分",权利滥用之禁止的法理在于"所有权固应归属于个人,但其行使则与公共利益有关而应受社会规制"①。集体土地所有权行使,可以延伸至保护既有的合理、可预见使用利益所必要的空间范围,于该范围之外行使所有权受到限制。在个案中可根据以下因素,确定集体土地所有权行使利益存在的限度。

第一,权利人合理预期。即土地所有者根据客观与主观条件,对其权利效力范围的理性判断。实证研究显示,76%的受访者认为其所有权延伸不超过100英尺,②表明大多土地所有者不存在对地下深处空间拥有财产权的预期。第二,特定空间可支配性。物权以当事人对特定物具有支配能力为必要条件。物权法意义上的空间利用,是与土地紧密相连的,是为促进地表使用所必需的直接相连的地上或地下空间。第三,公共利益。如果我们将地下空间视为资源,那么为了人类可持续发展,就应该通过限制土地所有权的效力范围来保护它。在不动产领域,过多的财产权主体将造成产权过度分散的反公地悲剧。③ 地下空间的碎片化可能妨碍如碳储存、热力开采和其他需要大面积地下空间新技术的有效应用。正如有关地上空间的案件涉及地表土地所有者私人利益与空中通行这一"单一且非常强"公益之间的冲突,地下空间利用中也涉及地表所有者对地下空间的利益与多重公共利益之间的冲突(例如石油和天然气开发、地下水利用、危险废物地下注入和地下天然气储存)。④ 为了应对气候变化、实现公共利益,诸多观点主张应当将深层地下空间像航空线路那样,视为公共空间。⑤

---

① 谢在全:《民法物权论》,中国政法大学出版社 1999 年版,第 116 页。

② See John G.Sprankling,"Owning the Center of the Earth",*UCLA Law Review*,Vol.55,No.4,2008,p.1023.

③ See Michael A.Heller,"The Boundaries of Private Property",*Yale Law Journal*,Vol.108,No.6,1999,p.1163.

④ See Alexandra B. Klass, Elizabeth J. Wilson," Climate Change, Carbon Sequestration, and Property Rights",*University of Illinois Law Review*,Vol.2010,No.2,2010,pp.363~428.

⑤ See Thomas R.DeCesar,"An Evaluation of Eminent Domain and a National Carbon Capture and Geologic Sequestration Program:Redefining the Space Below",*Wake Forest Law Review*,Vol.45,No.1,2010,pp.261~290.

在个案中,根据上述考量因素所得出的结论可能仍具有不确定性,还应辅之以论证规则。即由主张特定空间不属于集体土地所有权行使利益范围的空间使用人或者主管机关承担论证义务。一是证明该限制的实质正当性,即若不限制集体土地所有权行使,则有违公序良俗。例如,为发展公共交通建设地下轨道交通;或为实现生态环境可持续发展,利用地下空间进行碳储存。二是证明该限制的形式正当性,即限制集体土地所有权行使符合我国物权体系,符合类似问题得到类似处理的法治原则。例如集体土地分层利用方式符合《民法典》调整空间利用的规范逻辑。

综上,集体土地上下空间归集体所有,但集体土地所有权的行使具有层次性:一是法律对地下矿产资源、文物等的归属与利用以及航空器在地上空间的通行有特殊规定的,该规定优先适用。二是集体土地所有权利益存在限度之内,所有权人可以对相关空间利用行为行使排除妨害请求权,以保障其所有权之实现,若造成损害,还可主张侵权损害赔偿请求权;但是若空间利用行为属于其容忍义务限度(如重大公共利益),则不得行使排除妨害请求权,但可主张适当补偿。三是在集体土地所有权行使利益存在限度之外,所有权人不得行使排除妨害请求权,不以补偿为必要条件;只有造成实际损害,可请求损害赔偿。

# 三、集体土地空间使用权的配置

上文通过分析集体土地所有权空间范围的界定模式,为准确理解集体土地空间利用规则奠定了认识论基础,但只有将这些认识论转化为具体的法律制度,才能保障集体土地空间利益的最终实现。后民法典时代,集体土地空间利用规则应回归集体土地物权体系,完善集体建设用地使用权分层设立规则。

## (一) 集体建设用地使用权分层设立的必要性

集体建设用地使用权的分层设立,是集体土地所有权人将一定年限的地上、地表或地下集体建设用地使用权交付给特定主体使用。《民法典》第346

条中的"用益物权",为集体建设用地使用权分层设立提供了适用空间。土地立体化利用的核心特征,就是可借由各层空间功能的差异性,实现宗地利用效率综合提升。即便是在承包的地上下空间,只要不妨碍农地使用目的实现,亦可设定空间建设用地使用权。宅基地上亦是如此,宅基地使用权的目的在于保障农民户有所居,但其仅限于地表的利用,宅基地之上下空间并不负担此功能,因此,在符合国土空间规划与用途管制前提下仍可设立空间建设用地使用权。

《民法典》第 345 条适用于集体土地空间利用,是实践发展的迫切需要。其一,明确其用益物权属性,空间利用人不仅可以依用益物权限定的范围支配特定空间,而且可以对抗包括土地所有人在内的任何人对其权利行使的干涉。否则,诸如地铁公司等地下空间使用者没有直接的权利依据。其二,基于实践中电力走廊、地下输油、输气管线等设施铺设未受集体土地所有权制约,有观点提出应采用空间役权方式调整集体土地分层利用,[①]这一思路是务实的,这些情形下利用集体土地属于辅助性的,无须设立建设用地使用权,[②]但这一调整模式仍未涵盖前述情形之外的、以利用集体地上地下特定空间建造建筑物、构筑物并保有其所有权为唯一目的的空间利用行为。例如利用集体地上空间建设过街天桥、高架道路等构筑物,以及利用集体地下空间修建地下铁路、隧道、商城、仓库、综合管廊等建筑物或构筑物。这些情形中,空间利用的权利类型为建设用地使用权。其三,建设用地使用权分层设立后,还可再次转让,地方实践允许地下空间按照最小基本单元分割转让。[③] 特别是轨道交通等基础设施对促进城市发展作用重大,但长久沉淀的大量资产并未发挥其金融属性,建设运营阶段给地方政府带来较大财政压力。为彰显存量轨道交通项目资产

---

① 参见汪洋:《地下空间物权类型的再体系化:"卡—梅框架"视野下的建设用地使用权、地役权与相邻关系》,《中外法学》2020 年第 5 期。

② 我国实践中仅因管线架设、桩基工程等情形而利用部分地上或地下空间,无须设立空间建设用地使用权。如《上海市城市地下空间建设用地审批和房地产登记规定》(沪府发〔2013〕87号)第 2 条第 1 款规定:本规定适用于本市国有土地范围内地下空间开发建设用地审批和房地产登记,但因管线铺设、桩基工程等情形利用地下空间的除外。

③ 参见《广东省自然资源厅关于地上地下国有建设用地使用权及其所附建筑物构筑物所有权确权登记暂行办法》(粤自然资规字〔2021〕3 号)第 11 条。

的金融价值,拓宽融资渠道,推进基础设施领域不动产投资信托基金(REITS)是发展趋势。REITS资产的首要特质为权属清晰,而我国建设用地使用权分层设立法制不完备,地铁地下用地部分使用权确权率极低,亟须界定产权。

### (二) 经营性集体建设用地使用权的分层设立

依据《土地管理法》第63条,集体经营性建设用地的出让参照同类用途的国有建设用地执行,设立方式包括公开出让与协议出让。个别经济发达地区的地方性立法规定集体土地的地下空间,可以通过设立集体建设用地使用权的方式流转,[①]这有助于城乡统一建设用地市场之改革目标的达成。一般而言,具备单独规划建设条件的商业性空间开发利用项目应采用招标、拍卖、挂牌等公开方式供应。但为鼓励土地空间的合理开发,避免既有土地使用权与新设空间建设用地使用权发生冲突,促进土地集约节约利用,在以下情形下可通过协议方式出让取得空间建设用地使用权:一是为鼓励存量地下空间开发,地表既有建设用地使用权人申请开发其权利客体范围内的地下空间;二是需要穿越市政道路、公共绿地、公共广场等公共用地的地下(上)连通空间或者连接两宗已设定产权地块的地下(上)连通空间;三是与地下公共交通设施配套同步建设,经交通运输、轨道交通主管部门会同主管部门等单位认定不能分割实施的经营性地下空间;四是经主管部门确定产权归社会主体的地下综合管廊设施用地、交通道路用地和特许经营设施用地。[②]

关于出让期限,单建式的地上地下空间项目,其建设用地使用权最高出让年限按照土地用途类别确定;结建式一体开发的地下空间项目,地表与地下部分的土地用途可能不一致,为避免权利冲突,地下建设用地使用期限不得超过其土地用途对应的法定最高年限,并且不得超过该宗地地表部分的出让年限。

---

① 例如《东莞市地下空间开发利用管理暂行办法》第19条规定:"国有土地的地下空间为国家所有。集体土地的地下空间,在国家和省正式出台相关规定之前,统一由市政府管理。根据属地管理的原则,镇街政府配合申报集体土地流转等手续。"第20条第2款规定:"申请集体土地地下空间建设用地使用权,可申报以集体土地方式办理地下集体建设用地使用权供地手续;对于地下空间配套的商业设施,可用集体土地流转方式供应。"《佛山市地下空间开发利用管理试行办法》(佛府办〔2016〕30号)第15条与此规定类似。

② 参见《深圳市地下空间开发利用管理办法》(深圳市人民政府令第337号)第17条。

### （三）公益性空间利用的权利配置

公益性集体建设用地使用权的设立目的是为了乡（镇）村公共设施、公益事业建设，符合该目的的地上地下空间项目履行报批程序后，集体土地所有者可以将集体建设用地无偿交付空间使用人。但在公益性空间开发实践中，其受益主体具有不确定性。如果仍然无偿设立，显然超越了集体土地本身所承载的社会功能。此时集体土地上的法权结构仍需探讨。

1. 三种配置模式的比较与选择

以地下空间为例，集体土地空间公益性开发利用的权利配置有以下三种模式。（1）将所需土地整宗征收为国有，再为用地人划拨设立建设用地使用权。其优势在于具备现行法依据，法权逻辑清晰。问题在于：地铁建设等仅需使用地下空间部分，对地表利用较少，征收整块土地不仅对原土地权利人影响较大，而且政府需要支付巨额补偿；且地表以上土地并非兴办公共事业所必须，一并征收亦不符合征收之公益目的要件。（2）仅征收地下空间部分所有权，再为用地人划拨设立建设用地使用权。其降低了国家征收补偿成本，也不影响地表土地利用，同时使集体获得空间补偿的超额收益。[①] 但该模式面临着同一宗土地之地表、地下所有权主体能否不同的问题。（3）先行与集体土地所有权人协议设立公益性集体建设用地使用权；如果协商不成，在不转变集体土地所有权性质的前提下，仅就所需空间部分征收取得集体建设用地使用权。该模式的优势在于保持了集体土地所有权的整体性，避免了过高的征收成本，但面临着土地使用权能否单独作为征收客体的问题。

三种模式相较，模式一不符合比例原则，且不被实践采用，故予以排除。仍需比较模式二与模式三何者能够以较低的法解释成本，与现行法形成逻辑融洽之法秩序。

对于征收取得地下空间所有权，关键在于土地所有权整体性之理解。本书主张集体土地所有权空间范围具有整体性，旨在排除未经正当程序与公平补偿直接将部分或全部集体财产界定为国家所有。但当存在公共利益、经济

---

① 参见陈耀东、罗瑞芳：《我国空间权制度法治化历程与问题探究》，《南开学报（哲学社会科学版）》2009 年第 6 期。

激励和技术能力将地下空间视为独立功能单元时,在依法履行征收程序前提下,正如普通土地征收中可以对某宗地之部分予以征收,地下空间是某宗土地纵向维度的一部分,亦可作为征收客体。国家对特定空间完全支配和控制,征收之后可再为他人设立建设用地使用权,符合基础设施公募基金融资对产权清晰、可交易以及具有健全价格机制的需求。

对于征收取得空间建设用地使用权,关键在于建设用地使用权能否单独作为征收客体。首先,地铁等公益工程的建设是通过公权力发动,其实质属于"公用使用"形态,符合征收制度之构成。既然可征收取得所有权,对于较轻微之情事,可以通过举重以明轻,类推适用征收。土地所有权征收之规定即为一般公用征收,而土地所有权以外之权利之征收则为特殊公用征收。① 其次,我国已确立空间建设用地使用权,地铁等地下工程建设需要获得土地使用权的,可以仅征收取得地下建设用地使用权,始符合征收为最后且必要手段的宗旨。如此,可以使政府建设公益设施的成本大大降低,促进基础设施事业发展。再次,允许征收土地使用权是财产法的合理演变,旨在减少对地表土地所有者和生态环境的影响,是法律对土地开发利用技术发展的回应。② 比较法上普遍认可地下、地上空间使用权可单独作为征收对象。③ 例如,在美国,因公共利益而对私人土地地上、地下空间的利用,其实践发展趋势是尽量避免征收土地所有权,而是以征收地役权(easement)的方式取得空间使用权。④ 最后,单独征收空间建设用地使用权可以衔接我国现行法秩序。《民法典》第358 条规定了国有建设用地使用权提前收回,其具有征收属性,⑤根据物权平等原则,集体建设用地使用权亦可作为征收客体。此时属于在集体所有土地上强制为国家设立建设用地使用权。从物权变动逻辑上,地铁公司等用地人

---

① 参见史尚宽:《土地法原论》,(台北)中正书局1964 年版,第452 页。

② See Tara Righetti, " The Private Pore Space: Condemnation for Subsurface Ways of Necessity", *Wyoming Law Review*, Vol.16, No.1, 2016, pp.77-98.

③ 比较法上的立法例,可参见日本《土地征收法》第5 条、美国怀俄明州《宪法》第1 条第32 款等。

④ 参见[美]贝哈安特:《不动产法》,董安生、查松注,中国人民大学出版社2001 年版,第117 页。

⑤ 参见张先贵、金俭:《因公益需要提前收回国有土地使用权的补偿制度》,《社会科学辑刊》2012 年第3 期。

取得建设用地使用权是基于国家的处分行为。也可以将该过程简化为国家根据公共利益需要,作出征收裁决,由地铁公司等公用事业单位取得建设用地使用权。此时,征收决定主体与征收效果相分离,美浓部达吉认为此时征收裁决在法律性质上相当于民事诉讼中的形成判决。①

　　征收取得集体空间所有权还是集体建设用地使用权属于解释选择问题,所实现的效果相同,均对集体土地形成永久性物理占有,均属于部分征收。根据前述分析,理想模式为由立法规定征收建设用地使用权。鉴于目前集体建设用地制度改革虽然成效彰显,但尚未形成周全的法律规则,价格形成机制亦不健全,采取征收集体建设用地使用权的方式,暂时难以为基础设施公募基金融资提供产权支撑。权宜之计是征收取得特定部分空间所有权,待到集体建设用地制度有效建立,再采取征收空间建设用地使用权的方式。

　　2. 补偿规则

　　部分征收亦以补偿为必要。补偿金额,应考量公用事业需用集体地上地下空间范围,以《土地管理法》确定的征收补偿方法为基础,再乘以穿越地上或地下一定高度或深度的补偿率。该补偿率需借助一定的技术方法予以确定,如日本《伴随取得公用地损失补偿基准法》以立体利用率及阻碍率来确定补偿率。

　　集体地表土地可能因地铁建设等基础设施通行而大幅升值,在计算征收补偿时是否扣除该升值部分? 持肯定观点之立法例,如德国《建设法典》第93条第3款第1段规定:“补偿权利人因征收而得到之财产利得,须于确定补偿时被考虑。”其理由在于,征收补偿由国家财政负担,国家无权通过支出财政收入而使特定个人获益。持反对观点之立法例,如日本、韩国两国的土地征收法均有该规定,如韩国《土地征收法》第66条规定:“属于统一的土地所有人的土地的一部分取得或使用时,因实行公益事业而致使剩余土地的价格上升或发生其他利益时,事业实行者不能将该利益与取得或使用的土地上发生的损失抵消。”②

---

①　参见[日]美浓部达吉:《公用收用法原理》,(日本)有斐阁1936年版,第82—89页。
②　参见房绍坤等:《公益征收法研究》,中国人民大学出版社2011年版,第373页。

部分征收中,不应考量剩余财产的价值:其一,征收与补偿为"唇齿"关系,尽管集体土地所有者对地表仍保有所有权,但所有权具有统一性,"起决定作用的是被征收的东西,而不是保留下来的东西"[1],对被征收财产应支付补偿。在政府征收隧道或车站的地下地役权的情况下,征收补偿标准是被征收财产的公平市场价值,与未征用的相邻财产的任何损害或利益无关。[2]　其二,由于公共利益受益对象的不确定性,如果土地所有权人剩余不动产所增加的价值要抵销的话,其他因公益项目建设而增值的相邻地块,是否也应当付费? 其三,损益相抵规则适用的前提条件是损害与获益的发生同因,而在征收集体地上地下空间情形下,被征收人不动产价值减少的原因是空间权被征收,被征收人所获利益的原因则是公益事业的实施。如果可以损益相抵,由于被征收人所获利益的时间与价值尚不确定,征收人可以损益相抵为由主张暂不预先支付补偿款,从而导致征收补偿制度虚化。

集体土地空间权利配置规则长期以来未受到应有的重视,《民法典》时代集体土地空间利用规则应当遵循物权构造逻辑。集体地上地下空间为集体所有,但权利行使具有层次性与限制性。集体土地空间利用,采取集体建设用地使用权分层设立的方式;经营性用途适用《土地管理法》第 63 条之规定;公益性空间利用,可采用征收建设用地使用权方式。集体建设用地使用权分层设立规则是集体建设用地制度改革的重要组成部分,集体土地制度改革应体现立体化思维。唯有如此,方可提高公有制条件下土地立体化利用法学研究的现实针对性,系统实现建立健全城乡统一建设用地市场的改革目标。

---

① [美]理查德·A.艾珀斯坦:《征收——私人财产和征用权》,李昊等译,中国人民大学出版社 2011 年版,第 61 页。

② See James C.White, "The Duties and Rights of an Abutting Owner During a Period of Subway Construction", *John Marshall Law Quarterly*, Vol.7, No.4, 1942, pp.488-495.

# 第九章　辅助性空间利用中的
权利冲突及其规制

　　辅助性空间利用,指的是基于管线通行而对他人不动产地上、地下空间进行利用的情形。实践中,通常发生在公用事业管线通行关系中。所谓公用事业,是具有公益目的,为不特定公众提供基础设施服务的产业和活动,如电力、供水、燃气、通信等。管线铺设是公用事业工程建设的重要内容,由于管线的铺设并不对沿途不动产形成排他性的占有、使用,不动产权利人可以继续在一定范围内为占有、使用、收益、处分,如何妥善协调不动产上并存的各项权利成为实践中亟待解决的问题。

　　近年来学术界对该问题进行了深入的研究和探索,形成了诸多有影响力的学术观点,在此过程中,争论的焦点聚焦于公用事业管线通行关系设定的正当权源基础上。由于以公用事业管线通行关系为主导的辅助性空间利用具有公私法交错的复杂属性,学界对其权源基础尚未达成共识。本书以公用事业管线通行关系为研究对象,考察实践中的权利冲突,在评析各学术观点的基础上,辨清现有研究存在的偏差,促进土地分层利用关系更广泛共识的形成,为实务中争议问题的解决提供方案。

## 一、公用事业管线通行关系的
司法实践与争议焦点

　　本书以调整公用事业管线通行关系的《石油天然气管道保护法》第14、

30、35 条,《电力法》第 16、17 条,《电信条例》第 45—47 条为裁判依据,在"北大法宝"司法案例数据库中收集到与管线通行关系相关的司法裁判文书 32份。通过整理样本裁判文书,公用事业管线通行关系的司法裁判情况总体表现如下。

**(一) 案件类型为民事案件**

公用事业管线通行关系纠纷案件中,一方当事人为用地单位,即石油天然气公司、电力公司、通信公司等公用事业企业;另一方当事人是对不动产进行直接支配的不动产权利人,即宅基地使用权人、土地承包经营权人、建设用地使用权人、采矿权人等用益物权人以及房屋所有权人。在管线经过集体所有土地时,用地单位往往取得村委会的同意即开始施工,此时用益物权人提起诉讼,当事人还包括村委会。样本裁判均为民事案件,表现为物权保护纠纷,物权人的诉讼请求为排除妨害、消除危险、损害赔偿等。

**(二) 管线通行无须经用益物权人或建筑物所有权人同意**

无论用地单位是国有企业还是民营企业,用地单位在经过政府批准后,无须经过用益物权人以及房屋所有权人同意,即可开始管线项目的建设。对于用益物权人或房屋所有权人提出的未经其同意而占用土地的事实,用地单位通常以诸如《石油天然气管道保护法》第 15 条"依照法律和国务院的规定,取得行政许可或者已报送备案并符合开工条件的管道项目的建设,任何单位和个人不得阻碍"等规定为抗辩依据,[1]或者以已经村委会认可为抗辩依据。[2]

法院判决亦认可上述物权人是否同意不影响管线的建设。例如在"山东众成服饰有限公司与郯城奥德燃气有限公司排除妨害纠纷案"中,法院认为依据《石油天然气管道保护法》第 15 条,涉案管道铺设工程系经过市级主管部门批准施工的,涉及社会公众利益,燃气公司按照审批文件确定的铺设路线进行铺设,无论管道是否经过物权人享有使用权的土地及是否征得其同意,物

---

[1] 参见河北省高级人民法院(2014)冀民一终字第 372 号民事裁定书。
[2] 参见山东省临沂市中级人民法院(2015)临民一终字第 334 号民事判决书。

权人均不得阻碍。① 在"高铎、陈泽皇等与中国移动通信集团海南有限公司海口分公司排除妨害纠纷复查与审判监督案"中,法院认为在建筑物上挂设电信线路等公用电信设施,是基于社会公共利益,业主对此负有法定容忍义务,根据《电信条例》第 46 条,基础电信业务经营者仅需履行提前通知义务即可,无须征得业主的同意。②

### (三) 排除妨害、恢复原状的诉讼请求不予支持

管线开始架设或者架设完成后,对于物权人请求排除妨害、恢复原状的诉讼请求,法院判决不予支持。判决理由有二:一是管线工程为社会公用事业需要且经政府主管部门审批,沿途居民应予以配合。例如在"梁某某等与国网江苏省电力公司扬州供电公司排除妨害纠纷上诉案"中,审理法院认为,扬州供电公司为社会公用事业的需要,经过环境影响评价并由江苏省环境保护厅批复同意建设后,依江苏省发展和改革委员会的核准批复,按照国家规范施工建设工程项目,沿途居民应积极予以配合协助。③ 在"陈子华、陈霞与中国联合网络通信有限公司远安县分公司、中国移动通信集团湖北有限公司远安分公司排除妨碍纠纷案"中,审理法院认为,发展通信事业符合国家的产业政策,虽然远安联通公司和远安移动公司没有履行就基站选址的通知义务,但并不导致基站的拆除。④ 二是基于公序良俗原则,例如在"贾章运与国网河北省电力公司广平县供电分公司排除妨害纠纷案"中,法院判决认为,如果拆除已经形成的高压线路,势必影响到金安村和泊头村的广大群众用电,也会影响到所有依赖该线路供电的其他地区用电,故根据公序良俗原则,而不予支持。⑤

还有法院对物权人请求排除妨害、恢复原状的诉讼请求,裁定予以驳回。例如在"天津众成置业有限公司与国网天津市电力公司城南供电分公司恢复

---

① 参见山东省临沂市中级人民法院(2014)临民一终字第 16 号民事判决书。
② 参见海南省高级人民法院(2016)琼民申 799 号民事裁定书。
③ 参见江苏省扬州市中级人民法院(2016)苏 10 民终 3264 号民事判决书。
④ 参见湖北省宜昌市中级人民法院(2016)鄂 05 民终 1310 号民事判决书。
⑤ 参见河北省邯郸市中级人民法院(2016)冀 04 民终 497 号民事判决书,天津市第一中级人民法院(2015)一中民一终字第 0490 号民事裁定书。

原状纠纷上诉案"中,审理法院认为,根据《电力法》第 11 条第 1 款以及《电力法》第 16 条第 1 款规定,电力设施用地的规划、选址属于城市人民政府行政职能。原告提出的将涉案电力设施迁移的诉讼请求必然涉及新的电力设施的选址和安置,该问题无法通过民事诉讼解决,原告应就其问题要求相关行政部门解决。①

### （四）支付对价的性质存在分歧

关于物权人请求损失的性质,司法实践中存在侵权损害赔偿与占地损失补偿的分歧。

前一观点认为,在物权人能够证明管线通行对其确实造成了损害的情形,可请求侵权损害赔偿。例如在"贾章运与国网河北省电力公司广平县供电分公司排除妨害纠纷案"中,审理法院对土地承包经营权人因架设高压电线而遭受的庄稼毁损、雇佣人工耕作等经济损失的请求予以支持。②

后一观点认为管线通行不构成民事侵权关系,而属于土地占用关系,物权人可以请求占地补偿。但此时关于补偿责任的主体存在分歧,一种认定由用地单位向物权人支付占地补偿费,例如在"陈子华、陈霞与中国联合网络通信有限公司远安县分公司、中国移动通信集团湖北有限公司远安分公司排除妨碍纠纷案"中,法院判决认定,远安联通公司和远安移动公司应当向权利人支付天线设置使用费,即占用业主共有部分架设天线的补偿。③另一种观点认为公用事业设施的安装系经相关的政府部门协调建设,物权人主张损失补偿请求,不属于人民法院民事案件受理范围,应通过相关行政部门解决。④

### （五）公用事业管线通行关系的特征与争议焦点

样本判决在一定程度上反映出目前公用事业管线通行关系的主要特征:

---

① 参见天津市第一中级人民法院(2015)一中民一终字第 0490 号民事裁定书。
② 参见河北省邯郸市中级人民法院(2016)冀 04 民终 497 号民事判决书。
③ 参见黑龙江省高级人民法院(2016)黑民申第 1994 号民事裁定书。
④ 参见天津市第一中级人民法院(2015)一中民一终字第 0490 号民事裁定书。

第一,强调物权人的供用义务。公用事业管线通行关系由各类公用事业的专门法律、法规予以调整,具有公益性与法定性,它对土地权利人之法律上权益直接造成影响。实务中,公用事业管线的架设,无论法院具体的论证理由是基于法律的规定,还是基于公共事业目的,均无须经对不动产进行直接支配的用益物权人或建筑物所有权人同意。

第二,具有公私法交错的属性。公用事业管线通行关系虽然表现为用地单位与物权人之间的民事关系,但由于其需要符合城乡规划,经政府主管部门审批,如果物权人对管线的通行有异议,其不仅需要从物权受到侵害角度进行举证,还需要从管线通行所依据的政府审批不合法或不符合公共利益等方面进行说明。

第三,物权人对损失补偿的获得具有不确定性。我国现行关于管线通行关系的立法中,对占用他人不动产是否需要支付补偿,以及应当依照何种程序、何种标准支付补偿的规定并不统一。有的没有明确规定补偿,①有的虽然规定了补偿,但却未明确补偿的标准。② 由于立法规定的概括性,导致实践中法院难以确定补偿标准,有的法院甚至认为"供电公司免费架设线路的行为,应视为对修建线路铁塔使用土地的对价支付"③。在油气管道建设过程中,实践中采取临时用地的方式取得管道通行权,并按照临时用地的补偿标准对不动产权利人予以补偿。④ 但由于临时使用土地期限一般不超过两年,而管线建成后将长期存在,尽管有的地下管线建成后可以恢复土地的原状,但依然对

---

① 例如《电力法》对于非以征收方式使用土地建设电力设施的情形,仅规定按照有关规定办理。该法第 16 条规定:"电力建设项目使用土地,应当依照有关法律、行政法规的规定办理;依法征收土地的,应当依法支付土地补偿费和安置补偿费,做好迁移居民的安置工作。"

② 例如《石油天然气管道保护法》第 14 条:"管道建设使用土地,依照《中华人民共和国土地管理法》等法律、行政法规的规定执行。依法建设的管道通过集体所有的土地或者他人取得使用权的国有土地,影响土地使用的,管道企业应当按照管道建设时土地的用途给予补偿。"《电信条例》第 46 条:"基础电信业务经营者可以在民用建筑物上附挂电信线路或者设置小型天线、移动通信基站等公用电信设施,但是应当事先通知建筑物产权人或者使用人,并按照省、自治区、直辖市人民政府规定的标准向该建筑物的产权人或者其他权利人支付使用费。"

③ 参见湖北省荆州市监利县人民法院(2011)鄂监民初字第 110 号民事判决书。

④ 参见朱启荣等:《管道工程建设用地中的农民利益缺失及其保护》,《调研世界》2004 年第 3 期。

土地利用造成影响,尤其是在长期占用土地但却只按临时用地给土地权利人一次性补偿的情形下,实质上构成对土地权利人权益的变相剥夺。

基于以上,公用事业管线通行关系的争议问题可归纳为:

第一,规范性质方面,用地单位未经沿途不动产权利人同意,而对其不动产进行利用的权源基础是什么?

第二,裁判标准方面,现有法律制度是否足以满足调整行政机关、用地单位与不动产权利人之间关系的实践需求?

第三,请求权行使方面,不动产权利人应向行政机关还是用地单位行使排除妨害请求权以及损害赔偿请求权? 如何确定对不动产权利人的损失补偿?

## 二、公用事业管线通行关系的理论阐释与评析

### (一) 相邻关系的思路

该观点认为为了公共利益而架设管线等公共设施,需要利用他人的土地,土地权利人不得拒绝,此种关系应由相邻关系调整。[①]

相邻关系是对不动产物权行使的法定必要限制,无须合同设定,亦不需要公示。相邻关系中,不动产物权的限制应限于相邻不动产之间,是维护正常生活和生产的最低需要,是法律上对土地间利用关系的一种最小限度的调节。[②]《民法典》"相邻关系"第 295 条规定了在邻地上安设管线等情形,其适用于非经过邻人土地不能安设电线、水管、煤气管等必要管线的情形,不动产权利人有权通过邻人土地的上下安设,但应选择损害最小的处所及方法。

公用事业管线通行关系在成立的强制性、内容上属于不动产物权的限制等方面与民法相邻关系规范相似,但仍有诸多差异。其一,相邻关系为特定不动产对相邻不动产之便宜之用的权利,而在远距离天然气输送、电力输送等关系中,难以解释为发生于相邻不动产之间。其二,若适用相邻关系规范,则管

---

① 参见王利明:《物权法研究》下卷,中国人民大学出版社 2007 年版,第 250 页。
② 参见全国人大常委会法制工作委员会民法室编:《中华人民共和国物权法条文说明、立法理由及相关规定》,北京大学出版社 2007 年版,第 285 页。

线铺设的位置等应受到严格限制,主要以相邻关系义务人的利益是否受到实质影响来判断。实务中,公用事业工程的建设和运营活动会产生不少危险结果,①且其输送管线通常具有长期性,对于超出不动产物权必要的容忍义务的管线铺设,不适用相邻关系规范。其三,相邻关系规范对不动产物权的限制通常是无偿的,依据《民法典》第 296 条,相邻不动产利用中,发生损害时,始有赔偿之适用。如果通行权人有不为给付或迟延给付的情形,相邻不动产权利人只能依债务不履行之理由,请求强制履行,而不能以此理由拒绝管线铺设。② 而公用事业管线通行关系与公用事业任务的执行密切相关,有予以合理补偿的必要。

### (二) 人役权和建设用地使用权的思路

有研究基于管线通行关系是为了公众的使用,提出人役权和建设用地使用权的观点。③ 人役权观点借鉴德国民法中限制的人役权来调整关于公用事业管线通行关系。对此,首先,在当事人之间能够通过平等协商达成民事契约的情形下,自可通过对地役权、租赁合同的解释适用予以调整,而无须人役权制度。其次,权利固然是法学的核心概念,发生权利冲突就创设全新的权利,将造成权利泛滥,最终导致权利贬值。④

对于建设用地使用权的观点,崔建远教授分别从地役权与建设用地使用权二者的目的及功能、设权成本、土地利用效率方面,对地役权调整公用事业

---

① 例如"在章红月等诉温州市龙湾区人民政府天河街道办事处确认行政行为违法案"中,被告在未经依法审批、合法征用土地及依法告示原告等人的情况下,以为了排洪、灌溉和景观等民生需要为由,在原告房屋北侧开凿了一条宽度达 40 余米、深度 4 米左右的河道。因河道的出现无端改变了原先房屋周边地质结构,从而严重影响到了原告房屋的安全,使原告的房屋地面、墙面出现了沉降及裂痕且逐日加剧。参见浙江省温州市龙湾区人民法院(2016)浙 0303 行初 36 号行政判决书。

② 参见朱柏松:《民事法问题研究:物权法论》,(台北)元照出版公司 2010 年版,第 92—93 页。

③ 参见雷秋玉:《地役权的功能泛化与本质复归》,《中南大学学报(社会科学版)》2015 年第 2 期;马强伟:《油气管道铺设中的用地问题及解决思路》,《法治研究》2017 年第 6 期。此外,还有研究基于相同的理由,提出电信通路权属于强制租赁权。参见娄耀雄:《论建立我国电信法中的电信通路权制度》,《华东政法大学学报》2010 年第 4 期。

④ 参见韩光明:《权利冲突、相邻关系与义务理性》,《比较法研究》2008 年第 5 期。

管线架设中土地利用关系的价值进行了有力论证,此处不再赘述。① 唯需补充的是,公用事业管线架设中,对土地的利用形式并非唯一,用地单位取得利用他人不动产的权源方式应根据土地利用形式采取不同的制度工具。一是临时用地关系,包括管道工程铺设作业带、施工便道、设备堆放场地、取弃土场地等。此类用地关系,通过《土地管理法》第 57 条关于临时用地的规定予以调整。二是永久用地关系。例如,西气东输管道工程干线永久性用地,包括阀室、首末站、压气站、清管站、分输站等,由于此时对土地的利用目的在于利用他人土地建造建筑物、构筑物及其附属设施并保有所有权,因此应通过征收取得建设用地使用权。三是管线通过关系,由于管线的通行并不对沿途土地形成排他性的占有、使用,其目的在于输送能源,即便有利用他人土地建造构筑物及其附属设施的情形,也只是辅助目的,这一情形与地役权的构造相契合。

### (三) 准征收的思路

该观点认为公用事业管线通行属于一种类似于征用私人财产的准征收行为,应借鉴比较法上的"准征收"制度对未构成征收的财产权限制予以调整。②

由于各国法律制度背景的差异,在使用"准征收"概念之时,所指称的对象也存在较大不同,相当多学者将美国法上的"taking"翻译为"准征收",指财产权管制行为超出警察权界限的情形。③ 在德国,虽然立法没有明确规定,德国联邦最高法院从征收的法理,发展出"准征收之侵害"(或"类似征收之侵害")的行政损失补偿制度,其强调行政机关为公共利益而行使公权力,虽无故意或过失,仍不法直接侵害人民具有财产价值之权利,而使其忍受特别牺牲,依举轻以明重之法理,应类推适用征收而予以补偿。即征收是行政机关合法而无责的行为,其对人民财产权造成的损害,尚且应补偿,则于行政机关具有不法损害之行为,更应补偿。此种损害的典型例子是军队演习开炮,使私人

---

① 参见崔建远:《物权:规范与学说》下册,清华大学出版社 2011 年版,第 626—627 页。
② 参见谢哲胜:《土地法》,(台北)翰芦图书出版公司 2006 年版,第 519 页;相同观点参见张鹏、史浩鹏:《地役权》,中国法制出版社 2007 年版,第 131—135 页。
③ 参见谢哲胜:《土地法》,(台北)翰芦图书出版公司 2006 年版,第 497—498 页。

树木着火。① 因此,德国实务中"准征收"或"类似征收"位于国家赔偿责任与征收补偿责任之间。

关于在此情形下的法律效果,应当归入国家赔偿还是损失补偿,学者看法也不一致。有学者认为应将其归入国家赔偿体系,并认为没有继受准征收侵害类型的必要②;还有学者则将其归入损失补偿体系③。可见,"准征收"这一语词在不同的法体系下指涉的对象与范畴有所差异,属于域外习惯法或者学理中运用的概念,尚未形成稳定的解释论与适用论。在我国立法、行政、司法活动中对该概念均无使用,且学界对该概念内涵亦未达成最低限度共识的情形下,直接运用"准征收"来调整公用事业管线通行关系,具有相当大的局限性。

### (四) 地役权的思路

在通过地役权来解释公用事业管线通行关系的观点中,表述方式各有侧重,第一种称谓为"法定地役权",强调通过法定性来弥补地役权意定性的不足。④ 第二种称谓为"公共地役权",即为公共利益目的而设立地役权,在论述中参考法国法中的行政役权、《俄罗斯土地法典》中的公共地役权,以及美国法上的公共地役权。⑤ 第三种称谓为"强制地役权",借鉴自《意大利民法典》。⑥ 虽然表述不同,但均强调非以合意方式在他人土地上设定地役权,对

---

① 参见李惠宗:《行政法要义》,(台北)元照出版公司 2008 年版,第 632 页。

② 参见吴庚:《行政法之理论与实务》,(台北)三民书局 2001 年版,第 661 页;李震山:《论行政损失补偿责任》,载台湾行政法学会主编:《损失补偿、行政程序法》,(台北)元照出版公司 2005 年版,第 129 页。

③ 参见李惠宗:《行政法要义》,(台北)元照出版公司 2008 年版,第 634 页;陈敏:《行政法总论》,(台北)新学林出版有限公司 2007 年版,第 1198—1203 页。

④ 参见崔建远:《民法分则物权编立法研究》,《中国法学》2017 年第 2 期;李延荣:《土地管理视角下的法定地役权研究》,《中国土地科学》2012 年第 6 期;程淑娟:《公有制下地役权的应用研究》,《法律科学》2012 年第 3 期。

⑤ 参见孙鹏、徐银波:《社会变迁与地役权的现代化》,《现代法学》2013 年第 3 期;王明远:《天然气开发与土地利用法律权利的冲突和协调》,《清华法学》2010 年第 1 期;肖泽晟:《公物的二元结构:公共地役权及其设立的视角》,《浙江学刊》2008 年第 4 期。

⑥ 即当需役地权利人对供役地的利用具有重大利益,但是,供役地权利人又不愿意以合理的条件与需役地权利人协商达成设立有关地役权的安排时,可以根据需役地权利人的请求,在供役地上强制设立地役权,同时由地役权人向供役地的权利人支付合理费用的制度安排。参见薛军:《地役权与居住权问题:评〈物权法草案〉第十四、十五章》,《中外法学》2006 年第 1 期。

他人不动产进行利用,以达到公共利益目的或者某种重大利益;其立论基础在于,用地单位尽管可以通过协商的方式与沿途不动产权利人设立地役权,但实践中由于公用事业管线沿途地域广泛,涉及不动产权利人众多,谈判成本高昂,缔约难度大,应当增加地役权的法定(强制)设立方式。

地役权观点内部存在的分歧,一是认为公共地役权或法定地役权是民法地役权的特殊形式①,二是认为公共地役权的本质并非民事权利,亦非地役权,而是一种公共地役关系或者准征收②。可见,该分歧仍归为地役权与准征收之间的区分。无论持何种见解,都应当以有利于解决实践问题为导向。

尽管地役权的思路准确地把握了地役权制度构造的技术性与公用事业管线通行关系之间的内在契合,但现有观点重在域外制度的介绍,而对法定地役权在我国现有法律体系内的规范与实践基础欠缺进一步的阐释。③ 基于此,下文将结合实务中公用事业管线通行关系的各个方面,进一步揭示法定地役权相对于其他制度工具的优势,并试图为实践问题的解决提供思路。

# 三、法定地役权证立

## (一) 观点背后的理论争议

学术界关于公用事业管线通行关系正当基础的争论,根源在于观察视角的不同。相邻关系、地役权的思路主要从民法的视角来提供阐释框架。由于公用事业管线通行关系的设立受行政行为影响,准征收的思路则从公法的视

---

① 参见耿卓:《地役权的现代发展及其影响》,《环球法律评论》2013 年第 6 期;孙鹏、徐银波:《社会变迁与地役权的现代化》,《现代法学》2013 年第 3 期。

② 参见李遐桢:《我国地役权法律制度研究》,中国政法大学出版社 2014 年版,第 239 页。

③ 例如,相当多学者在使用相关表述时,未对服务于不同公益目的的地役权做细致划分,通常在借鉴比较法经验的基础上,笼统地认定法定(公共)地役权的主体是行政机关或者 NGO 组织,而未结合实践中具体的法律关系进行细致分析。对此,耿卓教授指出,公共地役权可以权利主体为标准将公共地役权分为公用事业地役权与公众地役权,在具体规则上,公用事业单位和公众这两类主体在权利取得、权利行使及负担义务等方面都有所不同,在直接受益主体范围上呈从小到大的递进、扩展态势。参见耿卓:《地役权的现代发展及其影响》,《环球法律评论》2013 年第 6 期。

角对其进行界定。实际上,对公用事业管线通行关系的法律调整,不同的制度工具并非非此即彼的关系,而是各有分工,形成具有体系性的调整层次。例如,一是当事人可以达成协商的情形下,可通过地役权或租赁的方式予以调整。二是当事人不能达成协商的情形下,为保障重大公共利益的实现,则通过强制缔约的方式设立法定地役权。三是当公用事业管线的通行造成沿途不动产无法利用时,则需依照土地、房屋征收的法律规定办理征收,由用地单位取得建设用地使用权。

由于在第一种和第三种情形下具有明确的法律规范,唯第二种情形中公用事业管线通行关系的属性具有争议。法律关系属性的界定,直接影响法律对该法律关系的调整方式、价值目标、运作方式、裁判规则。私法体系内部的相邻关系、地役权、人役权观点不存在本质上的分歧,其仅为程度及内部构造上的差异。相邻关系调整的不动产之间的利用关系范围有限,仅能作为调整管线通行关系的权宜之计。人役权制度则需要考量制度创设的成本问题。

其他各观点反对地役权思路的主要原因,在于地役权应从属于需役地而存在,而公用事业管线通行关系中欠缺"需役地"。对此,一方面,本书坚持将需役地作为地役权之必要构成要件。尽管"提高需役地的效用"的内涵,既包含不动产使用上的便利和经济效益,也包含人们的情感或精神利益,①但地役权区别于其他用益物权的本质在于构造的客观性,仍应坚持其以需役地与供役地并存为构造前提,主要有三方面原因:一是需役地的存在彰显了地役权之义务内容。二是需役地使得地役权人范围得以明确,减少了地役权人的数量,从而保障了当事人就地役权内容进行再协商的能力。三是存在需役地是地役权有存续价值的衡量标准。但另一方面,在公用事业管线通行关系中事实上存在需役地,通过法律解释可予以明确:其一,可将连接管线的储气库、变电站、水电站等解释为需役地。其二,依据原《担保法》第92条规定,不动产是指土地以及房屋、林木等地上定着物。在公用事业管线架设中,大型设备如信号发射塔、高压电力塔等都是经过严格技术测量,按照事先规划确定的路线,被固定安装于某地,除非其寿命终结或线路调整,通常不会与土地相分离。因

---

① 参见于凤瑞:《自己地役权的构造及其适用》,《中国土地科学》2014年第8期。

此,可以将其解释为土地上的定着物。其三,是最宽泛的法律解释,如果地役权人拥有土地,就可以声称地役权是为了那块土地的利益而设定的。比较法上,英国有判例认为,为公用事业公司规定的制定法上的地役权的确满足了普通法上的要求,因为它们有益于公用事业公司拥有的所有土地及其全部"可继受的无形财产",也即从他人土地上架设线路的类似权利。①

基于以上,当前分歧的焦点是私法视角与公法视角的偏差,即法定地役权观点与准征收观点的二元分立。根本原因:一是公用事业管线通行权具有一定程度的公法属性,具有很强的公益性,目的在于促进公用事业发展,保障能源安全、信息安全等,管线工程需经行政机关依法许可或备案,受到公法规制。二是地役权与征收二者均为旨在充分发挥土地利用效率和土地资产效益的土地资源再分配的制度,②二者均可作为调整公用事业管线通行关系的制度工具。

### (二) 法定地役权价值再论:与"准征收"比较

公用事业管线通行对他人不动产权利的限制不宜解释为准征收,除上文所述理由之外,还在于其一,用地单位取得项目建设许可或符合法定条件后,还需与沿途不动产权利人协商确定管线铺设的具体位置、方法、对价等内容。在这一法律关系中,当事人是用地单位与不动产权利人,公权力部门并不直接参与。其二,公用事业管线属于用地单位的生产经营设施,用地单位并非完全排除营利目的,其通行权不宜由公权力完全强制,用地单位与不动产权利人在通行关系的具体事项上仍有协商空间。

退一步而言,即便认可准征收在调整公用事业管线通行关系中的正当性,法定地役权亦具有准征收无法比拟的优势,在于其不仅具有事后定分止争的意义,更具有对当事人的行为产生事前激励的作用。具体而言:

第一,将公用事业管线通行关系解释为作为物权公法限制的"准征收",只是事后规范,建立在消极的物权基础之上,对财产法前瞻性作用的实现远远不够。其一,准征收只能针对不当行为实行个别性的事后管制,缺乏对未来经

---

① 参见〔美〕詹姆斯·戈德雷:《私法的基础:财产、侵权、合同和不当得利》,张家勇译,法律出版社 2007 年版,第 154—155 页。

② 参见张鹤:《地役权研究:在法定与意定之间》,中国政法大学出版社 2014 年版,第 155 页。

济生活的指引作用。其二,准征收更多地体现公权力对私权的限制,这往往需要较高的预防成本,即防止公权力执行中的寻租与委托代理问题,但准征收理论缺乏这一层面的制度设计。其三,准征收的认定标准缺乏确定性。如何判断财产权人所受限制程度达到"准征收"之特别牺牲,国外主要并非通过立法,而是由法院以习惯法或直接根据宪法法治国原则之平等负担原则认定财产权人的补偿请求权。德国司法实务中发展出诸多理论,包括个别处分理论、可期待性理论、私使用性理论、重大性理论、目的违反理论、实质界限理论等。法律适用中,法院通常采复合标准予以综合适用,或者结合个案予以选择适用。①在日本,关于特别牺牲的认定标准,有形式—实质基准说、实质基准说、警察限制—公用限制说、综合判断说,实务中,亦不采单一基准来判断,而以综合判断说为通说。② 但问题是,如何视个案予以综合判断? 如未将判断标准具体化,相当于无判断标准。如何在公共利益与个人财产权之间找到一个恰当的平衡点,避免滥用公共利益过度限制个人财产权,需要高超的司法审查技巧。其四,在尚无既定判决的情形下,准征收不能明确表明物的权利负担状况,从而无法使限制所代表的财产价值减损转换为交易内容。换言之,准征收只能调整公权力与不动产权利人之间的关系,但无法将该关系纳入物权交易。

第二,法定地役权制度能够为未来的交易提供足够的激励与信息披露。由于当前我国公用事业管线通行未建立有效的公示制度,在不动产物权发生转让的情形,或者有的地方相关部门受利益驱动,将已批准管线铺设的土地出让或发包给他人使用时,容易导致用地单位与物权人之间的用地矛盾。登记发挥着降低信息耗散的关键作用。法定地役权经登记可产生公示公信效力,一方面彰显用地单位的通行权,尤其是在公用事业管线埋在地下等非表见情形以及供役地人负有不得在需役地附近种植树木、建造建筑物等不作为义务的情形;另一方面使得潜在的交易第三人知悉供役地上的权利负担,保障第三人交易安全、达成适当的交易价格。

第三,法定地役权发挥着公共义务私法实现机制的功能,可促进社会整体

---

① 参见叶百修:《行政上损失补偿之意义》,载翁岳生教授祝寿论文集编辑委员会编:《当代公法新论》,(台北)元照出版公司 2002 年版,第 317 页。

② 参见陈立夫:《土地法研究》,(台北)新学林出版有限公司 2007 年版,第 365—371 页。

福利。通过政府公权力维护管线安全,其约束力来自公民对公用事业的尊重或者以公民的无条件服从作为目标实现的前提,前者属于道义机制,实施的结果是消极的、被动的,后者则是强行确认各法律关系主体的行为方式,导致当事人在事关自身利益的问题上毫无自治空间。① "让平等主体间的民事规范,主要地或附带地承担辅助管制政策,在现代立法已经是常见的现象,这类民事规范一方面实现了私法的公平正义,另一方面也借私益实现的诱因,减轻国家管制的执行负担,提高管制的效率。"②法定地役权即为私人自治与公法管制相互渗透的典型。一方面,由于地役权当事人的特定性与相对性,对当事人产生受权利义务约束的稳定感。例如,役权存续期间,需经各方当事人协商方可变更;而准征收行为可能被政府的单方行为改变,导致更多的管制风险。另一方面,由于地役权具有物权的对世效力,当发生有损管线建设和安全运营的行为时,由地役权人直接向不当行为者主张物权,可及时、有效地实现权利救济。当役权内容过时或者发生情势变更时,当事人可以请求变更或解除地役权合同;而准征收行为通常依据相关规划文件作出,难以及时回应实践的需求。

地役权独特的法技术构造,③使得地役权在适用范围上不断拓展。其作为不动产之间互动关系处理的制度安排对规制社会关系的法律具有同构性。④ 面对资源稀缺社会提出的财产利用形式多样化的挑战,相较于准征收,法定地役权通过私法途径激励财产形式的多样化,在调和私法自治与公法管制关系方面能够发挥更大作用。

# 四、法定地役权的内部构造与外部关联

## (一) 法定地役权的内部构造

公用事业管线通行法定地役权目前由具有公法属性的单行法予以配置,

---

① 参见张鹤:《地役权研究:在法定与意定之间》,中国政法大学出版社 2014 年版,第 167 页。
② 苏永钦:《民事立法与公私法的接轨》,北京大学出版社 2005 年版,第 9 页。
③ 参见朱广新:《地役权概念的体系性解读》,《法学研究》2007 年第 4 期。
④ 参见耿卓:《传承与革新:我国地役权的现代发展》,北京大学出版社 2017 年版,第 205—207 页。

但其在本质上依然是私权,是为了鼓励公用事业设施建设发展而通过法律赋予用地单位,以限制供役地所有权或用益物权为内容的他物权。面对公共利益与私人权益的冲突,我们仍需立足于现行法规范整体之内容与关联,对地役权适用中的具体问题进行体系性的阐释与改造。

1. 法定地役权设立中的强制缔约

法定地役权的根本目的是满足某种公共利益,涉及资源的合理利用和配置,因此,法律对其取得应当进行必要的干预,在公共利益所需要的范围内,用地单位对于地役权合同的缔结具有特权。当管线建设工程符合城乡规划,获得行政许可,符合法律规定的用地条件时,用地单位可以与不动产权利人强制缔结地役权合同,如《石油天然气管道保护法》第 15 条、《电信条例》第 46 条之规定。尽管这些条文中无强制缔约的明文规定,但为了达到保护石油、天然气管道、电力或电信设施,维护国家能源安全和公共安全的目的,可将其解释为强制缔约义务。若沿途不动产权利人不同意设置管线,用地单位可以请求法院判决强制设立地役权;若不动产权利人提出抗辩,应当承担举证责任,证明其享有合法拒绝订立地役权合同的事由。但用地单位在符合行政许可的条件下所享有的强制缔约权只是产生法定地役权的方式,并不意味着法定地役权是行政法上的特许权。

"民法并非孤立自闭,而是与适用范围很广的公法规范互相配合,对社会实践做出规范。"①从立法层面,为避免法定地役权无法可依或可依之法位阶过低而违反物权法定原则,促进法律适用的安定,《民法典》物权编应对法定地役权作出原则规定,以统领各特别法。由于民法典的私法属性,不宜就具有公法关系属性的法定地役权的规则作出详细规定,因此,宜采取授权的转介条款形式,将具有公共政策属性的公共地役权导入民法,以调和国家管制与私法自治之间的关系。

2. 土地所有权人与用益物权人在法定地役权设立中的关系

为了保障用益物权人权益,《民法典》第 379 条规定土地所有权人设立地役权,应当经既有用益物权人同意。然而如本专题第一部分所示,实践中用地

① ［德］迪特尔·施瓦布:《民法导论》,郑冲译,法律出版社 2006 年版,第 53 页。

单位有时只与代表行使土地所有权的地方政府、村委会进行协商,而未征求采矿权人、土地承包经营权人等用益物权人的意见,从而引发用益物权人主张侵权损害赔偿的纠纷。此时需要确定,应当由土地所有权人还是用益物权人作为地役权的设立主体?

对此问题,从所有权与用益物权之间的关系而言,土地承包经营权等用益物权是对土地的全面性质的利用,一旦设立即对土地所有权人的占有、利用权能构成完全限制;基于时间次序规则,为保障在先物权的实现,未经用益物权人的同意,不得再设立地役权;并且我国实行土地公有制,土地的利用大多由用益物权人直接支配,若只能由土地所有权人设定地役权,将导致地役权的适用范围大大缩小。因此,通常情形下,只要地役权未超过用益物权的权利目的或范围,用益物权人应当作为设定地役权的供役地人。不过,根据《民法典》第 379 条,在用益物权人同意的情况下,土地所有权人可在该土地上设定地役权负担,这也有利于实现外部成本的内部化,克服用地单位逐一征求用益物权人意见的谈判成本。此时,为保障用益物权人的权益,用地单位与土地所有权人签订地役权合同时,应在合同中明确地役权对价的分配方案,确保受影响的用益物权人能够获得相应的补偿,这需要在确定地役权对价时,评估用益物权在地价中所占比例。当然,无论是用益物权人还是土地所有权人作为供役地人,地役权的行使都具有优先性。

### 3. 法定地役权的内容

公用事业管线通行关系的具体内容,仍可由地役权合同予以约定。强制缔约是对缔约自由的强制,不包括对缔约内容的强制。[①] 法定地役权设立的强制性与当事人确定地役权合同内容并不对立。理由在于,一是此时地役权合同实质是以特别法律的规定为依据而形成的私法上的合同关系。二是由于调整公用事业管线通行关系法律规定的概括性,地役权的具体内容仍需当事人之间进行协商,只有确定地役权的具体位置、利用方式、期限、费用及支付方式等事项之后,地役权才能付诸实施。三是专门法律中对管线周围施工作业行为的限制通常属于最低限度的限制,例如《石油天然气管道保护法》第 26——

---

① 参见冉克平:《论强制缔约制度》,《政治与法律》2009 年第 11 期。

33 条规定了对管线道路上方、中心线两侧及周边一定地域范围内不动产占有、利用行为的限制,地役权合同中的约定可高于该法律限制。

如果当事人不能就地役权合同内容达成一致,可由法院或行政机关作出裁决,地役权的内容采用拟制推定的方法,适用专门法律中的规定,或者由裁决机构依据当地管线通行情况加以决定。若不动产权利人在缔约过程中任意提高缔约条件、主张高额补偿金等,在此情形下,为了使强制缔约制度能够真正发挥作用,需法律对法定地役权对价的确定方式予以强制。

4. 违反法定地役权法律责任的复合性

法定地役权服务于公益目的,当供役地人违反法定地役权的内容时,另一方当事人不仅可以请求其承担排除妨害、恢复原状、赔偿损失等民事责任,还可以请求行政机关予以责令改正、罚款等行政处罚,构成犯罪的还需承担刑事责任。[①] 之所以如此,在于如果仅仅遵循合同约定,完全由私法调整,供役地人只需对其违约行为承担违约责任,违约成本低,无法弥补其行为给用地单位及能源或信息安全造成的巨大损失。供役地权利人实施违反法定地役权内容的行为时,责令其同时承担行政责任,迫使其尽可能地按照地役权内容对不动产进行利用,更凸显了促进公用事业基础设施建设、保护能源、信息安全的立法政策。

## (二) 法定地役权的对价

1. 法定地役权对价的性质

为了公共利益的需要,必须维持不动产权利人经济利益的平衡,对于不动产权利人为公用事业管线通行所提供的便利,其获得对价具有法定性。如《石油天然气管道保护法》第 14、27、44—49 条是管线工程对沿途不动产利用造成影响时,以及与其他建设工程相遇时支付对价的规定;《电信条例》第 47 条是基础电信业务经营者在他人建筑物上架设公用电信设施时支付对价的规定。为保障供役地人的权利,在地役权的对价未支付之前,用地单位不得行使法定地役权。用地单位取得地役权并进行登记之后,即便供役地权利主体发

---

① 参见《石油天然气管道保护法》第 50—55 条,《电力法》第 61、69 条。

生变更,基于地役权的从属性,用地单位依然可以要求供役地的受让人承担管线通行的义务,而无须再与供役地受让人进行协商、支付对价,①从而维护公用事业管线通行关系的稳定性。

该对价不同于侵权损害赔偿。首先,损害赔偿针对的是不法行为,而地役权对价则是针对合法的公用事业管线建设行为,旨在平衡合法行为所导致的不公正后果。这彰显了地役权人行使法定地役权时,应选择损害最少的方法和位置,不得增加不必要的物权限制。如果公用事业管线的架设对物权影响重大,尽管采取的是当地通行的架设方式,但本能够采取损害更少的行使方式却没有采取时,成立损害赔偿请求权;如果公用事业管线的架设对物权影响重大,采取的是当地通行的架设方式,同时也是损害最少的架设方式,此时物权人应当承受管线通行所带来的不便,地役权人应支付相应对价。其次,损害赔偿是对过去损害的填补,而法定地役权的对价则是面向未来的公用事业管线建设与运行行为,是对未来妨害的平衡救济。最后,损害赔偿使受害人获得完全损害的救济,而法定地役权的对价只是财产上承受公用事业管线的对价,在当事人不能达成协商一致的情形下,只能根据平均损失进行计算,不能按照完全损害支付。

2. 法定地役权对价的计算方式

只要将会受益一方所得利益超出将承受负担一方遭受的成本或不便,后者就会为同意而索要超出其成本或不便的某个剩余利益份额。② 为避免创设地役权时发生敲诈问题,保障法定地役权对价给付标准的统一,需要有合适的计算方法,可运用以下两种标准来确定对供役地权利人的对价。

不动产最优利用方式标准。即按照公平市场价值评估当前利用方式下土地的利用价值,以及土地在其最优利用方式下的价值。最优利用方式下的价值并不一定是土地的当前价值,其注重土地的发展潜力,即便土地权利人暂时没有将土地用于该用途的计划。当然,最优利用标准不等于任何利用形式,而必须是合理的,且在物理上、法律上、经济上具有可行性的利用方式。

---

① 在此情形中,供役地的继受人通过支付较低的土地价格而得到相应的补偿。

② 参见[美]詹姆斯·戈德雷:《私法的基础:财产、侵权、合同和不当得利》,张家勇译,法律出版社 2007 年版,第 158 页。

法定地役权设定前后的价格评估标准。公用事业管线只需利用所经土地的一部分,不动产的价格反映所有负担的情况。确定地役权的对价,应当考量被占用土地的价值以及对剩余土地价值的影响。依据该种方式,需要确定法定地役权设定前整块土地的价格,以及设定后的土地价格,二者之间的价差即为对价金额。

在这两种计算方式中,第二种方式更为合适:一是其更具有评估上的可行性,第一种方式在确定最优利用方式时具有较强的主观性。二是由于法定地役权的对价旨在补偿供役地用益内容的减少,第一种方式相当于给予供役地各方面利益的全面保护,与法定地役权对价的补偿性质不尽相符。三是依第二种方式确定的地役权对价更接近土地权利人的损失。①

## (三) 行政许可与供役地权利人物权救济的关系

《石油天然气管道保护法》《电力法》等专门法律规定,因公用事业而铺设管线等设施,应当制定发展规划,并且与土地利用总体规划、城乡规划等相协调。实践中,因公用事业架设管线而对沿途不动产进行的利用,在政府制定城乡规划阶段就已基本定下来了。公用事业管线通行关系的设立受行政行为影响,特定管线工程的建设以政府审批许可为前置程序。由于此时涉及政府、用地单位、不动产权利人三方主体,不动产权利人在寻求权利救济时面临向谁主张权利的问题。

1. 行政许可排除供役地上物权人主张妨害排除请求权

行政许可是成立法定地役权的前置条件,用地单位获得行政许可之后,取得建设管线项目的资格,供役地因负担为管线建设运行提供便利的法定义务,进而排除物权人向用地单位主张妨害排除请求权。如《石油天然气管道保护法》第 15 条通过法律明文规定排除了第三人特定的民事请求权,该规定使得用地单位可以信赖行政机关的许可,不必担心相关主体提出请求权导致其建设项目的中断。这种优先效力的获得,必须满足行政许可建立在充分考虑供

---

① 例如,《意大利民法典》第 1069 条第 3 款明确规定:"如果供役地也从工程中获得利益的,需役地和供役地的所有人应当根据各自获得的利益按比例承担工程的费用。"参见《意大利民法典》,费安玲、丁玫译,中国政法大学出版社 1997 年版,第 293 页。

役地权利人利益且切实保证供役地权利人充分行使了公法上规定的参与权、听证权等对行政许可提出异议权利的基础之上。由于行政许可的合法性直接影响当事人排除妨害请求权的实现,因此,如果供役地权利人主张妨害排除请求权,法院则需要审查行政许可的合法性,此时适格的被告应为作出行政许可的行政机关,救济程序为行政诉讼。

2. 行政许可不排除供役地上物权人主张损害赔偿请求权

管线建设项目的行政许可,不排除供役地上的权利人向地役权人主张损害赔偿请求权。原因在于,行政许可的合法要件与侵权责任构成要件在基本价值和构成上存在差异,首先,行政许可的制度功能重在一般性吓阻,民事损害赔偿则在以"经济诱因"方式,促使行为人考虑个案因素,避免发生侵害。二者运作原理的不同使得二者不能互相取代。其次,公用事业管线建设、运行的法定实体要件与程序要件,不足以为受其影响的不动产物权提供充分保障。尽管公用事业管线工程项目需要符合城乡规划、经专家评审论证以及需进行环境影响评价,但其均发生在实际建设活动之前,作为公用事业管线建设项目许可利害关系人的沿途不动产权利人通常难以知晓其权益是否受影响以及受影响的程度,因此现行规定对于私法上的不动产权利人权益保障有限。最后,如果认定行政许可排除供役地权利人的侵权损害赔偿请求权,将有违法律保留原则之嫌。基于法律保留原则,在法律未明定行政许可可以排除第三人行使民事请求权之时,立法上均应有对财产权受影响之第三人进行补偿的配套规定。如果基于行政许可而直接排除供役地权利人主张损害赔偿请求权,意味着物权人的请求权可以未经任何补偿地遭到牺牲。

《民法典》对地役权的应用情形未作具体规定,这有赖于判例与学说的合作,以类型化的思考方法,完成对地役权制度的再构造。本专题围绕公用事业管线通行关系,论证了法定地役权的必要性,并进一步探讨了法定地役权在公用事业管线通行关系中具体的适用问题,得出以下结论:一是法定地役权在调整公用事业管线通行关系中具有增进物尽其用、调和自治与管制的独特价值。二是公用事业管线建设工程符合城乡规划,获得行政许可,符合法律规定的用地条件时,用地单位可与沿途不动产权利人强制缔结地役权合同。法定地役权设立的强制性与当事人之间协商地役权合同内容并不对立。如果当事人不能就地役权合同内容达成一致或者不动产权利人拒绝缔约,可由法院或行政机关作出裁决成立地役权,地役权的内容则适用专门法律中的规定,或者由裁决机构依据当地管线通行情况加以决定。供役地人为公用事业管线通行提供便利,其获得对价具有法定性。法定地役权的对价并非损害赔偿,其数额可参考不动产上设定法定地役权前后的价格差予以确定。三是用地单位取得管线工程的行政许可后,如果供役地上的权利人主张妨害排除请求权,由于行政许可的合法性与有效性直接影响当事人排除妨害请求权的实现,此时适格的被告应为作出行政许可的行政机关,救济程序为行政诉讼。管线建设项目的行政许可,并不排除供役地上的权利人向地役权人主张损害赔偿请求权。

# 第十章 商业空间立体布局中的
# 权利冲突及其规制

　　如果说 20 世纪最成功的土地利用是购物中心的开发,21 世纪则是城市商业综合体的综合布局。购物中心一般由一家或几家百货主力店为主导,其他零售则根据百货的位置搭配组合。商业综合体在引导商圈商业设施建设、合理空间布局、扩大消费需求等方面发挥积极作用。但在商业空间布局中,为了尽可能实现商业资源优化配置,各类营业者之间往往订立营业限制条款。营业限制条款将不动产利益之自由分配权给予当事人,有利于排除商业风险,激活市场主体自治、创新的能量,实现不动产利用外部性的内部化与资源的最优配置,亦有助于打造有效率的商业圈。与此同时,也引发营业自由与其边界的关系问题。如何规制营业限制条款可能产生的限制竞争等问题,成为法律需要解决的难题。

　　营业地役权,是为提高需役不动产效益,而限制或禁止供役不动产上从事特定营业活动的地役权。在诸地役权类型中,营业地役权具有适应现代社会经济需要的发展空间,有助于地役权重获生机,可称之为地役权的“第二春”[①]。营业地役权跨越纯粹物权法问题,与工商时代的多种语境联接在一起,对商事经营活动产生的重大影响值得关注。《民法典》对原《物权法》地役权规范进行修订,旨在扩大地役权适用范围,但由于地役权在我国物权体系中的相对“新生”状态及其权利变动之登记对抗模式,实践中不动产权利人之间的营业限制条款面临着能否构成地役权的疑问,以及如何协调营业地役权自

---

① 参见王泽鉴:《民法物权》,北京大学出版社 2009 年版,第 317 页。

身蕴含的私法自治与自由限制的张力,规制其所产生的排除、限制竞争结果等权利滥用问题。《民法典》颁布前,学界有诸多关于完善地役权制度规范以将其拓展至商事领域的探讨,①但主要从价值论层面展开。进入民法典时代,地役权规范的稳定性,决定了推动营业地役权制度功能实现,需要在提炼社会事实的基础上,重视类型化思维与商事思维,明确其适用条件与边界,实现民法静态规范与动态治理的均衡。

# 一、不动产契约中营业限制条款的
# 实践类型与争议焦点

当今社会商业模式不断创新,利益诉求多元,对营商环境制度体系的灵活性与包容性提出更高要求。2020 年 1 月 1 日起实施的《优化营商环境条例》从法制层面明确了打造市场化、法治化、国际化营商环境的要求。促进土地资源要素保障与高效利用是法治化营商环境的基本支撑,关于土地利用的合同约定及其法律规制是判断一国或地区营商环境的重要指标。世界银行每年发布的《全球营商环境报告》将开办企业的选址、财产登记、合同执行作为评估指标体系的重要组成部分。营业限制条款是对土地进行精细化利用的私法工具,有助于实现产业合理布局以及各类市场主体的优化组合,为应对商业地产的高效利用问题提供了新的治理框架。营业限制条款主要出现在商铺租赁、买卖合同以及业主管理规约之中,当事人之间关于营业限制的约定具有约束第三人的意图。

## (一) 营业限制条款的实践类型

营业限制条款是对不动产利用进行精细化调整的私法工具,以实现一定地域范围内经营活动的异质性。根据对我国司法实践的整理,营业限制条款

---

① 参见孙鹏、徐银波:《社会变迁与地役权的现代化》,《现代法学》2013 年第 3 期;耿卓:《地役权的现代发展及其影响》,《环球法律评论》2013 年第 6 期。

主要约定在商铺租赁、买卖合同以及小区管理规约之中,并具有约束第三人的意图。

第一,商铺租赁合同中的营业限制条款。根据城市商圈的交易模式和商户资金规模的限制,商户大多没有取得商铺的所有权,而是取得商铺租赁权。[①] 为避免同业竞争、达到良好的经营效果,商铺承租人通常要求与出租方在租赁合同中签署排他条款,即商铺出租方在一定时间和空间范围内,不能再引进同等或类似营业活动的商户。出租方出于吸引商户、优化商铺组合的考虑,通常接受此类条款。也有租赁合同约定承租人不得与出租人经营相同业务。[②]

第二,不动产买卖关系中的营业限制条款。一种表现为在营业资产转让时约定出让人承担不与受让人竞争的义务,[③]另一种表现为当事人约定不动产受让人不得将合同标的用于特定经营活动。例如,从事金银饰品经营的爱心公司,与邻近春熙商汇广场签订协议约定,后者整栋建筑内不得从事有关金银珠宝首饰的经营活动,爱心公司同时为春熙商汇广场提供通行便利作为营业限制的对价。后来,春熙商汇广场将商铺单间出售,部分业主将商铺用于经营金银首饰加工,双方就该协议所约束的主体范围产生纠纷。[④]

第三,小区管理规约中的营业限制条款。为预先规划社区的营业活动或公共设施,业主管理规约中约定经营范围条款。例如,小区会所等商业配套用房只能用于向业主提供商业、娱乐、文体等配套服务,不能用于在此之外的经营范围,以排除会所房屋的继受人随意变更会所用途等侵害小区业主权利等行为;[⑤]或者,为了维护社区有序发展,避免出现恶性竞争,约定在住宅小区配套的商业地产范围内,不得出现多于三间从事相同或相似经营范围的商铺,且视社区需求而定,部分行业只能保留一间商铺。[⑥]

---

① 参见江苏省苏州市中级人民法院课题组:《依法强化司法保障职能,积极服务小微企业新类型融资担保》,《人民司法》2012 年第 1 期。

② 参见广东省高级人民法院(2017)粤民终 1860 号民事判决书。

③ 参见山东省烟台市中级人民法院(2021)鲁 06 民终 4465 号民事判决书。

④ 参见《成都春熙商汇广场花钱买通道,矛盾激化遭封路》,《成都商报》2020 年 6 月 10 日。

⑤ 参见北京市第三中级人民法院(2019)京 03 民终 4984 号民事裁定书。

⑥ 参见程磊、周滨:《物业管理典型案例评析》,法律出版社 2016 年版,第 164 页。

### （二）营业限制条款的争议焦点

现代民法调整权利的逻辑进路是从权利之享有到权利之行使。营业限制条款在适用中的问题亦集中在权利设立与权利行使两方面。

第一，营业限制条款能否设立营业地役权？我国地役权的设立采登记对抗模式，依当事人的意思自治即可发生地役权设立、变动的效果。实践中营业限制条款并非以专门合同的形式订立，而是作为不动产买卖合同或租赁合同中的特别条款，并且亦未就此条款办理登记。一旦发生纠纷，首先必须解决其权利识别问题，解释当事人是否具有设立地役权的意思表示。同时，根据《民法典》第 372 条第 1 款，"提高自己的不动产效益"是设立地役权的核心要件，判断营业限制条款能否设立地役权的关键在于确定其是否有利于提高自己不动产的效益。然而，对"提高自己不动产效益"的理解存在争议，一种观点认为应当采客观标准，判断需役地是否受益。在不动产利用关系中，当事人关于竞业禁止的约定仅仅是使需役地人受益，而非使需役地各时段权利人受益，因此不应当承认竞业禁止地役权。① 另一种观点认为应当采主观判断标准，是否供便益之用，应就特定需役地所有人判断之，不宜客观上有此必要为要件。② 无论是上述哪一标准，在适用于营业地役权时都会面临更多难题，因为其内容更为抽象，涉及地域范围更广。此外，由于需役不动产承租人不享有物权，其订立的营业限制条款具有属人性，存在能否设立营业地役权的问题。

第二，在成立营业地役权的情形下，如何规制其产生的过度限制转让、制造垄断等权利滥用问题？权利核心具有合法性不意味着行使权利的一切行为均应受到保护，以某种不当方式行使权利若构成权利滥用，则为法所不许。③ 如果认定不动产利用关系中的营业限制约定成立地役权，则需进一步划定其权利边界，原因在于：其一，营业地役权具有物权排他效力，尤其是

---

① See A.N.Yiannnopoulos, *Predial Servitudes*, 4th( Vol.4 Louisians Civil Law Treatise ), Thomas West.Vol.4, 2013, p.357.

② 参见王泽鉴：《民法物权》，北京大学出版社 2009 年版，第 313 页；崔建远：《中国民法典评释·物权编》下卷，中国人民大学出版社 2020 年版，第 268 页。

③ 参见彭诚信：《论禁止权利滥用原则的法律适用》，《中国法学》2018 年第 3 期。

对于办理了登记的地役权,具有强大的对抗效力;对于未经登记的地役权,尽管不能对抗善意第三人,但仍具有对抗特定第三人的效力,一是以不公正手段妨碍地役权人获得登记或者不履行协助登记义务的人,以及主张欠缺登记这一理由明显违背诚实信用的人;二是虽然从外形上看好像拥有与地役权不相容的权利,而实际上为无权利之人;三是侵权行为人。① 当事人可以根据自身需求进行收益成本分析,决定是否对营业地役权进行登记。营业地役权使得权利人可以在特定时期内对供役地的用途进行控制,尽管其并不对供役地构成排他独占,但由于其从属性的特征,可能产生"死手控制"(dead hand control)问题。其二,营业地役权可能产生以私人契约规避公法义务的效果,例如通过排除、限制竞争而产生市场垄断。即便地役权的内容在现代发展中得以拓展,但并非所有的营业地役权均可得以实现,仍需根据个案予以判断,要求该地役权的行使应为正当合理,不得过度限制转让或者制造垄断。②

在优化营商环境的时代命题下,对滥用营业地役权排除、限制竞争的行为进行法律规制,是营造市场公平竞争环境的必然要求。《民法典》第 384 条规定了地役权的特殊消灭事由,在地役权人滥用地役权的情形下,供役地权利人有权解除地役权合同,地役权消灭。但禁止权利滥用规则本身具有抽象性,为了增强法律适用的稳定性,仍需结合实践进一步明确营业地役权之权利滥用的认定标准。

# 二、营业地役权的构造

作为一种意定物权,地役权的设立条件包括当事人的合意以及符合地役权构成要件。《民法典》物权编以物权法定原则为基本遵循,营业限制条款欲

① 参见崔建远:《中国民法典评释·物权编》下卷,中国人民大学出版社 2020 年版,第 281 页。

② See D. Robb Ferguson, "Anticompetitive Covenants – Redefinition of Touch and Concern in Massachusetts", *Suffolk University Law Review*, Vol.14, No.1, 1980, pp.117–136.

发生设立地役权的法律效果,首先需要识别当事人具有相应的效果意思,接着判断是否符合地役权的基本构成,最后根据营业地役权的限制类型校验其法律效力。

### (一) 营业地役权的意思识别

根据《民法典》第 142 条第 1 款,对于有相对人的意思表示,兼采客观主义与主观主义的解释路径,并且更加侧重客观主义路径。"意思表示具有社会性,意思表示是一种社会行为,而不仅仅是'自然的表示',是赋予了表意人社会意图的行为。"[①]意思表示解释的目标,就是兼顾当事人利益平衡的同时,探寻意思表示在法律上具有决定性的意义。在上述租赁合同、买卖合同、管理规约等情形,不仅需根据合同条款进行文义解释与目的解释,还应对照法律关于地役权的规定,对当事人的意思表示进行客观解释。这并不意味着当事人的意思表示不发生任何作用,而是从单纯的意思自主进一步转为当事人应为其自主决定负责。因此,更加侧重客观主义的解释路径实际上已兼顾表意人的意思自主与受领人的信赖保护。如果当事人无明示的设立地役权主观目的的语言,但其约定内容符合地役权的基本构造,即利用他人的不动产以提高自己不动产效益,并且客观环境表明当事人有设立地役权的主观目的,则发生设立营业地役权的法律效力。

例如出租人甲与承租人乙订立的租赁合同中约定"承租物业不得用于咖啡经营",合同条款并未明确提到乙,此时可以推定当事人的意图是,无论承租人是谁,都不能在承租物业上从事咖啡经营。前述管理规约为小区中的每个单元都设定了用途方面的限制,尽管其并未有明确语言表明设定地役权,但该约定适用的客观环境表明当事人具有设定地役权的主观目的,无论业主是谁均受该约定限制。前述不动产买卖合同中第二种类型的营业限制条款亦是如此。约束继受人的意图能否仅从约定对不动产的使用和享受作出了限制的情形中予以推定? 美国司法实践中,许多法院显然都推定存在这种约定随地

---

① [德]卡尔·拉伦茨:《法律行为解释之方法:兼论意思表示理论》,范雪飞、吴训祥译,法律出版社 2018 年版,第 113—114 页。

转移的意图,除非有明确的证据证明原当事人只具有给允诺人设立个人义务的意图。①

在登记对抗规则下,当事人可自行决定是否将该地役权法律关系昭告世人。若当事人就营业限制条款办理了地役权登记,则其抵御妨害的效力完整而全面,"同时具备绝对效力与对抗效力"②。若未办理地役权登记,在第三人无从知晓营业限制条款情形下,如果对其信赖利益产生严重影响,则不得对抗该第三人。此时,地役权作为物权所具有的绝对效力与对抗效力相分离。未经登记的地役权在登记能力与权利效力上仍区别于债权,其一,地役权主体享有通过办理登记从而产生对世效力的选择权;其二,未登记的地役权对于无正当权利人以及恶意第三人仍具有对抗效力。

### (二) 营业地役权的构成要件

地役权的构成要件有二:一是客体要件,有需役地与供役地存在;二是目的要件,为了提高需役地效益而对供役地有所要求。作为地役权的具体类型,营业地役权同样应具备以上构成要件。

营业地役权须有需役地、供役地两项独立不动产。营业地役权从属于需役地而存在,若无需役地,则营业地役权无从存在。前述商铺租赁合同以及小区业主管理规约中约定营业限制条款的情形中,不动产的所有权人可能为同一主体,涉及应如何理解地役权之设立应有需役不动产与供役不动产同时存在的问题。此时当事人之间的地役权构成自己地役权,即权利人在其所有的两项独立的不动产之间设定地役权,它能够从事前更有效率地规范因新型商业或居住形态所产生的不动产利用关系。笔者对此有专文探讨,不再赘述。③前述不动产买卖合同中第一种类型的营业限制条款,虽有需役不动产存在,且对物业转让人的竞业禁止义务作出明确约定,但在缔约之时,物业转让人尚未对特定不动产取得权利,供役地不明确,物业转让人的竞业禁止义务仅为不动

---

① 参见[美]约翰・G.斯普兰克林:《美国财产法精解》,钟书峰译,北京大学出版社 2009 年版,第 541 页。

② 尹田:《论物权对抗效力规则的立法完善与法律适用》,《清华法学》2017 年第 2 期。

③ 参见于凤瑞:《自己地役权的构造及其适用》,《中国土地科学》2014 年第 8 期。

产转让合同的条件之一,不成立营业地役权。

营业限制条款要发生设立地役权的法律效力,需满足"提高需役不动产效益"的目的要件。纯粹按照客观标准,以需役地受益作为设立地役权前提,局限在于:一是从形式逻辑上,"法律上的利益以客体对主体需要的满足,是以主体需要为参照对象的。因此,所谓的'需役地的利益'正确的理解只能是'需役地所有人或使用人的利益'"①。二是客观判断标准预先假定我们对土地的应然利用方式有一种集体设想,要求地役权应当在客观上促进需役地的效益,表面上看似乎尊重了私人意志,但实际上却导致当事人失去选择自由。② 当事人是最有能力判断营业限制的约定能否促进土地有效利用的人。三是地役权法律制度的发展趋势是从注重事前规制向注重事后规制转型。现代社会已建立完善的不动产登记体系,地役权构成要件自身发挥公示功能的作用降低,在符合地役权构成要件的情形下,当事人应可对地役权内容为自由约定。法律调整地役权的重点,转向对已过时或者成为不合理负担的役权设置变更或终止机制。四是纯粹客观标准不符合不动产登记审查方法。根据我国《不动产登记条例实施细则》第 15 条,登记机构对登记申请材料进行内容一致性审查,并不当然涉及其有效性。当事人就营业限制申请地役权登记,登记机关通常难以对当事人的约定是否有利于提高需役不动产效益展开实质判断。在我国不动产登记实务中,对需役地效益的理解,也不以客观标准进行判断。只要当事人关于地役权的约定不违反法律的强制性规定或公序良俗,法律都应准许地役权的设定。③

地役权所具有的"提高需役不动产效益"品质,"仅说明地役权与需役地所有权,有密切关系而已"④。需役不动产的效益不仅是需役地的客观效益,还包括需役地权利人效益。1999 年《葡萄牙民法典》可谓这一理念的典型体

---

① 于宏伟、李军辉:《论地役权若干法律问题》,《法学杂志》2007 年第 2 期。

② See Richard A.Epstein, "Notice and Freedom of Contract in the Law of Servitudes", *Southern California Law Review*, Vol.55, No.6, 1982, pp.1353-1368.

③ 参见自然资源部不动产登记中心编:《不动产登记暂行条例实施细则释义》,北京大学出版社 2016 年版,第 145 页。

④ [日]三潴信三:《物权法提要》(上、下卷),孙芳译,中国政法大学出版社 2005 年版,第 129 页。

现,其第 1534 条规定:"凡可被需役地享用之任何利益,均可成为地役权之标的,即使该利益将来或偶然存在,增加需役地之价值亦然。"

如此理解"提高需役不动产效益",并不否认地役权与人役权的区别,二者的根本区别在于地役权以需役地存在为必要,而人役权不以需役地存在为必要。以实践观之,营业地役权的直接目的在于强化需役不动产的经济效益,从而在两处不动产之间建立关系。人役权则是强调权利人对他人不动产之利用,而在特定主体与不动产之间建立关系。不动产契约中的营业限制条款可能有两种不同目的,一是为了特定营业资产的利益,而该利益之存在可与其所在的不动产相分离;二是为了增加特定不动产的经济价值。前者因不以需役地为构成要件而具有人役性,后者则可成立营业地役权。[①]"地役权利益本质上确实应该是'需役地人利益',但是这种'需役地人利益'与个人利益是不同的。前者是一般意义上的人的概念,具有客观性,后者则纯粹是由个人主观所决定的利益。"[②]从便于可操作性角度而言,可以通过营业限制条款能够创造的客观经济效益作为"提高需役地效益"的判断标准,考量以下因素:一是需役地人提供的产品与工作岗位,客观上需役地人的营业活动能够提供的资源越多,则该营业地役权越具有正当性;二是需役地人能够吸引前来购物中心消费的顾客人数,以及需役地人能够吸引前来购物中心驻扎的商户数量,其能够表明需役地人对该区域经济的客观贡献程度;三是如果不限制相同或相似营业活动,可能对需役地人造成的损失,其能够表明不动产之间存在客观上的便益关系。

事实上,在规定人役权的国家,例如《德国民法典》中限制的人役权与地役权存在交叉,为地役权与用益权之间的中间权利状态。限制的人役权的性

---

① 比如鲍尔、施蒂尔纳举过德国司法实践中的例子:"在一土地上建立一家百货商店,则可在邻地上登记一项禁止建造百货商店为内容之地役权;反之,若需役地为住宅土地,所有权人在其住宅之一层经营一家会计师事务所时,则不能设定具有相应内容之地役权。在后一种情形中,仅只能设立一项限制的人役权,因为在限制的人役权中,其内容以权利人之特殊使用为标准。"[德]鲍尔、施蒂尔纳:《德国物权法》上册,张双根译,法律出版社 2004 年版,第 715 页。

② 参见周云涛、张国栋:《跳出地役权看地役权:一种历史的、体系的视角》,载杨立新主编:《民商法理论争议问题——用益物权》,中国人民大学出版社 2007 年版,第 491 页。

质更像是地役权的一个具体类型。① 若对法律上已规定之限制,对其适用效力或范围存在疑问,则仍不妨将该限制约定为地役权之客体。② 我国《民法典》虽然规定了居住权,但未从一般意义上规定人役权。为了发挥营业地役权的功能,彰显地役权制度价值,实践中,在当事人关于营业限制的约定符合地役权的基本构造,可将其归入地役权范畴。

营业地役权的主体通常为不动产物权人。受商圈交易模式和商户资金规模限制,实践中商户大多没有取得商铺所有权,而是取得商铺租赁权,营业限制约定也多出现在商铺租赁合同中。比较法上,有的司法实践区分不动产租赁合同与买卖合同,对其中的营业限制条款效力予以不同对待。对于商铺承租人与出租人约定的营业限制条款,由于承租人不拥有物权,即便当事人有使该限制性约定随土地流转的意思表示,但其事实上是有利于承租人而非需役地,因此只能成立人役权而非地役权。③ 但是对于不动产买卖合同中约定的营业限制条款,法院通常认为营业限制条款限制了买受人在其土地上的经营活动,从而提高了卖方不动产的经济效益,因此该营业地役权有效成立。④ 这种区分认定的思路具有一定的合理性,但不应绝对化地将不动产租赁关系中的营业限制役权归为人役权,仍需进行实质判断。

从地役权的本质属性看,地役权不同于土地承包经营权、建设用地使用权等用益物权的根本,在于其"主体属物、客体属物"的特性。"主体属物"的含义并非土地等不动产具有法律人格从而作为权利主体,而是指地役权的主体为"特定不动产的物权人"而非"特定人",从而在两项不动产之间建立客观上的利用关系,而非特定人对特定不动产的利用。需役地承租人作为第三人设定的地役权使得两项不动产之间建立客观上的利用关系,并不产生属人的法效果,与不动产上的所有权人、用益物权人等物权人设定的地役权具有相同的

---

① 参见孙宪忠:《德国当代物权法》,法律出版社 1998 年版,第 250 页。

② 参见[德]鲍尔、施蒂尔纳:《德国物权法》上册,张双根译,法律出版社 2004 年版,第 713 页。

③ See Winn-Dixie Stores, Inc. v. Dolgencorp, LLC, 746 F.3d 1008, 1031 (11th Cir.2014).

④ See Meadowcrest Ctr. v. Tenet Health Sys. Hosps., Inc., 902 So. 2d 512, 514 (La. Ct. App. 2005).

法律效果。地役权是以限制供役不动产所有权(或用益物权)之作用为内容的用益物权,从另一个方向而言,构成需役不动产所有权(或用益物权)之扩张。地役权人不是作为权利人自身,而是作为受益土地的所有权人享有役权。[1] 因此,需役不动产的承租人设定营业地役权之后,地役权人仍为需役不动产的所有权人或用益物权人,承租人所行使的限制供役地上特定营业活动的权利,仍系基于不动产租赁权,不过是其"权利因为所支配者或请求对象有所扩张而实质上扩张,并非越俎代庖成为役权人"[2]。概言之,在符合地役权实质构成要件的前提下,地役权的设立人与权利人可以不同,基于租赁关系而使用需役不动产,亦可为该不动产设定不动产役权。

### (三) 营业地役权的效力校验

即便符合地役权的构成要件,亦不代表营业地役权即可有效设立,若其内容违反法律的强制性规定与公序良俗,则营业地役权之设定应属无效。例如,营业地役权禁止供役地为任何用途之使用,此因违反公序良俗而无效。除此之外,法律创制地役权的目的,在于权利人仅在特定方面对受负担的不动产行使权能,具体到营业地役权,则是禁止供役地为某种使用,使得供役地人负有不竞争义务。据此,营业地役权所设立的限制仅针对供役地事实上的使用,而不包括供役地人法律上的自由处分。

营业地役权适用于事实上作为的限制。所谓事实上的作为,即供役地人以占有、使用、收益方式行使不动产所有权或使用权的实际行为,包括以下类型:一是营利用途的一般性禁止。例如禁止供役地设立任何营利性企业。二是特定营业类型的禁止。例如禁止开设或维持特定类型营业活动。综合性商场往往注重商场内零售产品或服务的整体组合,途径就是对物业租赁或转让附加营业范围的限制。三是禁止供役地上销售特定种类商品。例如禁止相邻供役地销售咖啡;或者经营特定种类商品的连锁销售商在特定地区经营多家商店,由于需要额外空间等原因,决定搬迁其中一个零售店至新址,但又担心

---

① 　参见[德]M.沃尔夫:《物权法》,吴越、李大雪译,法律出版社2004年版,第414页。
② 　苏永钦:《寻找新民法》,北京大学出版社2012年版,第495页。

旧址可能会被竞争对手取得,防止该后果的一种方法是在旧址上设立营业地役权,约定该土地不得经营特定种类商品。

营业地役权不适用于法律上自由处分的限制。所谓法律上自由处分,即根据当事人效果意思发生法律效果的行为。倘若限制的是供役人处分行为的自由,则不发生地役权设立的效果,仅具有债法上的效力。具体包括以下类型:一是对供役地人行为自由的禁止。如果营业地役权约定禁止供役地人仓储、销售或者买受地役权人产品之外的其他产品,从市场自由的角度看因这种安排在经济上会产生一种强制受取权利人产品的效果而被禁止。"地役权所指向利益的载体对于权利人而言应当是被设定负担的土地,而非所有权人的人身和劳动力,因此由地役权保障的仅购买权利人产品的任何情形均不被准许;在物权法上,可以完全禁止销售某些种类的商品,或者完全禁止某些用益方式,但不得进行选择性禁止。"①换言之,地役权内容不得是在禁止销售商品的同时将某一个品牌作为例外。二是对供役地人财产权转让的禁止。财产权交易有利于促使资源优化配置,法律应保障财产权的可转让性。营业地役权合同中禁止供役地人转让供役不动产于他人的条款无疑为无效。但若对转让方式、受让人类别、限制转让的时间等施加必要限制可为有效。

## 三、滥用营业地役权的规制

任何权利均有边界,当营业地役权之行使构成权利滥用,则为法所不许。学界关于"规制"的内涵与边界尚未形成精确定义,本书从中性意义上使用"规制",即"依据一定的规则对构成特定社会的个人和构成经济的经济主体的活动进行限制的行为"②。营业地役权融私法自治与竞争限制为一体,决定了其法律规制路径需要导入跨学科原理与方法,关联适用《民法典》与竞争法规则。

---

① 耿卓:《地役权的现代发展及其影响》,《环球法律评论》2013 年第 6 期。
② [日]植草益:《微观规制经济学》,朱绍文、胡欣欣等译校,中国发展出版社 1992 年版,第 1 页。

### （一）　滥用营业地役权的民法规制

《民法典》第376条从权利行使效果层面界定了地役权的行使边界,违反该规定,供役地人可依据第384条主张解除营业地役权合同,消灭营业地役权。第376条规定的"尽量减少对供役地权利人物权的限制"体现了比例原则之"合比例性"或"禁止过度"的要求。民法规制权利滥用的目的在于使权利人停止权利滥用行为,根据被滥用权利性质的不同,其适用的法律后果具有多元性,并不一定导致权利本身的丧失,权利人仍可按照正当的方式继续行使权利。如果一旦发生《民法典》第384条第(一)项的情形,径直认定地役权终止,使得权利消灭,将使地役权人彻底丧失地役权之目的性利益,法律后果可能过于严苛。因此,在供役地人行使合同解除权、终止地役权的情形下,地役权人之权利滥用行为应属极为严重的情形,即权利行使所造成的损害已超越其合理限度。比例原则作为限制过度的衡量标准,可参考适用,其审查步骤包括适当性、必要性、均衡性审查三个阶段,只有营业限制条款符合上一位阶的要求,方可进入下一位阶的审查。

第一,营业地役权应当适于良好经营效果的实现。禁止权利滥用原则体现了私法秩序内的优先价值,即权利人权利行使自由与借他人利益所体现的社会经济目的之间的顺位衡量。优化营商环境作为公共利益,具有优先于私人经济利益的价值,可以排除营业地役权之行使。例如,某商厦一层房产租赁合同约定"商厦一楼不得引进与承租人同类快餐行业",其虽对同行业经营者作出竞业限制,但系属商厦自身整体布局的需要,且该竞业限制仅及于商厦一楼范围内,并不因此产生承租人排挤竞争对手形成独占之地位,消费者仍可在该商厦自由选择到其喜爱的其他餐饮类型,因此并不构成权利滥用。

第二,在地役权人行使权利实现同一效用的多种方式中,应当选择对供役地人限制最小的一种。例如,经营咖啡的地役权人在行使营业地役权的过程中,不仅要求供役地禁止用于经营咖啡等饮品行业,还要求供役地人不得经营餐厅,则其超越了营业地役权的客观目的,构成对供役地的过度限制。《德国民法典》第1020条规定:"地役权人于行使其权利时,应尽可能以保全供役地所有人之利益。权利人因行使地役权在供役地设置工作物者,在保全所有人利益之必要范围内,应维持该工作物之正常状态。"此外,尽管地役权不要求供役地与需役地必须相邻,但二者至少应当是相近的以便于行使地役权成为可能。如果该营业地役权限制营业活动的地域范围,超出了地役权人本身经营活动的辐射范围,对于提高需役地效益的意义极其轻微,则超出了地役权人行使权利所必要的限度。还需注意不同主体对营业利益的追求不尽相同,具有一定的主观性,为某主体设立的营业地役权对于另一个人而言可能没有价值,因此在需役或供役地发生权利变动或情势变更时,应允许供役地人就地役权无存续必要之部分请求消灭。

第三,营业地役权的行使给供役地人及其他市场主体造成的损害,是否明显大于为需役不动产竞争或效率带来的积极效应。权利人行使权利所得利益与对他人利益或国家社会利益造成损害之间的对比,并不以财产上之利益为先,亦非以数理之计算为已足,而应综合一切具体情事加以比较衡量。① 法官在审理案件的时候可借助限制的距离、期限、类型等客观因素予以判断。其一,营业地役权的周边环境。如果需役地附近已经存在诸多竞争者,这时设定营业地役权对于提高需役地效益的作用极为有限,可以认定存在权利滥用。当然,若供役地人或第三人主张限制竞争地役权构成权利滥用,地役权人可以提出效率抗辩,主张营业地役权实现的效益超过限制竞争的负面影响。其二,营业地役权存续期间应为合理期限。一方面,该期限应明确具体,而非无期限,地役权合同约定期限越长,所产生的排除、限制竞争的效果越强;另一方面,期限是否合理,通常需要考虑市场主体达到成熟营业水平所需时间,例如开始营业后多久才能有稳定客户和收入。其三,对限制经营应进行整体解释。在营业地役权人为综合性经营商的情形下,限制供役地上为相同或相似经营,应解释为限制引入在整体上与地役权人具有一定相当性的竞争对手,不能机械理解为不能涉及其经营用途中的任何一种单一品牌。无论是从经营规模还是商品类别,单一品牌门店都不构成营业地役权人的竞争对手,营业地役权人要求一概予以禁止的行为构成权利滥用。

---

① 参见杨仁寿:《论权利滥用禁止原则之适用》,《法令月刊》(台北)1990 年第 2 期。

### （二）营业地役权的反垄断法规制

营业地役权仅适用于特定不动产之间，产生的排除竞争效果通常较为微小。但一旦其产生损害市场竞争的效果时，则需引入竞争法规制。在德国，营业地役权需要根据反限制竞争法第16条和建立欧洲经济共同体条约第81条进行审查。[①] 在英国，2011年后大部分非住宅用地交易协议，需要通过竞争法的审查。[②] 我国经济活动中，要求订立营业限制条款的当事人通常是具有较强市场地位的大品牌方，当设立人具有市场支配地位，并在相关市场设立一定数量的营业地役权，其权利行使行为产生排除或限制其他经营者进入相关市场时，则需适用反垄断法规则，判断是否构成滥用市场支配地位。实践中，涉嫌垄断的营业限制约定纠纷主要发生在商铺租赁情形，主张滥用市场支配地位的民事主体主要包括两类：一是商铺出租人，尽管其与承租人利益关系具有一致性，有提升本区域商品及服务竞争力的共同意愿，但由于二者处于市场中的不同环节，相关市场竞争状况及压力程度不同，可能会导致二者之间共同利益的松动甚至是冲突，例如与地役权人从事同类或类似营业活动的市场主体愿意支付更高的租金，或者可能带来更大的客流量等。二是商铺租赁关系之外的与营业地役权设立人具有利害关系的其他市场经营主体，主要表现为其他潜在的市场进入者。

根据《反垄断法》以及国家市场监督管理总局《禁止滥用市场支配地位行为规定》，对营业地役权的行使是否构成滥用市场支配地位的审查步骤依次为：

第一步，判断当事人处于相关市场。界定"相关市场"是判断营业地役权之行使是否构成垄断的起点与关键。根据《反垄断法》第12条第2款以及国务院反垄断委员会关于相关市场界定的指南，界定"相关市场"须考量三方面：一是时间范围，即排除或限制竞争行为所发生的一定时期。当事人约定的营业地役权的存续期间可以作为判断依据。二是商品范围，存在竞争关系的商品或服务的范围。其通常需要从买方角度考虑那些从价格、性能以及用途

---

① 参见［德］M.沃尔夫：《物权法》，吴越、李大雪译，法律出版社2004年版，第416页。

② See Pimlott Nick,"The Application of Competition Law to Land Agreements in the UK:Implications for Franchising",*International Journal of Franchising Law*,Vol,8,No.6,2010,pp.29-33.

等方面相互具有合理替代性的商品或服务。① 三是地域范围,存在竞争关系的产品或服务的地域市场,即消费者获取具有较为紧密替代关系的商品或服务的地理区域。营业地役权的地域范围应限制在需役地附近范围内。芝加哥市议会2005年颁布法令,将关于超市和药店的营业地役权效力范围限制在7500平方英尺范围内。②

第二步,判断经营者具有市场支配地位。根据《反垄断法》第18条,对经营者市场支配地位的认定需要综合考量多项因素,包括其在相关市场的市场份额、控制市场的能力、财力和技术条件,其他经营者对其在交易上的依赖程度、其他经营者进入相关市场的难易程度等。对于行使营业地役权的经营者而言,由于其合同往往对特定营业的地域范围作出限制,这可能构成新进经营者进入市场的障碍或壁垒,市场进入障碍或壁垒越高,潜在竞争压力越弱,现有经营者更易获得控制商品价格等交易条件,以及排除、限制竞争的市场支配地位,因此,地理范围在判断经营者是否具有市场支配地位中具有重要作用。单个商铺的地域市场,表现为销售商品、提供服务的辐射范围,即来店消费的客户的地域范围。不同的经营者,由于其营业范围、经营规模、商铺选址等因素的不同,其地域辐射范围也各不相同。例如,大型超市的辐射范围大于小型便利店,位于城市核心区的高端奢侈品专卖店的辐射范围大于日用百货商店。随着互联网经济的发展,互联网购物平台以及外卖服务平台对传统零售、服务等产生了显著冲击,在线上功能的辅助下,传统零售或服务提供者的区域投资成本下降、市场回报增加,增大了地域市场拓展的可能性,因此线上零售业与外卖服务的竞争力也应纳入考量因素。

第三步,判断经营者存在法律禁止的滥用市场支配地位的行为,并对其他市场主体造成了不正当妨碍或歧视性待遇。只有在行使营业地役权的经营者具有市场支配地位,且利用其市场地位实施垄断行为才涉及违法。从文义分析角度,只要具备《反垄断法》第17条规定的垄断定价、掠夺定价、拒绝交易、

---

① 参见王晓晔:《论相关市场界定在滥用行为案件中的地位和作用》,《现代法学》2018年第3期。

② See City of Chicago Zoning Ordinance 17-1-1004.

限定交易等行为,即构成滥用市场支配地位,应当予以禁止。但由于《反垄断法》第 17 条所列举的典型滥用行为中并不包含营业地役权的内容,并且第 17 条列举的大部分行为采用了合理原则,以"没有正当理由"为条件,因此,不能简单地直接得出应予禁止的结论,仍需结合案涉产品或服务的可替代性、经营者的动机、排他协议的期限、地域范围、累计效应等因素来判断经营者行使地役权确实产生了不正当排除、限制竞争的后果。这种实质效果的表现形式,诸如供役地权利人在合同期间,确实没有与营业地役权设立人具有竞争关系的其他经营者进行商业合作,或者供役地权利人由于没有遵守营业地役权合同约定,而被营业地役权设立人施以"利空"措施等惩罚性待遇等。

《反垄断法》第 17 条之(四)规定的"没有正当理由,限定交易相对人只能与其进行交易或者只能与其指定的经营者进行交易",实质上是一种举证责任倒置,只有行使营业地役权的经营者不能就自己的经营行为提出合理抗辩事由时,才会被认定构成滥用市场支配地位。反之,则不应认定为权利滥用。合理性抗辩通常包括以下三方面:一是整体效率。营业地役权吸引了更多的消费者、增大客流量,各类市场主体均可从中获益,最终有利于增加物业整体盈利,事实上提升了相关市场的整体效率与其所辐射地域范围的产业合理配置。即使营业地役权具有潜在的反竞争性,但如果它可能产生的经济和消费者利益超过对竞争的潜在损害,则其在不超出必要地域范围以及未实质消除竞争的条件下,可得到反垄断豁免。二是实质公平。因消费者增多,可实现规模经济,带来商品或服务成本的降低,进而降低市场价格,使得消费者得以分享相应的利益,事实上提高了消费者的实质福利水平。三是经营必要。营业地役权的设立人需证明地役权的正当性与必要性,正当性是指地役权的设立与行使有法律依据或符合商业惯例,例如为了维护其品牌形象或者提高服务水平;必要性是指地役权的行使符合比例原则,未超出合理限度。例如当事人证明如果没有营业限制约定,则不可能成功进入相关市场;或者在综合性商场中,往往存在一个具有锚定作用的核心租户,其对吸引消费者具有关键作用,该核心租户为收回成本而设定一定期限的营业地役权,可得到反垄断豁免。

在营业地役权的行使构成滥用市场支配地位的情形,法律后果是双重的:一是民事法律后果,供役不动产权利人可依据《民法典》第 384 条单方终止营业地役权关系,若营业地役权的行使给他人造成损失,还应依据《反垄断法》第 50 条承担民事损害赔偿责任;二是行政法律后果,反垄断机构可以依据《反垄断法》第七章责令营业地役权设立人停止违法行为,并处以相应行政罚款。此双重法律后果,实现了私人与政府的合作,契合了垄断行为之法律规制从单一行政管制向多元主体共治的发展趋势。

营业地役权将当事人关于不动产营业用途的约定物权化,有助于实现产业合理布局以及各类市场主体的优化组合,为促使商业地产高效利用提供了新治理框架。营业地役权为深度透视地役权基础理论提供了新契机,又为拓展地役权的体系效用提出新要求。推动《民法典》地役权规范的解释适用,需要从实践出发,进行有效的跨学科交融,以服务于更广阔的民商事实践。设立营业地役权需符合地役权的客体要件与目的要件,以区别于人役权。在理解"提高需役不动产效益"内涵时,应拓展至需役地人效益,但其对应的是具有客观性的一般意义上人的概念,而非纯粹个人主观所决定利益。营业地役权所限制的,应是对供役地事实上的使用,而非对供役地为法律上的自由处分。营业地役权强烈的商事色彩,决定了其权利行使所产生的过度限制竞争、制造垄断等的法律规制,应当以《民法典》地役权规范为基点,同时衔接适用旨在预防和制止垄断、维护市场公平竞争的相关商法规则。这也表明,包括地役权在内的传统民法制度在扩展适用于商业竞争等领域时,如何协调私法自治与竞争政策,进而妥善处理民法典传统理论与现代化变革的张力,实现民法现代化,必将是学界持续关注并深入研究的时代课题。

# 第十一章　既有住宅增设电梯中的
## 权利冲突及其规制

　　既有住宅加装电梯是重大民生工程,对满足人民群众美好生活需要、推进城市更新、促进经济高质量发展意义重大。但由其引发的纠纷亦逐年增多,主要表现为业主之间的利益冲突。本书基于对相关司法裁判文书的分析发现,冲突的深层原因是规划许可下利益分配失衡、多数决机制下业主间利益冲突。为破解权利冲突困局,应从民事与行政双轨制下寻求利益冲突的解决之道,完善少数业主权利的救济路径,明确补偿规则,同时完善增设电梯规划许可程序,明确规划许可并非相邻利益受损的豁免。

## 一、提出问题

　　党的二十大报告指出,中国式现代化是全体人民共同富裕的现代化,实现人民对美好生活的向往是中国式现代化建设的出发点和落脚点。随着老龄化社会的到来,电梯成为居民生活的重要组成部分,关系着人民的生活品质和幸福感。所谓既有住宅,是指具有合法权属证明或者合法报批手续,已建成投入使用的四层及以上的多业主无电梯住宅。① 党的十八大以来,我国坚持以人民为中心,大力改造提升城镇老旧小区,通过推动既有住宅增设电梯改善居民

---

　　① 参见《广州市既有住宅增设电梯办法》(穗府办规〔2020〕7 号)第 2 条、《深圳市既有住宅加装电梯管理规定》(深规土规〔2018〕9 号)第 2 条。

居住条件。《国务院办公厅关于全面推进城镇老旧小区改造工作的指导意见》(国办发〔2020〕23号)提出,到"十四五"期末,力争基本完成2000年底前建成的需改造城镇老旧小区改造任务。

既有住宅的产权形态为业主区分所有,这种居住形态不仅直接影响我国基层社区的类型,更促使基层社区治理模式向业主自治转变。根据《民法典》第278条,既有住宅增设电梯构成"改建、重建建筑物及其附属设施",属于需要经特别决议规则表决的业主共同决定事项;同时,由于其涉及原建筑规划的变更,根据《城乡规划法》第7条,需经规划主管部门的审批许可。根据各地颁发的规范性文件,增设电梯需要业主达成多数同意,提供相关材料并向行政机关提出申请,经公示无异议后,行政机关作出规划许可,方可动工。在此过程中,由于涉及多数同意业主、少数反对业主和行政机关三方主体,各方主体行动目标不同,易引发纠纷。实践中表现为行政规划权与业主合法权益的冲突,多数业主与少数业主之间的物权冲突。

对此,我国相关立法虽有规定,但仍过于原则,难以有效解决实践困局,各地细化规范亦不一致。现有文献从行政规划许可变更、空间利益公平分配、相邻权益的侵犯与保护①等方面展开研究,并提出将"补偿争议不存在或已解决"作为变更规划许可的前提,②扩张规划许可中"合法权益"内涵,③建立公正、及时的行政裁决机制等方案,④对规划许可中所涉私权利益冲突的化解具有一定借鉴意义。但就既有住宅加装电梯这一具体场域的针对性研究较少,所得结论有待检验。本书拟从公私法结合的视角展开,基于既有住宅增设电梯司法裁判,提炼私法与公法中各自的核心问题与解决路径,以求裨益于理论与实践。

---

① 参见宋伟哲:《既有住宅加装电梯的困境、批判与对策》,《河北法学》2022年第9期。
② 参见肖泽晟:《论规划许可变更前和谐相邻关系的行政法保护:以采光权的保护为例》,《中国法学》2021年第5期。
③ 参见成协中:《从相邻权到空间利益公平分配权:规划许可诉讼中"合法权益"的内涵扩张》,《中国法学》2022年第4期。
④ 参见陈越峰:《城市空间利益的正当分配:从规划行政许可侵犯相邻权益案切入》,《法学研究》2015年第1期。

# 二、司法现状及核心矛盾

## （一）既有住宅增设电梯纠纷之司法现状

在"北大法宝"司法案例数据库中，以"小区加装电梯""住宅增设电梯"为关键词检索 2013—2022 年近十年的司法裁判文书，案件数量于 2018 年后大幅增加（见图 11-1）。

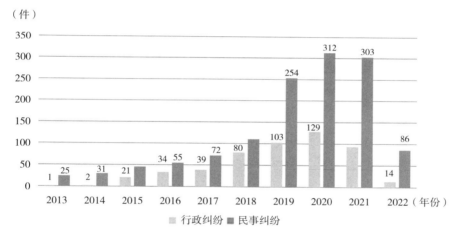

**图 11-1　既有住宅增设电梯纠纷数据（2013—2022）**

### 1. 民事案件司法判决现状

截至 2022 年 4 月 1 日，增设电梯的民事纠纷共 1295 件，其中诉讼事由为"物权纠纷"的案件共 338 件，分类及其占比如图 11-2 所示，增设电梯的物权纠纷主要集中于业主之间的相邻关系和建筑物区分所有权。

因增设电梯必然影响业主现有房屋的外部环境，少数反对业主通过主张"排除妨害、相邻关系纠纷、财产损失赔偿、建筑物区分所有权"等诉求提起民事诉讼（见表 11-1），案件焦点与法院裁判逻辑如下：

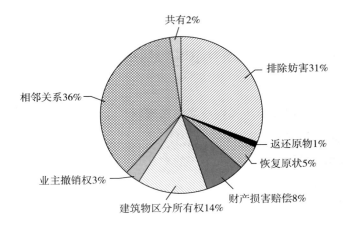

土地立体化利用中的权利冲突及其法律规制研究

图 11-2　物权纠纷案由分类占比

表 11-1　物权纠纷之法院裁判焦点

| 诉讼请求 | 裁判焦点 |
|---|---|
| 排除妨害、恢复原状 | 1. 增设电梯决定的作出是否符合法律规定程序；<br>2. 工程的建设是否已取得行政部门规划许可；<br>3. 是否按照规定要求进行公示；<br>4. 施工建设工程是否符合已通过的方案及技术规范要求。 |
| 基于相邻关系受不利影响请求补偿或赔偿 | 1. 基础事实是否成立(增设的电梯是否已建成完工)；<br>2. 起诉人是否确实因此遭受不利影响；<br>3. 遭受的不利影响是否为相邻关系容忍义务范围内。<br>(是否给予补偿很大程度取决于法官的自由裁量,一般基于公平原则给予相应补偿) |
| 业主撤销权 | 业主大会或业委会作出的加装电梯的决定是否侵害了起诉人的实体权益以及程序权益。<br>1. 实体权益：<br>①涉案电梯是否已完工(事实基础是否已成立)；<br>②电梯是否对起诉人造成了事实上的损害。<br>2. 程序权益：<br>①所作的决定是否逾越了法定或约定的权限范围；<br>②作出共同决定的程序是否违反了法律、法规的强制性规定。 |

　　第一,针对少数业主请求排除妨害、恢复原状的,法院主要对加装电梯的程序是否合法进行审查,①部分案件需要考察工程施工有无按照施工图纸及

①　参见广东省广州市花都区人民法院(2020)粤 0114 民初 9176 号民事判决书。

是否符合相应的技术规范。① 在符合法律及相关政策文件规定情况下,法院不支持少数反对业主的请求。②

第二,基于相邻关系或建筑物区分所有权等请求赔偿或补偿的,法院对于"是否遭受不利影响"有不同的判断方式:有的法院认为电梯建成已客观改变现有相邻关系即应当认为遭受不利影响,③有的法院适用国家相关的建筑技术规范等行业规范来判断,④还有法院请房屋评估公司计算房屋贬值的经济价值并以其作为所遭受的不利影响程度。⑤ 而对于"是否属于容忍义务范围",法院通常以"已通过行政规划许可"来佐证增设电梯的合法合理性,⑥目前暂未发现法院作出"超出容忍义务范围"的判决;但部分法院会以公平原则为由酌情补偿受不利影响的业主。⑦

第三,基于业主撤销权请求撤销业主大会或业委会加装电梯的决议的案件,法院审查焦点在于业主的权益是否实际受到侵害,包括实体上、程序上的侵害。法院在判断是否造成实体上侵害时,与前述"是否遭受不利影响"的判断类似,但"实体上的侵害"是否要求能以经济价值直观衡量未予明确;⑧对于判断程序上是否造成侵害,则涉及业主决议、申请行政规划许可、公示等流程上是否合法,但"行政规划许可的通过"可以佐证"业主决议"的合法性。

综上,在取得行政规划许可的情况下,权益受损的业主对于加装电梯决议有异议的,通常无法通过民事诉讼救济其权益,需要另行提起行政诉讼;对于申请停止加装电梯的业主,法院通常以取得行政规划许可驳回起诉;对于申请

---

① 参见福建省福州市中级人民法院(2021)闽01民终9574号民事判决书。

② 参见湖北省宜昌市中级人民法院(2021)鄂05民终3221号民事判决书。

③ 参见广东省广州市中级人民法院(2021)粤01民终21835号民事判决书,广东省佛山市中级人民法院(2021)粤06民终263号民事判决书,广东省广州市荔湾区人民法院(2019)粤0103民初2103号民事判决书,广东省广州市荔湾区人民法院(2021)粤0103民初1592号民事判决书。

④ 参见广西壮族自治区梧州市中级人民法院(2022)桂04民终346号民事判决书。

⑤ 参见广东省广州市天河区人民法院(2020)粤0106民初2741号民事判决书。

⑥ 参见广西壮族自治区梧州市中级人民法院(2022)桂04民终346号民事判决书,广东省佛山市禅城区人民法院(2016)粤0604民初6705号民事判决书。

⑦ 参见广东省佛山市中级人民法院(2021)粤06民终263号民事判决书,广东省广州市荔湾区人民法院(2021)粤0103民初1592号民事判决书。

⑧ 参见福建省福州市鼓楼区人民法院(2019)闽0102民初144号民事判决书。

赔偿或补偿的且存在电梯已建成的事实基础的,有的法院依据业主负有容忍义务而依据公平原则酌情补偿,但补偿金额不一。加装电梯与保障少数业主权益都具有其正当性,多数人的利益与少数人利益之间如何平衡是实践中亟须解决的难题。

2. 行政案件司法裁判现状

截至 2022 年 4 月 1 日,增设电梯的行政纠纷共 516 件,诉求主要体现为申请撤销增设电梯规划许可(共 365 件),具体的纠纷案由如图 11-3 所示。

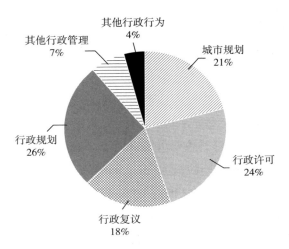

**图 11-3　行政诉讼案由分类占比**

增设电梯须经规划变更审批许可,少数反对业主可以通过行政诉讼这一方式进行权益救济,图 11-4 梳理了本书所选取行政案件的法院裁判逻辑。

第一,针对少数业主主张撤销规划许可以寻求权益救济的案件,法院多以审批通过的增设电梯申请已符合法定表决条件、不存在违法的事由,被诉行政行为程序正当而对规划许可不予撤销;①支持撤销的理由为程序不合法,未保障异议人的听证权利。② 在此类案件中,程序正当成为判断规划许可行为合法性的主要标准。

---

① 参见江苏省高级人民法院(2020)苏行终 1472 号行政判决书,江苏省高级人民法院(2019)苏行申 2192 号行政裁定书,广州铁路运输中级法院(2021)粤 71 行终 56 号行政判决书。

② 参见广东省韶关市中级人民法院(2011)韶中法行终字第 3 号行政判决书。

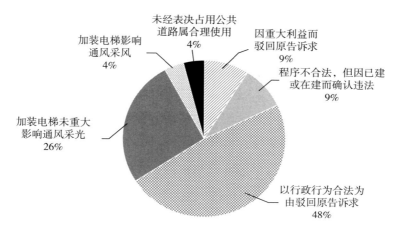

**图 11-4　行政诉讼之法院裁判逻辑**

　　第二,基于少数低层业主因通风、采光等权益可能受损而提起的行政诉讼,法院通常以加装电梯符合地方标准,未对相邻人的权益造成重大影响,并以惠民工程的容忍义务为由驳回请求[①],仅有一例认可业主的通风采光权益受加装电梯的影响。[②]

　　第三,在增设电梯(未预留电梯井)占用小区公共用地的案件中,地方规范性文件中并未明确规定是否应当经过小区全体业主的表决,法院以已经专有部分业主同意,满足增设电梯的法定许可条件为由驳回原告的诉讼请求[③]。此外,关于地方规范性文件中所规定的诸如对受损业主制定补偿方案等内容是否为强制性规定并不明确,在"何慧萍、李健伟城市规划管理案"中[④],法院认定对利益受损业主制定资金筹集的补偿方案并非必要审批要件。[⑤]

　　综上,在已取得规划许可的情形下,法院往往侧重于权限及程序的合法性审查,而未充分考量行政行为的合理性;同时,地方规范性文件中占用公共用地表决规则的缺失、内容强制性要求不明,在一定程度上影响了原告业主权益

────────────

① 参见广东省韶关市中级人民法院(2020)粤 02 行终 83 号行政判决书。
② 参见江苏省南京市中级人民法院(2019)苏 01 行初 267 号行政裁决书。
③ 参见广州铁路运输中级法院(2021)粤 71 行终 105 号行政判决书。
④ 参见广州铁路运输中级法院(2019)粤 71 行终 1486 号行政判决书。
⑤ 参见《广州市既有住宅增设电梯办法》(穗府办规〔2020〕7 号)第 7 条。

救济的效果。

## （二）核心矛盾

少数反对业主在增设电梯中所面临救济困境的原因可以从以下两方面探寻：

### 1. 增设电梯表决规则难以兼顾各方业主利益

《民法典》第 278 条"双三分之二且双四分之三"对比原《物权法》第 76 条"双三分之二"的规定，实际上降低了最低同意业主人数的标准，相比之前对于低层业主的保护力度也减弱。如上所述，业主权益受侵害的标准并不清晰，其次，对此种权利冲突下的请求补偿权，虽然部分政策文件中有提及满足条件下"可以"或"应当"补偿，但法律层面上未有明确的规定。

### 2. 规划许可行为及其行政诉讼中少数业主的救济难题

取得建设工程规划许可是既有住宅增设电梯的必要条件，实践中的核心矛盾体现在两方面。一方面是规划许可行为本身可能对低层业主的合法权益造成侵害：如住建部颁发的《城市居住区规划设计标准》（GB 50180—2018）第 4.0.9 条第 2 项规定"在原设计建筑外增加任何设施不应使相邻住宅原有日照标准降低，既有住宅建筑进行无障碍改造加装电梯除外"，有偏离《民法典》第 293 条"建造建筑物不得妨碍相邻建筑物通风、采光和日照"立法旨意之嫌。另一方面则是法院基于专业性考量对于行政权力予以司法尊重，从而使得少数业主权益难以得到有效救济。

# 三、多数业主与少数业主的利益平衡

## （一）业主共同体中的利益协调

在既有住宅增设电梯的民事纠纷中，业主个体权益与业主共同利益之间产生冲突并体现在共同事务管理上。表决权和表决规则是业主参与共同事务管理的私法工具，一方面在符合表决规则的情况下通过决议增设电梯方案实现业主自治；另一方面表决方案通过作为行政规划许可审批的前置条件，已经成为能否增设电梯的关键一环。

　　建筑物区分所有权关系以区分所有建筑物的存在为基础,业主之间形成地缘共同体,具有长期性与不可解散性。业主自治的任务不仅包含实现区分建筑物保值增值的目标,还包括业主之间利益关系的调节。这些目标是业主共同意思的体现,业主决议应当以实现这些目标为宗旨,故对其正当性判断,应兼顾程序正义与实质正义,除了要从财产管理的层面予以考察,还应从共同生活秩序的层面予以衡量。在增设电梯的表决规则事项中,持不同意见的多数派业主与少数派业主之间的权益是此消彼长的关系。在学理上,通说认为共同意志不得非法干预业主对专有部分的正常使用。① 合理推进增设电梯工程的建设,需着重关注利害关系人权益的保护。增设电梯工程对高楼层用户的积极影响包括出行便利、房屋增值、缓解老龄压力等。但对于低层用户来说积极影响较小,且有不同程度的消极影响,如多数房屋并未预留出电梯井,增设电梯会占用一楼的户前面积或遮挡视野;又如电梯井运行的噪音问题等。

　　决议是业主自治的实现机制。决议行为的本质特征,是团体内多数成员通过正当程序的意思合致,少数成员要服从多数成员的意思决定。无论团体成员作出何种表决,其内心都有通过投票达成团体共同意志的效果意思,具体表现为对基于多数决规则的决议结果的认可。从古罗马起源开始,私人所有权与组织共同体之间的辩证关系问题就已经浮现;在优士丁尼时期,所有权人行使权利的限度,就不再只是单单考虑个人是否合理使用了自己的物,而是代之以"组织体的共同利益"来作为衡量权利滥用与否的标准。② 尽管业主加入业主团体并非完全基于自愿,但业主参与共同事项表决除了具有表达对特定事项的意见之外,还具有形成业主团体意志的效果意思,决议对少数业主的约束力即源于后者。正是如此,依据法定程序作出的集体决议,对全体集体成员具有约束力,持不同意见的少数业主,在无特定事实依据的情形下,不能主张

---

　　① 参见辛正郁:《业主个体权利与业主共同利益的冲突与协调:以业主大会决议时业主的约束力为视角》,《人民司法》2010 年第 21 期。

　　② 参见[意]奥利维耶罗·迪贝托:《论所有权的范围及其限制》,载[意]S.斯奇巴尼、朱勇主编:《罗马法、中国法与民法法典化(文选)》,中国政法大学出版社 2011 年版,第 29—62 页。

决议结果对其不发生法律效力。需要说明的是,"一致决"似乎更能照顾全体业主的意志,但之所以团体决议大多均采多数决而非一致决,一方面在于促进资源优化利用,防止发生钳制问题。另一方面在于少数成员与多数成员的意思在大多数情况下并不一致,采多数决意味着最终的决议结果与少数人意见不一致,故而,存在独立的团体意志。①

### (二)少数业主的容忍义务及其限度

容忍义务是民法相邻关系规范的法理基础。根据我国《民法典》,不动产权利人应为相邻不动产权利人提供"必要的便利",包括用水排水、通行以及土地利用的便利。② 通说认为,容忍义务是对不动产权利内容和行使的限制,主要体现为不作为义务,忍受轻微妨害是其重要内容。③ 从其理论基石之一"个人与社会调和思想"来看,"容忍义务对权利的限制并非是对私法自治之平等自由的颠覆,而是意在对单个个体之正义与幸福的保障,是对和谐社会之公平与效率的追求"④。

在司法审判中,暂未发现法院明确认定"超出"容忍义务范围的情形。实际上,司法判决以"事实基础"成立为前提,若该增设电梯工程尚未完工,法院通常以"事实基础尚未成立"为理由驳回原告请求补偿或赔偿的诉求。对于电梯建成后请求补偿或赔偿的诉求,法院通常以属于容忍义务范围为由,判令驳回或依公平原则酌情补偿。在"事实基础"已成立的情况下,即便法院认定超出容忍义务范围,判令将电梯拆除的可能性亦非常小。法院虽会提及"遭受客观影响"⑤"客观程度上采光有一定范围缩窄"⑥"影响景观"⑦等,但却未明确表示增设电梯造成的影响超出容忍义务范围,很大一部分原因是规划许

① 参见唐勇:《论共有:按份共有、共同共有及其类型序列》,北京大学出版社2019年版,第230页。
② 参见《民法典》第290—292条。
③ 参见王利明:《论相邻关系中的容忍义务》,《社会科学研究》2020年第4期。
④ 秦伟、杨姿:《容忍义务与守护正义的耦合性》,《法学论坛》2021年第3期。
⑤ 参见广东省广州市越秀区人民法院(2020)粤0104民初5191号民事判决书。
⑥ 参见广东省广州市荔湾区人民法院(2020)粤0103民初13219号民事判决书,广东省广州市荔湾区人民法院(2019)粤0103民初2103号民事判决书。
⑦ 参见广东省佛山市中级人民法院(2021)粤06民终263号民事判决书。

可佐证了增设电梯方案的合理性——至少是符合建筑物规划中的通风、采光、噪音等技术规范。在此情况下,少数权利人的救济最终表现为补偿,以矫正利益失衡状态。若低层业主仍以自身权益受侵害为由要求撤销决议,则不应支持。由于此时低层业主所受损失是多数业主与少数业主之间权利冲突的后果,而非侵权的后果,低层业主之让步属于牺牲自己利益而顾全大局,对其补偿"是对作出让步或牺牲之权利人的认可与鼓励"①,因此补偿数额不同于侵权之债,不以完全弥补损失为限。

**（三）利益平衡的私法路径**

其一,业主决议规则的解释适用。实践中为克服业主不积极参与共同事务之弊端,表决票或业主议事规则中通常会出现"已送达的表决票,业主在规定的时间内不反馈意见的视为同意(或视为同意大多数意见)"条款。实证数据表明,80%的案件中视为同意票都足以左右投票结果,在40%的案件中视为同意票的数量甚至已达到面积与人数的"双过半"。② 在确定业主决议效力时,对此类"视为同意"条款效力的理解至关重要。我国建筑物区分所有权相关之法律未对业主决议过程中当事人的沉默作出规定,地方立法规定不一,有的规定视为同意,有的规定视为弃权,有的规定应首先进行补充表决,表决不成则视为同意,还有的规定不予计入表决票,③但此类地方立法的效力不符合

---

① 彭诚信、苏昊:《论权利冲突的规范本质及化解路径》,《法制与社会发展》2019 年第 2 期。
② 茆荣华主编:《〈民法典〉理解与司法实务》,法律出版社 2020 年版,第 141 页。
③ 例如,《珠海经济特区物业管理条例》第 30 条第 2 款规定:"公告期限届满,除筹集和使用建筑物及其附属设施的维修资金以及改建、重建建筑物及其附属设施事项外,管理规约或者业主大会议事规则可以约定,对其他表决事项,业主未进行投票的,推定该业主同意参与表决的过半数业主的意见。未参与表决的业主投票权数计算规则和法律后果,应当在公告事项中向全体业主明示。"《包头市物业管理条例》第 16 条第 4 款规定:"业主在规定的期限内未投票的,视为弃权。"《贵州省物业管理条例》第 34 条规定:"业主大会议事规则可以约定,业主大会会议经有效召开,与会业主就会议事项形成多数决议但未达到本条例第二十六条第二款规定的,由缺席业主补充表决,经补充表决仍未达到要求的,最终缺席业主的人数和相应的专有部分面积直接计入行使表决权的业主多数人数和多数面积之内。"《广州市物业管理条例》第 28 条第 1 款规定:"业主大会应当按照本条例第二十二条的规定进行表决,未投票表决业主的投票权数不得计入已表决票。在物业服务区域内,使用维修资金等仅涉及部分业主共有和共同管理权利的事项,由该部分业主共同决定。"

《民法典》第 140 条之要求。① 业主决议亦不属于交易行为,由此,"视为同意"条款是否符合当事人的约定成为判断其效力的关键。首先,应区分"视为同意"条款是记载于特定事项的表决票中,还是记载于业主大会议事规则当中。若仅记载于表决票,因欠缺当事人合意而不发生将沉默推定为表示信号的效力。若规定在业主大会议事规则中,住房和城乡建设部发布的《业主大会和业主委员会指导规则》(建房〔2009〕274 号)第 26 条第 2 款对此作出规定。② 根据《民法典》第 278 条,制定和修改业主大会议事规则,应当由专有部分面积占比三分之二以上的业主且人数占比三分之二以上的业主参与表决,并应当经参与表决专有部分面积过半数的业主且参与表决人数过半数的业主同意,达至该要求,业主议事规则即是全体业主共同意思的集中体现,理应对全体业主具有法律约束力。但若对照《民法典》第 278 条关于参与表决的标准设定与规范目的,由于其未给当事人另行约定决议规则留下制度空间,如此理解"视为同意"条款,仍将面临违反《民法典》第 278 条对参与表决业主人数之法定要求的嫌疑,令业主自治陷入无所适从。

对此,基于我国打造共建共治共享社会治理格局的发展目标,特别是在我国法律对业主议事程序规则未作细化规定的情况下,实践中发挥作用的通常就是由地方政府部门起草发布并经业主大会会议审议通过的《业主大会和业主委员会议事规则》,为避免业主自治陷入难以打破的困局,应当尊重业主自治,发展基层自治能力。申言之,按照法定程序制定的议事规则中所约定的沉默可以成为表示信号,发生相应的法律效力。但为避免《民法典》第 278 条要求的参与表决业主人数规定被架空,应当对"视为同意"票发生效力的条件作适当限制:首先,从构成要件上,"视为同意"票必须是已有效送达的表决票,且表决票中应清楚载明业主大会议事内容,以充分保障业主的知情权与参与权。其次,从法律效果上,"视为同意"票是保障业主大会能够成功召开的权宜之计,因此在理解其效力时,可将其计入"参与表决"的业主,使得业主大会

---

① 《民法典》第 140 条规定:"行为人可以明示或者默示作出意思表示。沉默只有在有法律规定、当事人约定或者符合当事人之间的交易习惯时,才可以视为意思表示。"

② 该条规定:"未参与表决的业主,其投票权数是否可以计入已表决的多数票,由管理规约或者业主大会议事规则规定。"

会议符合法定参会人数要求而能够顺利召开;同时,由于在业主收到合法通知的情形下,其明知决议可能导致自身权益受到影响,依然不出席放任损害结果的发生,属于对自身权利的自行处分,构成表决权的放弃,故不应将其计入同意或反对票的表决比例。

其二,完善补偿规则。对于不同事项,个人的主观偏好各有不同,业主大会以多数决的形式通过一项适用于全体业主的决议,难免对少数业主的特殊偏好造成影响。群体成员在相互之间的日常事务中获取的福利最大化,应当按照客观价值而非主观效用来衡量。[①] 若加建电梯确实对低层住宅的采光、通风造成妨碍,则高层业主需向低层业主支付补偿。相应地,低层业主有请求补偿的正当权利,该权利应当贯穿加装电梯前后。在表决前协商阶段,可提出其补偿要求,并根据电梯建成后的实际情况确定补偿数额,补偿的提出让高层业主照顾到加装电梯对低层的影响并能尽早讨论补偿费用的问题,鼓励高层业主选择尽量避免产生负面影响的方案。

合理的补偿机制应考虑三部分,即主体、方式以及数额标准。首先,关于主体,从权利冲突的角度分析,权利得以优先行使的主体对权利受限的主体负有补偿义务。权利受到限制包括通风、采光、安静、隐私、房屋价值等受到客观限制。其次,补偿方式可以为直接补偿或间接补偿,前者是直接给予经济补偿,后者则为其他方式的补偿,例如允许受损失的业主无偿使用电梯等。最后,关于补偿标准,由第三方专业评估机构对主张受损失的业主的房屋状况进行评估。

# 四、规划许可中业主利益的平衡保护

## (一) 规划许可中的利益分配

既有住宅增设电梯中存在多方主体之间的利益冲突,行政规划许可中表

---

① 参见[美]罗伯特·C.埃里克森:《无需法律的秩序》,苏力译,中国政法大学出版社 2003 年版,第 207 页。

现为公共利益与私人利益的冲突，其实质是权力与权利的博弈。① 规划许可涉及相对人的财产性利益，直接影响到周边居民的居住环境和公共生活，这就客观上要求规划行政部门在作出规划许可时协调所涉利益冲突。在空间上，虽然业主们居于同一栋建筑物，但是建筑空间的层次性不同，导致低层业主和高层业主在规划许可中有着不同的利益。也因业主之间处于不同空间层次，公共空间的利益属于共同共有，而非属于某一特定群体或个体，因此增设电梯的规划许可难以用多数业主的利益消解少数业主的利益。

地方规范性文件作为各地增设电梯的指导文件，是增设电梯规划许可行为发生时的有效行政管理规范，直接影响业主之间的权益分配，但现行规范供给仍较为不足。例如虽然各地对于申请增设电梯业主应提交的材料进行了规定，但未明确将受损业主补偿方案作为需要提交的材料，致使"制定对利益受损业主的资金筹集补偿方案"是否为必要材料在实践中出现分歧。如在"广州市规划和自然资源局、赵瑞俊城乡建设行政管理纠纷案"②中，法院观点与"何慧萍、李健伟城市规划管理案"③截然不同，认为该材料为规定的必要材料，申请人和行政机关均应严格遵照。因此，在地方规范性文件的内容强制性不明确时，少数业主的权益保护，具有极大不确定性。而在目前的案例中，法院判决更多选择积极响应行政机关的政策，在一定程度上不利于少数业主的权益保护。

### （二）符合技术标准与妨害豁免的关系

在不动产相邻关系的利益冲突与调整上，民事主体之间以及民事主体与公共利益之间的关系衡量始终是指导性原则，需要公私法协力促进资源的优化配置。民法上的相邻关系规范体现了双轨规范体系的建构，④在不能达成协议的情形下，如果公益性土地利用与私益性土地利用难以同时并存，私人权

---

① 参见王青斌：《论行政规划中的私益保护》，《法律科学》2009 年第 3 期。

② 参见广东省高级人民法院（2019）粤行申 1202 号行政裁定书。

③ 参见广州铁路运输中级法院（2019）粤 71 行终 1486 号行政判决书。

④ 例如我国《民法典》第 293 条规定"建造建筑物，不得违反国家有关工程建设标准，不得妨碍相邻建筑物的通风、采光和日照"。

利得让位于公共利益。技术标准是设定公共空间利益的最低限度,而在上文提及的涉及少数业主通风、采光等权益的诉讼中,法院以增设电梯的规划许可符合相关技术规范标准为由驳回诉讼请求。根据《民法典》第 293 条的规定,所准用的技术规范应为国家有关工程建设标准。但实践中,法院裁决采用的标准多为各市关于增设电梯的技术规程,其效力级别多为地方工作文件,有违反上位法的规定之嫌。

加装电梯规划许可作出过程中,所涉及的"公共利益"、"确需"概念极为抽象,属于典型的内涵不确定法律概念。针对不确定法律概念,行政机关有权先加以判断,判断结果若符合当时普遍之价值观,宜受法院尊重。但若发生争论时,法院可就行政机关之判断进行审查,此时法院进行审查的范围,通常采判断余地标准,即行政机关通过适用不确定的法律概念获得了一种判断余地,即独立的、法院不能审查的权衡领域或判断领域;行政法院必须接受在该领域内作出的行政决定,只能审查该领域的界限是否得到遵守。① 然而,技术标准难以独立完成公共空间的利益分配与平衡。即使法院的裁决中认定增设电梯对少数业主的通风、采光等权益造成了影响,但因该规划许可符合技术标准而要求业主负有容忍义务并不必然具有正当性。在于"强制性标准是基本标准、最低标准,强制性标准仅是侵权责任注意义务的重要产生依据和侵权责任承担的重要判断依据,符合强制性标准不能成为免除侵权责任的抗辩事由"②。增设电梯限缩了少数业主的采光权益,对少数业主合法权益造成了侵害,打破了原公共空间的利益分配格局。司法实践中以技术标准作为衡量少数业主权益的标准,并不具有充分合理性,仍应采实质标准考量相关业主权益是否受影响。

### (三) 规划许可作出过程中的私益保护

多数决原则是现代民主政治的一项重要原则,但是尊重和保护包括少数人在内的所有公民个人权利是民主政治的核心价值。在既有住宅增设电梯

---

① 参见[德]哈特穆特·毛雷尔:《行政法学总论》,高家伟译,法律出版社 2000 年版,第 134 页。

② 谭启平:《符合强制性标准与侵权责任承担的关系》,《中国法学》2017 年第 4 期。

中,每位业主享有对自己房屋的合法权利。法律赋予所有权主体处分权利,这种公民财产权本就含有对抗他人的权能,即使是多数人。① 增设电梯规划许可审批过程中既要考量增设电梯的公共利益,还要考量少数业主利益保护。具体可从以下方面实现:

第一,明确地方规范性文件的必要审核内容,如明确将"对利益受损害的业主的资金筹集补偿方案"作为必要审核材料。邻避设施反对者之所以反对,根本原因仍是自身经济利益。在增设电梯不可避免地使业主的通风采光等权益受影响时,将补偿方案作为必要材料,无疑使少数业主获得补偿多一重保障,亦是行政机关利益再衡平的体现。

第二,明确通风采光等权益受影响"严重"的标准。居民生活环境的具体利益不能被公共利益消解,不应以规划许可的行政力及"影响严重"标准不明来限制少数业主对自身权利的救济,因为规划许可本身并不能使相邻人的侵害行为合法化。增设电梯设计方案若违反通风、采光或者通行的相关技术标准与实体规范,应当修改建筑设计方案或者取得受影响业主的书面同意意见。

第三,细化增设电梯的规划许可条件。在增设电梯的规划许可中权力与权利的博弈具有不对等性,规划许可一经作出,行政权力将打破现有的利益格局。因此需要细化许可条件,以便行政机关遵照执行。对于少数业主提出的异议,行政机关应将"争议已解决"作为规划许可的必要条件,②从而减少行政机关的价值偏好在规划许可作出过程中对民事权益的消极影响。

第四,增设电梯应以业主需求为导向,遵循供给规律。根据公共物品的公共性高低程度采用不同的供给方式是一般规律,而增设电梯是一项面向特定空间、特定人群的低公共性的社区楼道物品,其公共性程度相对较低。这一特性决定了不应按照一般公共物品的供给方式即主要由政府来提供,而应当按照私人物品的供给方式即主要由市场来提供、由社区业主来"买单",但考虑到其具有少量的公共性,所以政府应当为加装电梯提供少量的补贴或者提供

① 参见周安平:《集体利益的名义何以正当:评广州猎德"钉子户"案》,《法学论坛》2009年第24期。
② 例如《广州市既有住宅增设电梯办法》(穗府办规〔2020〕7号)第7条。

少量的公共服务。①

　　既有住宅加装电梯是重大民生工程,对满足人民群众美好生活需要、推进城市更新、促进经济高质量发展意义重大。由于其处于私法物权与公法规划许可交叉领域,涉及多方主体与多元价值目标,所引发的民事纠纷与行政纠纷案件数量随着政策的推进日益增加,存在规划选址条件不清晰、业主意愿难统一、补偿标准不明确等问题。为破解实践难题,需公法与私法协同,将提升社区治理能力融入改造过程,一方面尊重专有部分受不利影响的业主意见,并制定合理补偿方案;另一方面,完善增设电梯的规划许可程序,平衡公共利益与私人利益。为缓解包括增设电梯在内的小区业主自治纠纷,有必要及时总结地方立法实践经验,通过修改《物业管理条例》或制定司法解释,细化《民法典》业主决议规则,为冲突中的利益寻找平衡点,构建共建共治共享社区治理体系。

---

　　①　参见周亚越、唐朝:《寻求社区公共物品供给的治理之道:以老旧小区加装电梯为例》,《中国行政管理》2019 年第 9 期。

# 代结语　土地立体化利用法制完善方案

　　土地立体开发利用是对地上、地表、地下空间的分层开发和多功能利用，是缓解用地压力、提升城市综合承载能力的必要措施，值得深入研究。不仅因为土地立体化利用对于集约节约利用土地意义重大，而且也对传统物权理念与制度产生深刻影响。土地制度是私法与公法相互作用的典型领域，对其所涉利益的衡量，涉及私法与公法的衔接与协调。本书对土地立体化利用权利冲突的研究，无意也无力将其所涉及的所有制度、规则、理论都囊括进来，而是力求从体系思维与论题思维两个层面，探讨土地立体化利用对财产法的宏观与微观影响，以期得出有益于中国土地治理体系现代化的分析结论。

　　总体而言，上文的规制规则侧重于从解释论层面，结合《民法典》及相关法律法规，提出土地立体化利用权利冲突协调方案。从解释论层面化解权利冲突具有灵活性，可以根据具体情况具体处理。但是对于处理重大的、遍布市场的外部性问题而言，作用仍有所局限，主要是因为其很少扩展至影响第三人。此时，通过立法构建具有普适性的规则，则颇有必要。尤其是各层土地空间利用的相互关联性，其法制不仅以特定空间的利用为规范重心，而且更加重视土地上并存权利人之间的利益关系，并配置事先的冲突预防规则。可见，解释论与立法论互为表里，共同回应实践问题。解释论路径下的利益衡量，其最终目的也是为了完善法律，使法律能够适应经济、社会的发展。

## 一、土地立体化利用立法方案

　　如前文所述，尽管我国土地立体开发走在世界前列，但由于缺乏顶层设计,实践中权利冲突频现。《民法典》第 345 条、第 346 条的规定仍较为简单,各地关于土地立体化开发利用的立法层级较低,尚处于探索阶段,难以对建设用地使用权分层设立实践产生实质性影响。法律对当事人行为模式规定得越明确,权利冲突发生的几率就越小,权利实现的现实性就越大。有必要通过立法路径,回应土地利用之立体化趋势。

## (一) 民法典+专项立法路径

关于土地立体化利用的立法路径,比较法上有民法模式、空间法模式和法律包裹模式。① 以地下空间开发利用为中心,我国学界也提出了三种思路,一是对现有地下空间开发利用的规定予以修订;②二是在《民法典》物权编中对建设用地使用权分层设立规则予以完善;③三是制定专门的《地下空间开发利用法》。④

对于第一种思路,首先,现有关于地下空间开发利用的法律规范,主要是部门规章、地方性法规和地方政府规章,均由行政机关主导,以行政管理为中心,在制度设计上偏重规划管理,未体现地下建设用地使用权设立之意思表示及其客体规则,关于保障财产权的规范较为欠缺。相较而言,以全国人大为主导的立法,能够对所涉利益进行较为妥善的平衡。其次,建设用地使用权分层设立发生权利冲突时,传统的相邻关系、地役权、征收规则无法对其予以妥适调和,只能以损失补偿或损害赔偿的方式来处理。以上法律工具涉及物权的内容设计,应当通过法律调整,以符合物权法定原则的要求。最后,地下建设用地使用权的构造不同于地表建设用地使用权。如上文所示,不同的地下空间利用形式,其供地方式亦不同。同时,由于地下空间在性质功能、建造成本、重建可能性等方面均存在特殊之处,其出让规则应不同于《城镇国有土地使

---

① 参见刘保玉:《空间利用权的内涵界定及其在物权法上的规范模式选择》,《杭州师范学院学报(社会科学版)》2006 年第 2 期。

② 参见王国萍、黄锡生:《我国城市地下空间利用的立法探讨》,《城市发展研究》2014 年第 8 期。

③ 参见陈祥健:《空间地上权研究》,法律出版社 2009 年版,第 240—256 页。

④ 参见史浩明:《我国地下空间开发法制体系的反思与完善》,《苏州大学学报(哲学社会科学版)》2017 年第 5 期。

用权出让和转让暂行条例》中普通的国有土地使用权规则。土地立体化利用以土地为基础,但又超越传统二维的土地利用,涉及从土地权利向空间权利转换所需的法理基础、规范设计、登记技术等方面的系统创新,宜通过全国人大制定法律的形式予以规范。

对于第二种思路,《民法典》未对建设用地使用权的分层设立、登记、权利冲突等具体问题作出细节规定。物权法的功能是为物的归属和利用确立清晰的权利体系,促进稀缺资源得到高效利用。《民法典》物权编固然应当对空间建设用地使用权的构造予以规定。然而,实现地下空间的有序开发利用,需要创新建设用地使用权出让方式、地役权设立规则、土地三维登记规则,涉及《民法典》《不动产登记暂行条例》《城镇国有土地使用权出让和转让暂行条例》等多项法律、法规、部门规章,内容涵括实体法与程序法,所涉法律关系横跨公法、私法领域,如果将这些内容统统纳入《民法典》物权编,将导致法结构上的困扰。

对于第三种思路,空间建设用地使用权的法律构造具有不同于普通建设用地使用权的特殊性,土地立体化利用中涉及诸多管理性法律关系,绝非建设用地使用权分层设立所足以涵盖,为避免现行法律不尽完善而产生的法律适用难题,全国人大常委会应当在对原建设部《城市地下空间开发利用管理规定》和地方立法的实效进行评估的基础上,制定土地立体化利用专项立法。将调整某一行业或事项的主要法律关系放在一部法律中规定,"行为法、组织法、管理法"合一的思路,已经成为我国立法工作中的一种惯例。① 如此也可以使《民法典》兼具稳定性与灵活性,"以政策性规范的'外接'模式替代'内设模式'……还可以另外针对特定政策目的而订立特别民法或特别民事规定,不改变民法典内在价值的一致性,而与其共同组成广义的民法。"②如前所述,地下空间相较于地上空间利用具有特殊之处,首先,地下空间界限范围的划定成本与开发成本均较高,地下空间开发具有不可逆性;其次,地下空间所涉及的相邻关系更为复杂,例如,其不仅需要考虑与同宗土地地表、地上建筑

---

① 参见高圣平:《〈物权法〉背景下的〈城市房地产管理法〉修改:兼及部门法的立法技术》,《中国人民大学学报》2008 年第 2 期。

② 苏永钦:《走入新世纪的私法自治》,中国政法大学出版社 2002 年版,第 6—7 页。

物之间的协调,还需要考虑为地下空间整体建设留足共同沟、通风口及通道等;最后,由于地下空间利用中相当部分用于城市基础建设,其还应当注重服务于公共利益。与此同时,地下空间特殊的物理属性也决定了其开发利用需要遵守更为严格的用途管制,例如地下空间不得用于学校、医院等用途。此外,我国土地空间利用的主要方式也主要表现为地下空间利用;从地上空间的利用方式观察,高架公路、过街天桥等地上空间利用,表现为对地表以上一定空间的延伸,仍属于广义上的地表。为此,现阶段应当先针对地下空间利用制定单行立法,地上空间的开发利用可以参照适用。

　　纵观人地矛盾比较突出的国家和地区,均通过专项立法对土地立体化利用中权利冲突的协调规则作出明确规定。例如,日本除了在民法典中对区分地上权及其相邻关系作出规定,还以公法途径对土地分层利用进行调整,包括《土地征收法》《大深度地下公共使用特别措施法》等综合性法律和《共同沟法》《共同沟特别措施法》《电线共同沟特别措施法》等专项法律。值得注意的是,2000 年日本国会颁布《大深度地下公共使用特别措施法》,适用区域限于东京圈、名古屋圈、大阪圈三大都市圈。该法于 2001 年实施,并于 2003 年 7月 24 日修改。① 该法的重要意义在于将大深度地下空间作为优先发展国家公共事业的公共空间,而不必向地表权利人承担支付补偿的义务。换言之,土地所有权人所能支配的空间是被认定为大深度空间以上的空间。根据该法,对大深度空间使用权这一权利的公示,没有采用与普通不动产相同的登记制度,而是采用登录在登录簿上的办法,这表示没有把基建单位取得的地下深层空间使用权作为私权,而是作为同征用法一样的公用使用权来对待的。②

---

　　① 根据该法,大深度地下空间是指建造地下室通常达不到的深度(深于地下 40 米)与通常建造桩基达不到的深度(支撑层上沿起算 10 米以下)二者相较,哪个深就以其深度作为该地区地下深层空间的基准。所谓的支撑层,以东京城区为例,是指西部区域在地下约 20 米深处,东部区域在地下约 60 米深处存在着的硬度 N 值超过 50、支撑着东京所有的超高层建筑基础的、被称为东京砾石层的地层。参见［日］松平弘光:《日本地下深层空间利用的法律问题》,陆庆盛译,《政治与法律》2003 年第 2 期。

　　② 参见［日］松平弘光:《日本地下深层空间利用的法律问题》,陆庆盛译,《政治与法律》2003 年第 2 期。

我国土地立体化开发利用专门立法应当以《民法典》物权编的规定为基本遵循,将分散在原国家土地管理局《确定土地所有权和使用权若干规定》第54条、原建设部《城市地下空间开发利用管理规定》第25条、原国土资源部《关于地下建筑物土地确权登记发证有关问题的复函》(国土资厅函〔2000〕171号)等文件中关于地下空间确权与利用的规定予以整合,对地下空间开发规划编制和实施,地下建设用地使用权的适用范围、设立主体、设立方式、设立程序、权利内容、流转、消灭及利益协调机制,地下空间工程建设管理等内容作出系统规定。同时,实践中地下空间利用形态多样,从用途上划分,包括地下交通、公共服务、市政公用、防灾减灾、生产储藏、矿产资源、文物保护等内容。一部调整地下空间开发利用和监督管理的法律规范难以涵盖上述所有空间利用类型。我国现行《石油天然气管道保护法》《矿产资源法》《文物保护法》《人民防空法》等法律、法规对特定用途的地下空间用地问题作出了规定,相当多地方也对轨道交通建设制定了专门立法,在《民法典》建设用地使用权分层设立规范体系欠缺的情况下,对推动公用事业建设起到了重要作用。对于这些特殊类型的地下空间开发,可以采取援引式规定,①以避免本应属同一规范领域的事项,因有零星的特别规定,而产生法体系上的割裂。

### (二) 民法典的统合功能

民法典作为权利基本法,应当发挥其对土地立体化利用权利配置的统合功能。

第一,立法中关于权利名称的表达,事关该权利的科学建构。《民法典》将空间利用问题作为建设用地使用权的组成部分,仅规定了建设用地使用权可以分层设立,但分层设立之后所产生权利的称谓并不明确。学界对土地分层利用的权利有不同的表达,包括"空间建设用地使用权"②"分层建设用地

---

① 我国地方立法中亦通常规定"法律、法规对地下空间的人民防空、防震减灾、文物保护、轨道交通、城市地下综合管廊、地下管线、水域及其设施管理等另有规定的,从其规定"。参见《天津市地下空间规划管理条例》第15条等。

② 陈华彬:《空间建设用地使用权探微》,《法学》2015年第7期。

使用权"①"建设用地分层使用权"②"空间权"③等。地方立法中,各地由于侧重点不同,所采用的名称也有所差异。主要的称法是"地下空间建设用地使用权",如《上海市地下空间规划建设条例》《长春市城市地下空间开发利用管理条例》《长沙市城市地下空间规划建设管理办法》等;一些地方立法为了突出国有土地地下空间的开发,使用"地下空间国有建设用地使用权",如《烟台市地下空间国有建设用地使用权管理办法》;还有一些地方立法,使用"地下建设用地使用权",如《上海市地下建设用地使用权出让规定》;此外,还有将空间作为独立客体,使用"地下空间所有权""地下空间使用权",如《呼和浩特市单建式城市地下空间用地管理办法》《西安市地下空间开发利用管理办法》。④

　　法的世界肇始于语言,法律语言与概念的运用,法律文本与事相关系的描述与诠释,立法者与司法者基于法律文本的相互沟通,法律语境的判断,等等,都离不开语言的分析。⑤ 关于权利的称谓应该能够准确反映该权利的本质属性,或者至少能够"像凹凸不平的镜子映射概念的对象"⑥。首先,"空间权""空间使用权"的性质具有不确定性,依据不同的标准所指称权利属性可能是物权也可能是债权。⑦ "空间权"是对各类空间权利类型的抽象概括,经分层设立的"地下建设用地使用权"仅是其中类型之一。其次,"建设用地"体现在

---

　　① 朱岩、王亦白:《分层建设用地使用权的权利冲突及其解决》,《中国土地科学》2017 年第10 期。

　　② 施建辉:《建设用地分层使用权的实践考察及立法完善:以南京地铁建设为例》,《法商研究》2016 年第 3 期。

　　③ 马栩生:《论城市地下空间权的物权登记规则》,《法学杂志》2010 年第 8 期。

　　④ 例如《呼和浩特市单建式城市地下空间用地管理办法(试行)》(呼政发〔2008〕50 号)第 3 条规定:"本办法所称城市地下空间使用权,是指经依法批准建设的单建式地下建(构)筑物所占封闭空间及其外围水平投影占地范围的使用权。"第 5 条规定:"城市地下空间所有权属于国家,使用权可以按照下列方式取得……"

　　⑤ 参见[德]阿图尔·考夫曼、温弗里德·哈斯默尔:《当代法哲学和法律理论导论》,郑永流译,法律出版社 2002 年版,第 291 页。

　　⑥ 孟勤国:《物的定义与〈物权编〉》,《法学评论》2019 年第 3 期。

　　⑦ 例如,据调研了解,香港以租赁方式在深圳市南山区深圳湾口岸获得土地空间使用权,范围以标高+60 米(1985 年国家高程基准)为上界限,标高-60 米(1985 年国家高程基准)为下界限。

权利名称中,表明其独特目的,即在地下空间建造建筑物、构筑物及其附属设施,并保有所有权,从而区别于空间役权等其他用益物权。最后,关于权利称谓中使用"地下"还是"地下空间"? 所谓"地下",是指经依法批准的距地表一定深度的空间范围。① "地下"和"地下空间"的含义相同,体现了以横向分割的方法来界定与其他权利之间的界限。在《民法典》已经明确规定建设用地使用权可以在地下设立的情况下,基于法体系的一致性,立法中的表达宜使用"地下建设用地使用权""地上建设用地使用权"。

第二,土地公有制背景下,土地的分层利用体现了土地他物权的生成规律。目前我国立法仅在建设用地部分规定了建设用地使用权的分层设立,如果在农地地下建设地下项目,此时地下土地用途与地表土地用途不一致,应当如何处理? 另外,随着土地资源的紧张,实践中已经出现了在城市建设地下农场,②随着地表土壤退化和地球气候变化,传统农业将面临诸多挑战,预计地下农场将会日益推广,如果地下农场建设在城市地下,其土地性质应当为农业用地,依据《民法典》第 330 条,用于农业的土地,应当成立土地承包经营权,那么将建设用地使用权作为权源基础是否妥适?《民法典》物权编对这些问题未予以明文规定。有学者提出,由于建设用地空间利用权为空间利用权的最典型情况,其他用益物权的空间利用问题,通过法律适用的解释予以明确即可,无须逐一增设条款予以规定。③ 对于前者问题,在现行制度条件下,虽然地表土地的用途是农用,但地下空间利用的目的在于建造建筑物、构筑物及其附属设施,其尚可通过文义解释、目的解释等法解释学方法,准用《民法典》第345 条、第 346 条之规定,从而使地表、地下土地用途不一致时的权源基础问题得以解决。但是对于后者问题,由于其地下空间利用的目的在于农业用途,不符合建设用地使用权之目的要素,实难以通过法律解释准用现行规定。

尽管建设用地使用权是土地立体化利用的主要权利形态,但作为调整土地分层利用物权关系基本法律的民法典,若仅将土地分层利用限定于建设用

---

① 参见崔建远:《物权:规范与学说》下册,清华大学出版社 2011 年版,第 533 页。

② 参见《"地下城"怎么建,深地空间研究有答案》,《光明日报》2019 年 4 月 1 日。

③ 参见刘保玉:《空间利用权的内涵界定及其在物权法上的规范模式选择》,《杭州师范学院学报(社会科学版)》2006 年第 2 期。

地则无疑大大限缩了土地立体化利用的空间与形式。空间利用呈现出独立化的发展趋势,其不再是地表设施的附属,而是为了某种功能而独立发挥作用。土地分层利用的立法目的在于适应土地利用向空中与地下,由平面而趋向立体化的发展,期能增益土地分层利用的效用。① 《民法典》物权编的体系构建应当保持开放性,对不同用途的土地分层利用作出调整,以最大限度地满足不同主体对土地资源的不同利用需求。土地的形式表现为陆地、水面等。近年来沿海地区已经在探索海域使用权分层设立。我国是世界上地下洞穴资源最丰富的国家,随着 20 世纪 80 年代旅游热潮的兴起,我国地下洞穴的开发利用得到蓬勃发展,但迄今尚无相关法律制度予以调整。此外,我国实践中还有利用地下盐穴矿硐储存石油、天然气及相关产品。② 因此,为将各类用途的土地立体化利用纳入法律调整范畴,可行的方案是在《民法典》物权编用益物权章"一般规定"中规定用益物权的分层设立,以统摄各类用益物权的分层设立。具体条文可设计为:"第×条:用益物权可以在土地的地表、地上或者地下分别设立。新设立的用益物权,不得损害已设立的用益物权。第×+1 条:设立用益物权应当符合节约资源、保护生态环境的要求,应当遵守法律、行政法规关于土地用途的规定,不得损害已设立的用益物权。"

# 二、土地立体化利用专项立法的重点内容

我国在土地立体开发利用方面有中央政策支持与地方立法实践,具有将成熟经验上升为国家立法的可行性。该专项立法,应当以科学编制空间开发利用规划、完善三维地籍管理体系、创新建设用地使用权分层出让规则、规范空间项目建设管理为重点内容,切实为避免并化解权利冲突、提升我国空间发展综合实力提供制度保障。

① 参见王泽鉴:《民法物权(用益物权·占有)》,中国政法大学出版社 2001 年版,第 57 页。
② 参见顾龙友:《土地"三维"空间开发利用的法律制度建设》,《中国土地》2017 年第 4 期。

## （一） 健全土地立体开发利用规划编制规则

一旦三维空间产权细分的障碍被克服,规划控制和规划监督将在塑造三维单元之间的关系方面具有决定性意义。地下、地上空间不仅是重要的国土空间资源,也是建设生态文明的重要物质载体,尤其是地下、地上空间的开发具有不可逆性,亟待规划统筹引导,根据空间资源的分布情况进行合理分层,明确各层的主导功能、开发时序,对地上(下)交通系统、公共服务设施、市政设施以及综合防灾设施等内容进行整体统筹布局。政府规划部门在编制土地利用总体规划和城乡发展规划时,应主动与铁路运输、管网等企业沟通,对土地上、下进行统一规划、统筹开发。地下、地上空间作为国土资源的基本要素,也应融合于国土空间规划之中,实现包括地下、地上空间在内的"多规合一"。对地下、地上空间竖向布局、开发利用规划内容、编制主体、编制要求、规划许可等进行规定;明确空间规划的编制报批程序以及具体宗地的规划管控要求。

基于对空间正义的追求,近年来城市社会学提出城市权概念。① 简言之,城市权是一种集体权利。其并非个人直接拥有某项资产的物权,而是群体作为集体意义上享有适当的生活环境,并参与城市治理。"随着限制私法权利(主要是所有权)的公法规范的日益增多,对私人(邻人)权益的侵害主要不是私人行为而是公法主体的行政行为,而对来自这些公法主体的行政行为的侵害,仅仅依靠民法的救济手段显然是不充分的,有必要赋予邻人主观的公法权利,即公法相邻权。"②"民法相邻关系规定中的行为规范,与这些行政法中的相邻关系规范并无本质的不同,也许只是'行政国家'出现前公共秩序依赖民法来协助维系之例。"③公法相邻权的思路有助于推动规划制度改革。城市规划体系在本质上是调节土地利用利益冲突的一种工具,这就需要充分发挥规

---

① "城市权利远远超出我们所说的获得城市资源的个人或群体的权利,城市权利是一种按照我们的期望改变和改造城市的权利。"参见[美]戴维·哈维:《叛逆的城市:从城市权利到城市革命》,叶齐茂、倪晓辉译,商务印书馆2014年版,第4页。法国城市社会学的奠基人亨利·列斐伏尔指出:"城市权不仅仅涉及获得城市的形体空间,同时也涉及获得城市生活和参与城市生活的更为广泛的权利,涉及平等使用和塑造城市的权利,居住和生活在城市的权利。"参见[美]戴维·哈维:《叛逆的城市:从城市权利到城市革命》,叶齐茂、倪晓辉译,商务印书馆2014年版,前言第3页,译者注。

② 金启洲:《民法相邻关系制度》,法律出版社2009年版,第243页。

③ 苏永钦:《私法自治中的经济理性》,中国人民大学出版社2004年版,第219页。

划过程的直接功能,确保利害攸关的各种利益都被充分考虑,最终实现公共利益。① 在规划编制与规划许可作出程序中,通过落实公共参与,从而达至在合理分配城市空间资源的同时,预防可能发生的权利冲突的目标。

### (二) 完善三维地籍管理与产权登记

地下、地上空间基础调查是地下、地上空间规划编制、土地使用权出让的重要前提,尤其应当明确空间基础调查工作的职责和分工,加强自然资源、不动产登记、地下管廊(线)等已有信息化成果的整合。明确空间规划和建设的技术标准规范,建立空间信息管理系统,实现各个环节之间的信息互联互通,建立地下、地上空间档案管理系统。以三维地籍管理技术为基础,解决地下空间跨宗利用、分层利用所产生的不动产编码问题,用于空间定位和信息、属性查询。明确地下、地上建设用地使用权、地役权等不动产权利的登记规则。尤其是针对地方实践中线性工程登记发证率极低的问题,亟待完善线性工程地下、地上空间的三维地籍管理及不动产登记发证操作规范。

针对历史遗留的地下空间利用之确权登记,可根据不同时间的政策变化、用地及规划建设手续的完善程度等因素分类处理,明确补办产权登记所需的材料与途径。以广州为例,《广州市地下空间开发利用管理办法》自 2012 年 2 月 1 日开始实施,地下空间建设有了较为明确的规范依据,因此,可以 2012 年为分界线,此前的地下空间开发,其建设用地使用权根据地下空间实际使用情况,按实测现状和工程用途补办供地手续,建筑物、构筑物则按照现行规划报建及竣工要求完善手续;2012 年之后的地下用地,则严格按照现行规划、用地管理要求完善用地及建筑物、构筑物确权登记的前置环节手续。整体而言,对于手续不齐全的地上、地下空间建设,除严重影响城乡规划、建设工程质量、消防安全、属于无法采取改正措施消除对规划实施影响情形的违法建设、权属存在争议以及超出用地红线且无法完善用地手续的建筑部分外,原则上给予办理产权登记。

---

① 参见[英]巴里・卡林沃思、文森特・纳丁:《英国城乡规划法》,陈闽齐等译,东南大学出版社 2011 年版,第 1—2 页。

### （三） 创新建设用地使用权分层出让规则

作为私法重要组成部分的物权法具有相当的自主性，但土地立体化利用中的权利冲突对物权法提出了诸多新问题，物权法也应当成为"回应型的法"，进行社会回应。正如维亚克尔所言："一种自觉地、承担公共责任的私法学，只有在感知到社会的现实，并理解其特别的伦理重点时才是可能的，而且也恰恰因此而保持可能。"①在此过程中，应当妥当平衡物权法的自主性和社会回应，致力于法秩序价值体系与规范体系的统一。根据空间的不同利用形式，规定地下、地上建设用地使用权的供应方式、空间范围、用途界定、权利期限、土地评估价格计收比例、供应程序。由于地下空间利用的不可逆性与不确定性，无法事先确定具体的空间范围，应就地下空间建设用地使用权的设立程序作出特殊安排。例如，将现有的出让建设用地使用权在先、办理建设用地规划许可证在后的顺序进行调换，或者在地下工程建设完成后通过补充协议的方式确定地下建设用地使用权的空间范围。

建设用地使用权的分层设立应注重规则协同，对于存量建设用地的立体化开发，依循在先权人优先取得规则、一体出让分别登记规则、共用部分共同所有规则，以避免权利冲突。针对地下轨道穿行于国有、集体地下空间，供地部门无从审批出具用地意见的问题，可根据《民法典》物权平等原则，明确集体建设用地使用权的分层设立参照国有土地执行，并规定集体地下空间利用、供地报批的相关规则。为理顺同一投影面上共存的土地权利关系，应明确分层供地中相邻地块权利之间的协调方式以及相应的补偿规则。尤其值得注意的是，规划许可的合法判断并不否定地上、地下空间开发利用对相邻土地权利人之权益损害，规划所未能考量的相邻权益仍可通过民事途径解决，请求空间使用权人予以补偿或赔偿。

针对实践中城市轨道交通上跨或下跨水域等情形，仍参照建设用地使用权分层设立规则，对于上跨或水域以下的轨道交通所使用的地上、地下空间确认为建设用地使用权，水域部分则按照自然资源确权登记的规定办理确权。

---

① ［德］弗朗茨·维亚克尔：《古典私法典的社会模式与现代社会的发展》，傅广宇译，商务印书馆 2021 年版，第 61 页。

海域使用权的分层设立及其与相邻权利之间的协调,参照适用建设用地使用权的分层设立规则。① 对于新增建设用地的立体化开发,如果各层空间用途高度关联,难以分层供应,则应当按照一体规划、整体供应的方式出让土地使用权。我国的铁路建设已经采取这种土地供应方式,②整体供地的方式有助于从事前的视角避免权利冲突发生,促进土地功能布局协调。

### (四) 规范地下、地上空间工程建设管理

第一,加强对地下、地上空间工程建设条件、施工许可、连通义务、安全防护、工程建成后的日常管理和维修等方面的规则引导和管控。空间开发利用应当按规划要求预留与周边地块、道路、市政设施等工程的接口条件,实现地下、地上空间资源一体化高效利用。

第二,地下、地上建设工程需要从相邻宗地范围内穿行且涉及其重大利益的,规划许可作出前应征求利害关系人意见。"之所以在建设单位或者个人从事建设活动之前设定行政许可,除了合理利用城乡空间资源外,主要是为了预防可能发生的相邻关系争议。"③容忍义务的限度决定了空间规划许可的正当性。地上、地下空间的开发利用直接影响相邻权利人的日照、通行、通风、采光、截水、排水等相邻关系范畴,构成其重大利益关系,故行政机关在作出规划许可之前,应当通过听证程序,确定对相邻权利人的实际影响及其容忍义务限度。尤其是在地下、地上建设工程需要从相邻宗地范围内穿行或涉及其重大利益的,只有在相邻不动产权利人对该工程建设无异议,或者提出异议后经论证合法正当的,方可依法作出准予行政许可的决定。这要求规划主管部门在

---

① 我国沿海各省目前正在探索海域使用权分层设立登记,在登记程序层面,海域使用权分层设立登记的,根据用海批准文件明确的宗海水面、水体、海床或底土等空间分层和高程、深度信息,在不动产登记簿和证书中注明实际使用的水面、水体、海床或底土等空间分层信息,并附宗海界址图和海域立体分层设权示意图。

② 《国务院办公厅关于支持铁路建设实施土地综合开发的意见》(国办发〔2014〕37 号)支持新建铁路站场与土地综合开发项目统一联建,第 8 条指出,新建铁路建设项目的投资主管部门、机构应与沿线地方政府按照一体规划、联动供应、立体开发、统筹建设的原则,协商确定铁路站场建设需配套安排的土地综合开发事项,明确土地综合开发项目与对应铁路站场、线路工程统一联建等相关事宜。

③ 章剑生:《作为介入和扩展私法自治领域的行政法》,《当代法学》2021 年第 3 期。

作出规划许可之前,完整调查并适当评价相关利益。

第三,从项目管理的流程上,经竣工验收后的地下、地上建筑物或构筑物,就其实际占用的空间范围,按照不动产登记的相关规定办理权属登记。我国正在制定《不动产登记法》,应就包括建设用地使用权、海域使用权分层设立在内的登记规则作出配套规定,解决土地立体化利用确权率低的问题。

综上所述,从平面土地利用向土地立体利用方式转型,不仅意味着从土地资源到空间资源范式的全新转换,也意味着土地产权表达技术、法律界定与管理方式的系统变革。《中共中央关于全面推进依法治国若干重大问题的决定》要求"坚持立法先行,发挥立法的引领和推动作用;实现立法和改革决策相衔接,做到重大改革于法有据、立法主动适应改革和经济社会发展需要"。为规范化、系统化解决土地立体化利用中的实践难题,亟须拓展蕴含三维内涵的土地管理模式,以高质量立法引领土地治理能力和治理体系的提升,为土地立体化开发利用提供科学、有效的规则导引。

土地立体化利用中的权利冲突,主要表现为物权冲突,法律对其规制的目的在于实现土地资源的最优配置与充分利用。本书试图凝练土地立体化利用权利冲突之规制规则。在选择化解土地立体化利用权利冲突的路径时,不存在绝对唯一的选项,而是需要根据具体情形,考虑各种路径的运行成本以及总的社会效果,只有收益大于损失的方案才是人们所追求的。这是一种实证主义和经验主义的方法。正如庞德所认为的,面对相互冲突的利益,解决的方法是尽可能多地满足一些利益,同时使牺牲和摩擦降低到最小限度。[①] 主体、客体、内容构成权利的内在要素,要素的组合与分解形成不同的权利结构。权利结构具有独立性,权利采用了某种结构,就具备了这种结构本身所具备的特征。随着人们对土地支配形式不断多样化,其中的权利结构也将不断发展,尤其是土地公有制因素更进一步增加了其复杂性,这些均对以物权制度为基础的土地法提出挑战。在此意义上,土地立体化利用中的权利结构及其利益衡量,必将是学界持续关注并深入研究的时代课题。

---

[①] 参见[美]博登海默:《法理学:法律哲学与法律方法》,邓正来译,中国政法大学出版社2017年版,第416页。

# 附录　国际隧道协会成员国地下空间利用法制状况

　　地下空间开发利用是土地立体化利用的主要形式,法律与管制措施构成地下空间开发利用的至关重要的影响因素,国际隧道协会(International Tunnelling Association,以下简称 ITA)从以下七个方面,对其成员国地下空间利用的法制与管理情况进行总结:①一是地表土地所有权的限制;二是对自然资源与矿产资源开采的限制;三是地下空间的所有权与开发权;四是应具备的许可条件;五是地表土地利用管制措施的适用性;六是环境管制;七是基于地表与地下结构而进行的限制。该调查报告旨在总结 ITA 成员国法律在调整地下空间开发利用方面相似之处和差异,并试图呈现以上因素如何影响地下空间开发利用。

　　1. 地表土地所有权的限制

　　在实行土地私有制的国家,大多奉行所有权"上至天寰、下至地心"。在实行中央计划经济或自然资源所有权公有的国家,私人土地所有权要么不存在,要么非常有限,所有的地下和地上空间都是公有的。然而,这并不能解决地下空间开发使用权应如何配置的问题。既有的地表土地权利必须被保护或者补偿,并且必须解决不同国家机构对地下空间进行利用的竞争性需求。

　　一种经常被使用的用于消除地下空间开发利用限制的模式是,地表土地

---

　　①　本附录是对该报告内容的节选,See "Legal and Administrative Issues in Underground Space Use:a Preliminary Survey of ITA Member Nations", *Tunnelling and Underground Space Technology*, Vol.6, No.2, 1991, pp.191–209。

所有权只能够延伸到与地表土地占有、使用相匹配的地下空间。对土地所有权地上空间范围的界定需求随着航空技术的发展而逐渐凸显。在美国,1926年和1938年的国会以及1946年的联邦最高法院将土地的地上空间限制在土地所有权人占有使用土地所必要的范围。仅当飞机进入陆地上方的直接空域并严重干扰所有者对土地的使用和享有时,才会认为构成侵入。

根据本次调查,关于地表土地所有权的范围,存在四种法律调整模式:一是地表土地所有权延伸至地心。例如,法国、澳大利亚、比利时、南非等国。当然这并不意味着土地所有权完全不受限制,仍有例外情形。例如根据瑞典法律,主管当局可以对地表土地所有权的利用高度施加限制;根据委内瑞拉法律,地下发现的矿产资源不属于土地所有权人。二是地表土地所有权延伸至合理利益存在范围内。例如德国、意大利、日本、瑞士等。在捷克,地表土地所有权延伸至不可或缺的地下空间或地上空间。在意大利,原则上所有地下都属于地表所有者,但在实践中,所有权仅限于所有者有实际使用利益的范围,在此区域之外的地下空间属于国家。三是地表土地所有权人拥有的土地所有权不超过地下6米。芬兰规定,在市区(由城镇规划覆盖),地下设施可以建在私人土地之下,但地下开发的顶部必须深于6米。在挪威,如果没有特许权,城市地区任何地表开发深度都不能超过6米。丹麦亦是如此,即使在私人土地下,地下6米以下的土地是国家财产,使用地下空间的权利是特许权。在加拿大,在地下10米以下铺设下水道以及地下15米以下修建地铁,无须经过地表土地所有权人同意。四是在不实行土地私有的国家,地下空间属于公有。例如,在墨西哥,具有公共利益属性的财产被视为国有财产。

2. 自然与矿产资源开采

首先,可渗透地层中的流体资源并不固定在特定空间,因此,不适合通过基于地表土地所有权的几何定义来控制。土地所有权人在自己土地上抽取流体资源时,可能造成相邻土地地下的流体资源流向自己的土地。其次,当矿权与地表土地所有权分离时,可能还需要指定谁拥有采矿作业留下的地下空间,即归地表土地所有者还是矿权所有者。最后,在不引起地表沉降和地表设施损坏的情况下,可能无法开采高比例的矿产资源,因此,必须根据现有地表用途和规划的地表土地用途,确定矿权的开采程度。

3. 地下空间的所有权与开发权

为了利用私人土地的地下空间建设公共设施,需要与地表土地所有权人协商设立地役权,如果协商失败,则需要征收取得地役权。但是在相当多情形下,实施公共设施建设的主体是公用企业或者私人公司,在此情形下,能否适用征收仍需探讨。

4. 获得许可

地下空间开发项目通常需要获得一系列关于施工和使用的许可。这是为了预防环境遭受破坏以及自然资源的过度开发,也是为了确保地表使用的安全、施工期间的人身财产安全,以及地下空间开发完成后最终使用时的安全。

5. 地表土地利用管制措施的适用性

大多数国家和地区都有关于地表土地利用的规划管制措施,通常表现为自然景观保护、农业土地保持或者用于控制特定区域建设类型与密度的分区规划。由于地下空间的开发用途往往不同于地表土地,那么就产生了关于地表土地利用的管制措施能否适用于地下空间开发的问题。

尽管不难判断地表土地使用管制措施应用于地下空间时是否具有优点,但实践中规划管制措施往往难以变更。为防止需要根据个案申请改变土地利用管制措施,一些具有地下开发潜力的地区已经批准将现有土地利用管制措施适用于未来任何形式的地下空间开发(例如美国堪萨斯城和明尼阿波利斯)。事实上,在良好地质调查的基础上,主管部门完全可以将地下空间规划用于最适宜的用途,例如仓储、车间、实验室等。在不与地表土地利用相冲突的前提下,地下空间利用规划不必与地表土地利用规划完全一致。

6. 环境管制

地下空间开发可能对环境产生诸多影响,例如地表下沉、破坏现有建筑物地基、地下水污染、震动、施工废弃材料等。

7. 基于地表与地下建(构)筑物的限制

在采矿、挖掘隧道或进行深露天矿地表开挖时,总是有产生地表移动的潜在危险,其可能损坏既有的地表或地下建(构)筑物。这个问题包括两方面:其一,如果存在重大风险或条件特别危急,是否允许建造地下或地表建(构)筑物? 其二,如果允许这样的建设,由谁来承担对既有建(构)筑物的损害责任？这个问题并非总是明确的,例如当开发行为发生在预计地面沉降的矿区上方时,或者现有建筑物的地基稳定性不足,在任何地下建(构)筑物产生影响之前就发生了损坏。

各国在解决该问题时,通常侧重于考量地下空间开发对于国家或地区的重要性。如果矿藏开采或地铁建设为国家发展所急需,则地下空间开发不受既有地表或地下建(构)筑物的影响,地表土地使用不能自动获得优先性(见附表1)。

附表1 各国法律制度中协调土地立体化利用权利冲突的措施

| 国家 | 协调措施 |
|---|---|
| 澳大利亚 | 地表土地利用的各项管制措施同样适用于地下空间。普通法中的过失责任适用于地下空间利用。颁发许可的主管部门同样须对过失承担责任。 |
| 比利时 | 开发许可规定了地下空间开发利用的限制,开发者须对其开发行为造成的后果承担责任。其他的占用许可也必须明确所受限制以及需承担责任的情形。 |
| 捷克 | 如果地下空间开发利用不影响地表土地的使用,则不受限制。 |
| 丹麦 | 允许在必要时征收既有地表和地下建(构)筑物。地下空间利用对既有地表造成的损害,由当事人协商解决,但在特定条件下,可根据征收法对既有的地表部分进行征收。 |
| 芬兰 | 既有的地下水平衡不应受到干扰。地下空间利用必须与现有的地表和地下建(构)筑物保持保护性距离。通常,地下空间开发中发生的任何损害,由造成损害的一方承担。 |
| 法国 | 地表土地所有权人控制其地下空间的利用。 |
| 德国 | 地下空间利用只要符合公众利益,既有地表建筑物就应予以容忍。如果有异议,经过正式诉讼程序,特定地下空间可以被征收,地表土地所有权人必须容忍其地下空间的施工。 |
| 匈牙利 | 如果可能,必须提前保护地表建筑物。禁止在受破坏的地区施工,直到沉降结束。矿业企业须对受采矿影响地区的任何建筑物损坏承担责任。矿山隧道必须回填。 |
| 意大利 | 对《民法典》第866条规定的危险废弃物的处置,不能超出通常可接受的污染限制或者在地面结构可能受损坏情形下使用地下空间。 |
| 日本 | 对于道路、公园等公共场所地下空间的利用,需要获得主管部门的许可。 |
| 墨西哥 | 当地下空间利用旨在实现公共利益目的,其具有超越其他法律规定或管制措施的优先性,但是需要对受影响的财产权进行补偿。 |
| 挪威 | 当地下空间开发利用可能对现有的地表或地下建(构)筑物造成损害时,则需要征得其所有权人同意或者办理征收。 |

续表

| 国家 | 协调措施 |
|---|---|
| 南 非 | 未经矿产监管者许可,任何矿主不得在建筑物、道路、铁路或任何有必要保护的构筑物下 100 米内进行采矿作业。除非获得政府采矿工程师的书面许可并符合其指定条件,否则不得在工地 100 米以上范围内建造任何建筑物、道路等。 |
| 瑞 典 | 已经建立地下设施宗地图,从而为规划未来利用提供基础。在详细规划中,一些隧道依法设置了保护区,使得对隧道稳定性具有结构意义的岩体不受其他施工的影响。 |
| 瑞 士 | 除非地表或地下建筑物的所有者具有合理利益并且这些利益可能被触及或受到威胁,否则,地下空间的开发利用无须受其限制。 |
| 英 国 | 不存在绝对的法律限制。地表土地所有者拥有普通法上的支撑权,可以针对潜在损害寻求禁令保护,或针对实际发生的损害请求赔偿。煤矿主管机构有权撤回对地表的支撑,但必须赔偿损失。 |
| 美 国 | 除非法律另有规定或者当事人另有约定,地下空间开发造成的损害由承担地下工程的一方承担责任。 |
| 委内瑞拉 | 对政府或公用事业单位基于公共利益目的对地下空间的利用无限制;但是私人利用地下空间,须受地表土地所有权的限制。 |

# 参 考 文 献

## 一、中文著作

1. 常鹏翱:《物权法的基础与进阶》,中国社会科学出版社 2016 年版。

2. 陈祥健:《空间地上权研究》,法律出版社 2009 年版。

3. 陈越峰:《中国城市规划法治构造》,中国社会科学出版社 2020 年版。

4. 崔建远:《土地上的权利群研究》,法律出版社 2004 年版。

5. 房绍坤:《物权法用益物权编》,中国人民大学出版社 2007 年版。

6. 付坚强:《土地空间权制度研究》,东南大学出版社 2014 年版。

7. 高富平、吴一鸣:《英美不动产法:兼与大陆法比较》,清华大学出版社 2007 年版。

8. 耿卓:《传承与革新:我国地役权的现代发展》,北京大学出版社 2017 年版。

9. 韩光明:《财产权利与容忍义务:不动产相邻关系规则分析》,知识产权出版社 2010 年版。

10. 何志鹏:《权利基本理论:反思与构建》,北京大学出版社 2012 年版。

11. 贾宏斌:《我国地下空间利用制度构建》,人民法院出版社 2019 年版。

12. 金启洲:《民法相邻关系制度》,法律出版社 2009 年版。

13. 梁慧星、陈华彬:《物权法》,法律出版社 2016 年版。

14. 梁上上:《利益衡量论》,北京大学出版社 2021 年版。

15. 李遐桢:《我国地役权法律制度研究》,中国政法大学出版社 2014

年版。

16. 刘作翔:《权利冲突:案例、理论与解决机制》,社会科学文献出版社2014年版。

17. 孟勤国:《物权二元结构论》,人民法院出版社2002年版。

18. 南京地铁课题组:《空间建设用地物权研究:南京地铁建设用地物权权属调查与土地登记》,江苏人民出版社2015年版。

19. 钱七虎、陈志龙、王玉北、刘宏编著:《地下空间科学开发与利用》,凤凰出版传媒集团、江苏科学技术出版社2007年版。

20. 史尚宽:《物权法论》,中国政法大学出版社2000年版。

21. 苏永钦:《寻找新民法》,北京大学出版社2012年版。

22. 苏永钦:《民事立法与公私法的接轨》,北京大学出版社2005年版。

23. 孙宪忠:《中国物权法总论》,法律出版社2014年版。

24. 童林旭、祝文君:《城市地下空间资源评估与开发利用规划》,中国建筑工业出版社2009年版。

25. 王刚:《建设用地分层利用制度研究》,法律出版社2018年版。

26. 王利明:《物权法研究》,中国人民大学出版社2016年版。

27. 王权典、欧仁山、吕翾:《城市土地立体化开发利用法律调控规制:结合深圳前海综合交通枢纽建设之探索》,法律出版社2017年版。

28. 王涌:《私权的分析与建构:民法的分析法学基础》,北京大学出版社2020年版。

29. 王泽鉴:《民法物权》,北京大学出版社2009年版。

30. 汪燕:《行政许可保护相邻权问题研究》,中国社会科学出版社2021年版。

31. 吴从周:《概念法学、利益法学与价值法学:探索一部民法方法论的演变史》,(台北)元照出版公司2007年版。

32. 肖军:《城市地下空间利用法律制度研究》,知识产权出版社2008年版。

33. 于海涌等:《空间物权法律制度研究》,北京大学出版社2020年版。

34. 尹田:《物权法理论评析与思考》,中国人民大学出版社2008年版。

35. 张鹤:《地役权研究:在法定与意定之间》,中国政法大学出版社 2014 年版。

36. 张鹏、史浩鹏:《地役权》,中国法制出版社 2007 年版。

37. 张平华:《私法视野里的权利冲突导论》,科学出版社 2008 年版。

38. 张永健:《物权法之经济分析:所有权》,北京大学出版社 2019 年版。

39. 赵景伟、张晓玮:《现代城市地下空间开发:需求、控制、规划与设计》,清华大学出版社 2016 年版。

40. 赵秀梅:《土地空间权法律问题研究》,法律出版社 2019 年版。

41. 周林彬:《物权法新论:一种法律经济分析的观点》,北京大学出版社 2002 年版。

42. 朱柏松:《民事法问题研究:物权法论》,(台北)元照出版公司 2010 年版。

43. 朱庆育:《民法总论》,北京大学出版社 2016 年版。

# 二、中文译著

44. [德]鲍尔、施蒂尔纳:《德国物权法》,张双根译,法律出版社 2006 年版。

45. [德]迪特尔·施瓦布:《民法导论》,郑冲译,法律出版社 2006 年版。

46. [德]卡尔·拉伦茨:《法学方法论》,陈爱娥译,商务印书馆 2003 年版。

47. [德]M.沃尔夫:《物权法》,吴越、李大雪译,法律出版社 2004 年版。

48. [美]戴维·哈维:《叛逆的城市:从城市权利到城市革命》,叶齐茂、倪晓辉译,商务印书馆 2014 年版。

49. [美]杰拉尔德·科恩戈尔德、安德鲁·P.莫里斯:《权利的边界:美国财产法经典案例故事》,吴香香译,中国人民大学出版社 2015 年版。

50. [美]理查德·A.波斯纳:《法律的经济分析》,蒋兆康译,中国大百科全书出版社 1997 年版。

51.［美］R.科斯、A.阿尔钦、D.诺斯:《财产权利与制度变迁:产权学派与新制度学派译文集》,上海三联书店、上海人民出版社 1994 年版。

52.［美］斯蒂芬·芒泽:《财产理论》,彭诚信译,北京大学出版社 2006 年版。

53.［美］约翰·G.斯普兰克林:《美国财产法精要》,钟书峰译,北京大学出版社 2009 年版。

54.［美］詹姆斯·戈德雷:《私法的基础:财产、侵权、合同和不当得利》,张家勇译,法律出版社 2007 年版。

55.［法］弗朗索瓦·泰雷、菲利普·森勒尔:《法国财产法》,罗结珍译,中国法制出版社 2008 年版。

56.［日］三潴信三:《物权法提要》(上、下卷),孙芳译,中国政法大学出版社 2005 年版。

57.［日］我妻荣:《新订物权法》,罗丽译,中国法制出版社 2008 年版。

58.［英］艾琳·麦克哈格、［新西兰］巴里·巴顿、［澳］阿德里安·布拉德布鲁克:《能源与自然资源中的财产和法律》,胡德胜、魏铁军等译,北京大学出版社 2014 年版。

59.［英］安东尼·奥格斯:《规制:法律形式与经济学理论》,骆梅英译,中国人民大学出版社 2008 年版。

60.［英］丹尼斯·劳埃德:《法理学》,许章润译,法律出版社 2007 年版。

61.［英］F.H.劳森、B.拉登:《财产法》,施天涛等译,中国大百科全书出版社 1998 年版。

62.［意］彼得罗·彭梵得:《罗马法教科书》,黄风译,中国政法大学出版社 2005 年版。

# 三、中文论文

63.蔡立东:《从"权能分离"到"权利行使"》,《中国社会科学》2021 年第 4 期。

64. 曹红冰:《城市地下空间权登记制度的现实困境及其破解》,《法商研究》2022 年第 5 期。

65. 陈洪:《罗马法物权冲突及其解决机制探析》,《法律科学》2001 年第 4 期。

66. 陈华彬:《空间建设用地使用权探微》,《法学》2015 年第 7 期。

67. 陈祥健:《关于空间权的性质与立法体系的探讨》,《中国法学》2002 年第 5 期。

68. 陈耀东、罗瑞芳:《我国空间权制度法治化历程问题研究》,《南开学报(哲学社会科学版)》2009 年第 6 期。

69. 陈越峰:《城市空间利益的正当性分配:从规划行政许可侵犯相邻权益案切入》,《法学研究》2015 年第 1 期。

70. 成协中:《从相邻权到空间利益公平分配权:规划许可诉讼中"合法权益"的内涵扩张》,《中国法学》2022 年第 4 期。

71. 杜茎深、陈箫、于凤瑞:《土地立体利用的产权管理路径分析》,《中国土地科学》2020 年第 2 期。

72. 金启洲:《德国公法相邻关系制度初论》,《环球法律评论》2006 年第 1 期。

73. 李延荣:《关于空间利用权的思考》,《法学家》2006 年第 3 期。

74. 刘权:《权利滥用、权利边界与比例原则:从〈民法典〉第 132 条切入》,《法制与社会发展》2021 年第 3 期。

75. 娄耀雄:《论建立我国电信法中的电信通路权制度》,《华东政法大学学报》2010 年第 4 期。

76. 吕翾:《国土空间立体化开发中的权属界定及管理》,《法学》2020 年第 6 期。

77. 马栩生:《论城市地下空间权及其物权法构建》,《法商研究》2010 年第 3 期。

78. 梅夏英:《土地分层地上权的解析:关于〈物权法〉第 136 条的理解与适用》,《政治与法律》2008 年第 10 期。

79. 孟勤国:《物的定义与〈物权编〉》,《法学评论》2019 年第 3 期。

80. 彭诚信:《论禁止权利滥用原则的法律适用》,《中国法学》2018 年第 3 期。

81. 彭诚信、苏昊:《论权利冲突的规范本质及化解路径》,《中国法学》2019 年第 2 期。

82. 施建辉:《建设用地分层使用权的实践考察及立法完善:以南京地铁建设为例》,《法商研究》2016 年第 3 期。

83. 史浩明、张鹏:《论我国法律上的空间权及其类型》,《政法论丛》2011 年第 5 期。

84. 苏永钦:《物权堆迭的基本原则》,《环球法律评论》2006 年第 2 期。

85. 孙鹏、徐银波:《社会变迁与地役权的现代化》,《现代法学》2013 年第 3 期。

86. 孙宪忠:《民法体系化科学思维的问题研究》,《法律科学》2022 年第 1 期。

87. 王利明:《空间权:一种新型的财产权利》,《法律科学》2007 年第 2 期。

88. 王利明:《论民事权益位阶:以〈民法典〉为中心》,《中国法学》2022 年第 1 期。

89. 王明远:《天然气开发与土地利用法律权利的冲突和协调》,《清华法学》2010 年第 1 期。

90. 汪洋:《地下空间物权类型的再体系化:"卡—梅框架"视野下的建设用地使用权、地役权与相邻关系》,《中外法学》2020 年第 5 期。

91. 温丰文:《论区分地上权:以探讨民法物权编修正草案之规定为主》,《台湾本土法学杂志》(台北)2008 年第 105 期。

92. 肖泽晟:《论规划许可变更前和谐相邻关系的行政法保护:以采光权的保护为例》,《中国法学》2021 年第 5 期。

93. 谢在全:《不动产役权之诞生》,《月旦法学杂志》(台北)2010 年第 179 期。

94. 谢哲胜:《民法物权编区分地上权增订条文综合评析》,《月旦法学杂志》(台北)2010 年第 179 期。

95. 杨立新、王竹:《不动产支撑利益及其法律规则》,《法学研究》2008 年第 3 期。

96. 张鹏:《民法典视野下建设用地使用权分层设立制度的实施路径》,《法学家》2020 年第 6 期。

97. 张牧遥:《论地下空间使用权法律模式的建构》,《法学论坛》2020 年第 5 期。

98. 赵秀梅:《土地空间权与其他权利的冲突及协调:以〈物权法〉第 136 条的适用为中心》,《法律适用》2012 年第 3 期。

99. 朱芒:《论我国目前公众参与的制度空间——以城市规划听证会为对象的粗略分析》,《中国法学》2004 年第 3 期。

100. 朱岩、王亦白:《分层建设用地使用权的权利冲突及其解决》,《中国土地科学》2017 年第 10 期。

101. [日]角松生史:《都市空间的法律结构与司法权的作用》,朱芒、崔香梅译,《交大法学》2016 年第 3 期。

102. [日]松平弘光:《日本地下深层空间利用的法律问题》,陆庆盛译,《政治与法律》2003 年第 2 期。

# 四、英文著作

103. Debbie Becher, *Private Property and Public Power*, Oxford University Press, 2014.

104. Elizabeth Cooke, *Land Law*, Oxford University Press, 2020.

105. Jeremy Waldron, *Property Law: In a Companion to Philosophy of Law and Legal Theory*, Dennis Patterson, 1996.

106. J.E.Penner, *The Idea of Property in Law*, Oxford University Press, 1997.

107. Jesse Dukeminier, James Krier, Gregory Alexander, *Property*, Aspen, 2010.

108. Margaret Jane Radin, *Reinterpreting Property*, University of Chicago Press, 1993.

109. Terry Lee Anderson, Fred S. McChesney, *Property Rights: Cooperation, Conflict, and Law*, Princeton University Press, 2003.

# 五、英文论文

110. Adam Mossoff, "What Is Property: Putting the Pieces Back Together", *Arizona Law Review*, Vol.45, No.2, 2003.

111. Adrian J. Bradbrook, "The Relevance of the Cujus Est Solum Doctrine to the Surface Landowner's Claims to Natural Resources Located above and beneath the Land", *Adelaide Law Review*, Vol.11, No.4, 1988.

112. Alexandra B. Klass, Elizabeth J. Wilson, "Climate Change, Carbon Sequestration, and Property Rights", *University of Illinois Law Review*, Vol.2010, No.2, 2010.

113. Carol M. Rose, "Possession As the Origin of Property", *University of Chicago Law Review*, Vol.52, No.1, 1985.

114. Colin Cahoon, "Low Altitude Airspace: A Property Rights No – Man's Land", *Journal of Air Law and Commerce*, Vol.56, No.1, 1990.

115. Elaine Chew, "Digging Deep into the Ownership of Underground Space-Recent Changes in Respect of Subterranean Land Use", *Singapore Journal of Legal Study*, Vol.2017, No.1, 2017.

116. Eric R. Claeys, "Property 101: Is Property a Thing or a Bundle", *Seattle University Law Review*, Vol.32, No.3, 2009.

117. Haim Sandberg, "Three-Dimensional Partition and Registration of Subsurface Land Space", *Israel Law Review*, Vol.37, No.1, 2003.

118. Henry E. Smith, "Exclusion and Property Rules in the Law of Nuisance", *Virginia Law Review*, Vol.90, No.4, 2004.

119. James Y. Stern, "The Essential Structure of Property Law", *Michigan Law Review*, Vol.115, No.7, 2017.

120. Jane B. Baron, "Rescuing the Bundle-of-Rights Metaphor in Property Law", *University of Cincinnati Law Review*, Vol.82, No.1, 2013.

121. Jill Morgan, "Digging Deep: Property Rights in Subterranean Space and the Challenge of Carbon Capture and Storage", *International and Comparative Law Quarterly*, Vol.62, No.4, 2013.

122. John G. Sprankling, "Owning the Center of the Earth", *UCLA Law Review*, Vol.55, No.4, 2008.

123. Joseph A. Schremmer, "Getting Past Possession: Subsurface Property Disputes as Nuisances", *Washington Law Review*, Vol.95, No.1, 2020.

124. Joseph A. Schremmer, "A Unifying Doctrine of Subsurface Property Rights", *Harvard Environmental Law Review*, Vol.46, No.2, 2022.

125. Michael A. Heller, "The Boundaries of Private Property", *Yale Law Journal*, Vol.108, No.6, 1999.

126. Owen L. Anderson, "Subsurface Trespass: A Man's Subsurface is Not His Castle", *Washburn Law Journal*, Vol.49, No.2, 2010.

127. Richard A. Epstein, "Notice and Freedom of Contract in the Law of Servitudes", *Southern California Law Review*, Vol.55, No.6, 1982.

128. Robb Ferguson, "Anticompetitive Covenants-Redefinition of Touch and Concern in Massachusetts", *Suffolk University Law Review*, Vol.14, No.1, 1980.

129. Steven J. Eagle, "A Prospective Look at Property Rights and Environmental Regulation", *George Mason Law Review*, Vol.20, No.3, 2013.

130. Stuart S. Ball, "Vertical Extent of Ownership in Land", *University of Pennsylvania Law Review and American Law Register*, Vol.76, No.6, 1928.

131. Tara Righetti, "The Private Pore Space: Condemnation for Subsurface Ways of Necessity", *Wyoming Law Review*, Vol.16, No.1, 2016.

132. Thomas R. DeCesar, "An Evaluation of Eminent Domain and a National Carbon Capture and Geologic Sequestration Program: Redefining the Space Below", *Wake Forest Law Review*, Vol.45, No.1, 2010.

133. Thomas W. Merrill, Henry E. Smith, "The Property/Contract Interface",

*Columbia Law Review*, Vol.101, No.4, 2001.

134. Thomas W. Merrill, "Property and the Right to Exclude", *Nebraska Law Review*, Vol.77, No.4, 1998.

135. Troy A. Rule, "Airspace in a Green Economy", *UCLA Law Review*, Vol. 59, No.2, 2011.

136. Troy A. Rule, "Property Rights and Modern Energy", *George Mason Law Review*, Vol.20, No.3, 2013.

# 后　记

　　本书是国家社科基金项目的研究成果,在相当程度上也是自己既往研究的延续。自博士学习阶段至今的十余年中,一直专注于物权理论、土地法制,虽然研究范畴涉及地役权、业主自治、土地征收等,但回首总结,其中实质上隐藏着一条暗线,即"土地利用中的权利冲突",尽管有的主题看似与土地立体化利用关联度不大,但均为本书奠定了重要基础。

　　土地立体化利用在促进节约集约用地的同时,对土地财产权制度也产生了诸多挑战。对一块宗地之地表、地上、地下的同时利用,难免因权利重叠而形成权利冲突。加之我国土地分层利用相关立法的细碎化,进一步增加了对其中权利冲突进行体系融贯之规制的难度。本书力求探寻土地立体化利用中特有的权利冲突或者权利冲突的特殊性,但由于其权利配置仍在现有土地所有权、他物权框架体系下进行,因此权利冲突的解决思路仍需回溯民法理论,民法体系中相邻关系、地役权、权利行使界限原则等仍构成论题的制度基础。从广义角度,地下矿产资源开发利用中矿业权与地表权利的冲突实属土地立体化利用权利冲突的重要类型,书稿上篇虽有涉及,但受限于知识储备与时间精力,未对其展开专题研究。随着矿产资源开发利用技术的发展以及环境能源科技的进步,地下深层空间开发利用中的权利冲突,是值得深入研究的方向。

　　本书的完成得益于许多师友的帮助。最应该感谢的是陈小君教授,本研究从申请国家社科基金项目到动手写作书稿提纲,均得益于她的悉心指导。本书出版邀请陈老师作序时,正值老师家事繁重,仍欣然应允、乐之愿之,序言行间字里透露着对晚辈的谆谆厚望。事实上,从博士后出站走到现在,正是陈老师如慈母般无微不至的鼓励和帮助，才让我在学术道路上拥有更多的信心和勇气。周林彬教授一如既往，为权利冲突的解决提供了法经济学视角的建议。耿卓教授阅读了本书初稿并对其逻辑结构提出中肯而富有建设性的建议。高飞教授就土地立体化利用这一社会现象与法律研究规范性应如何有效融合，回答了我的疑问。在本书写作过程中，曾就不同的论题与土地法制研究院团队的兄弟姐妹们进行过交流。在此，向他们致以诚挚的谢意！

书稿写作过程中，曾到广东省自然资源厅、湖南省自然资源厅、广州市规划和自然资源局、深圳市规划和自然资源局、广州地铁等实务部门调研，收集到诸多宝贵的实务素材，感谢他们的分享与交流，使得书中的某些研究结论得以确认或得到改进。书中的部分内容已在《法律科学》《中国土地科学》《学术研究》《重庆大学学报》等期刊发表，感谢诸位编辑老师对文稿的认可和提出的宝贵建议。我要特别感谢人民出版社的编辑老师们，本书能够立项出版并顺利付梓，离不开他们的辛劳。还要感谢我的家人，给予我无限的爱与支持。

自《物权法》建立起我国物权体系伊始，已十五载有余，但无论是《民法典》还是作为土地基本法的《土地管理法》，土地立体化利用思维仍需补足。在土地资源日益紧缺的大背景下，希望本书能对中国土地治理体系与治理能力现代化贡献绵薄之力。当然，本书论证上的疏漏和不足在所难免，敬请各位读者批评指正。白居易有诗云："千里始足下，高山起微尘。吾道亦如此，行之贵日新。"我深以为然，也愿借此古诗与学界同仁共勉。

于凤瑞

2023 年 4 月于广州

责任编辑：邓创业

封面设计：汪　莹

责任校对：东　昌

**图书在版编目（CIP）数据**

土地立体化利用中的权利冲突及其法律规制研究/于凤瑞 著. —北京：
　人民出版社,2023.10
ISBN 978－7－01－026127－0

Ⅰ.①土…　Ⅱ.①于…　Ⅲ.①土地管理-研究-中国　Ⅳ.①F321.1

中国国家版本馆 CIP 数据核字（2023）第 220001 号

**土地立体化利用中的权利冲突及其法律规制研究**

TUDI LITIHUA LIYONG ZHONG DE QUANLI CHONGTU JIQI FALÜ GUIZHI YANJIU

于凤瑞　著

**人 民 出 版 社** 出版发行

（100706　北京市东城区隆福寺街 99 号）

北京中科印刷有限公司印刷　新华书店经销

2023 年 10 月第 1 版　2023 年 10 月北京第 1 次印刷
开本：710 毫米×1000 毫米 1/16　印张：17
字数：260 千字

ISBN 978－7－01－026127－0　定价：58.00 元

邮购地址 100706　北京市东城区隆福寺街 99 号
人民东方图书销售中心　电话（010）65250042　65289539